雪洞

一位西方女性的悟道之旅

Cave in the Snow

Tenzin Palmo's Quest for Enlightenment

Vicki Mackenzie
維琪・麥肯基——著

江涵芠——譯

獻給我的母親芮妮・麥肯基（Rene Mackenzie, 1919-1998）

——我生命中首位富有靈性的女性，

由衷感謝她令人安心而無止盡的愛、智慧與支持。

目錄

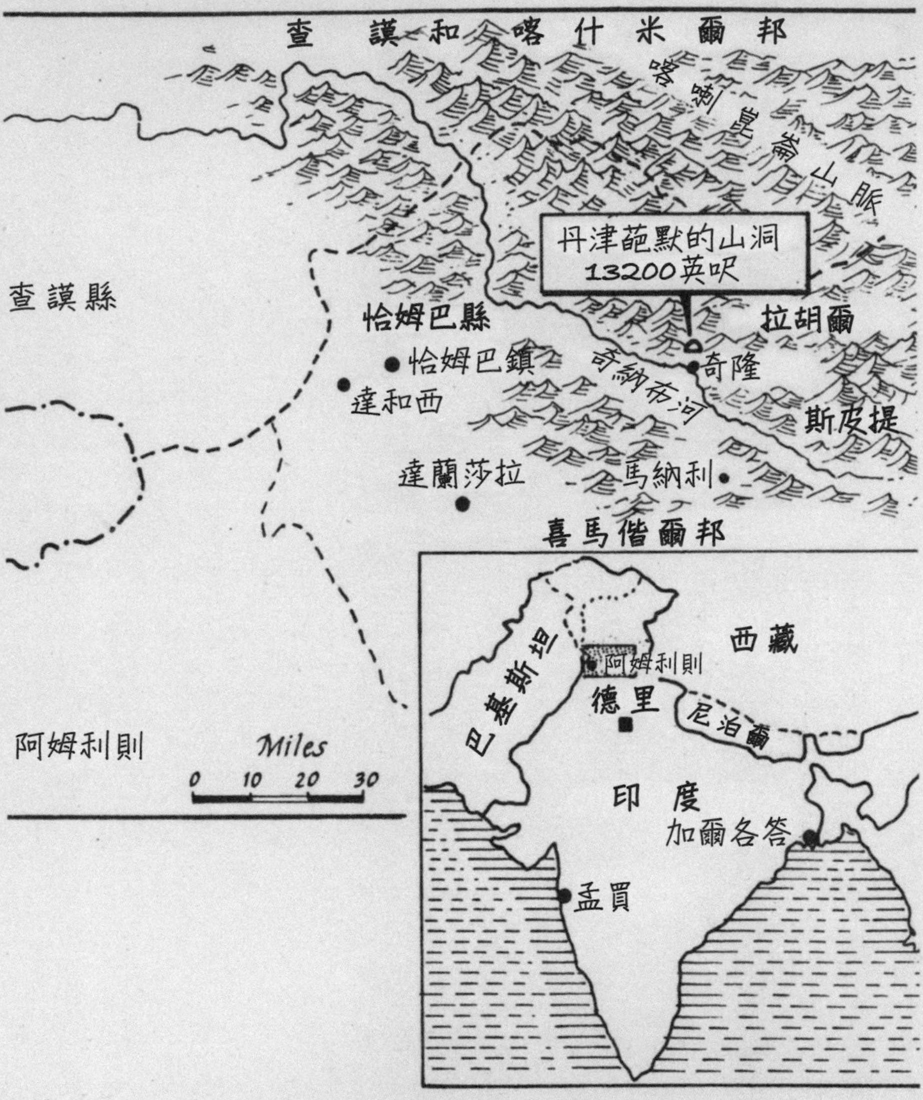

查 謨 和 喀 什 米 爾 邦
喀喇崑崙山脈
丹津葩默的山洞
13200英呎
查謨縣
恰姆巴縣
拉胡爾
恰姆巴鎮
奇隆
奇納布河
達和西
斯皮提
達蘭莎拉
馬納利
喜馬偕爾邦
西藏
巴基斯坦
阿姆利則
德里
尼泊爾
印度
加爾各答
孟買
阿姆利則
Miles
0 10 20 30

1 相遇

回想起來，我和「她」的初次見面，發生在一個饒富興味的地方。當時正值盛夏，地點在波麥雅，座落於托斯卡尼壯麗的山丘上，離比薩約莫一個小時車程。傍晚時分，空氣中瀰漫著乾燥的熱氣和松針的香味，一棟古老而宏偉的建築，有著赭紅色外牆、高大的拱門與城堡屋頂，在八月仲夏的陽光下閃閃發亮，只有陣陣蟬鳴打破了靜謐的午睡時光。幾個小時後，這條路盡頭的小城將在夜幕中甦醒過來——賣著各式各樣奇特的臘腸、脆餅以及涼鞋的店鋪將會開始營業，老人會聚集在廣場聊天，討論市政和地區共產政黨的種種事務——迷人的義大利，這個國度中的一切似乎都是為了感官的歡愉，恰好與「她」所歸屬的世界形成截然不同的強烈對比。

首次見到她時，她就站在這棟建築物前的樹蔭下，看似虛弱的一位中年女士，皮膚白皙，背部微駝，身著佛教出家尼師的藏紅及金黃色僧袍，頭髮依出家傳統剃得精短。她身邊圍繞著一群女士，一眼就能看出她們的討論非常歡快熱絡，氣氛親密融洽。這一幕著實令人側目，然而在長達一個月的佛法禪修課程中，也並非特別不尋常。

我和其他約莫五十位來自世界各地的人，來到此地參加這個課程。打從一九七六年在尼泊爾偶然遇到幾位喇嘛，發現他們所傳遞的訊息蘊含豐富的內容之後，這類課程就成了我生命裡固定而愉快的日常。盤腿坐了數小時，聆聽佛陀言教，或努力試著禪修良久之後，我剛剛目睹的這類活絡的對談，就成了大夥兒都喜愛的休憩時光。

當晚稍後，大家一同坐在星空下吃晚餐，我拿起一大塊麵包抹著盤上的橄欖油，坐在身邊的男士把我的注意力再度拉到那位女士身上。她坐在其中一張餐桌前，又被人群圍繞著，正熱烈地對他們說話。

「她就是丹津葩默（Tenzin Palmo），英國女士，她在海拔一萬三千英呎的喜馬拉雅山的山洞裡禪修了十二年，那段期間大部份是獨自一人，她才剛從山裡出來呢。」他說。

這次我對她端詳得更仔細了。

這麼多年來，我當然讀過許多這類人物的傳記，包含來自西藏、印度和中國的偉大瑜珈士，他們捨棄世間生活的一切舒適，經年累月持續不斷地雲遊四處，前往偏遠僻靜的山洞進行甚深的禪修；他們都是靈修的行家、箇中好手，所選擇的道途最是艱辛、最是孤獨。我在書中讀過，他們穿著簡單的袍子或纏著單薄的腰布，獨自一人，面對呼嘯的強風、猛烈的暴風雪及冰凍的酷寒等嚴峻環境，他們的身體逐漸憔悴消瘦，髮長及腰且打結；他們得面對野生動物和盜匪幫派，這些盜匪可不在乎他們是不是聖潔的修行人，只會狠狠把他們打得血肉模糊，丟在荒郊野外等死。然而，比起面對自己變幻莫測的心，這些根本也不算什麼。在這兒，世俗生活的各種娛樂散亂已然斷離，所有潛藏在表面下的魔鬼開始浮現，嘲弄著行者——憤怒、偏執妄想、渴望以及貪欲（特別是淫欲）等，這些都得克服，方能獲得勝利，但他們依舊堅持不懈。他們所追求的是一切獎賞中最精彩的，也就是證悟——證悟指的是全然寬坦開闊、懷擁宇宙共同實相的心，這是將所有未知轉為已知，一種全然遍知的境界；伴隨而來的，則是無上的喜樂和不可思議的祥和平靜。這是人類進化過程中，所能達到的最高境界。

沒錯，我曾讀過這類故事，但萬萬沒想過，竟然就在這裡，義大利的波麥雅小鎮，真正遇到了這樣的一個人。她就像是神話或是傳奇故事中走出來的角色，此時此刻卻與我們隨興坐在一起，彷彿沒做過什麼驚天動地的事，只是剛結束購物採買，跳下公車一樣。此外，她甚至不是故事裡描述的那種東方瑜珈士，而是一位當代的西方人，更驚奇的是，她竟然是女性。

滿頭疑問嗡嗡作響——什麼原因驅策著一位現代英國女性，居住在山中既潮濕又陰暗的山洞，像是現代版山頂洞人？她如何在那嚴寒中生存下來？她怎麼張羅食物？怎麼洗澡？有床嗎？有電話嗎？這麼多年來，沒有人們溫暖的相伴，她又是如何度過這些歲月？她獲得了什麼？讓我更加好奇的，是她如何從那個極度寧靜和靜僻的境界中抽離出來，變成雞尾酒派對中健談的女士？

然而，當下迅速激增的這份好奇心，隨即又被毫不掩飾的欽佩和一絲敬畏所取代。這位女士曾冒險前去之處，我很清楚自己根本不可能去到那兒。她的求知若渴，我望其項背，這份渴望將她推出一般四週禪修課程的安全範圍之外，不像我，課程結束後，馬上就能迅速回到凡俗生活中。閉關——就我少得可憐的經驗來看，只知道是日復一日、永無止盡的辛苦修持，包含重複不斷地念誦相同的祈請文和相同的咒語，進行相同的觀想及相同的禪修；坐在同一個座墊上、同一個地方，在同樣的地點看到同樣的人。現代人長期耽著在現代生活極具刺激、變化快速的社會風氣，對他們而言，「閉關」這種單調枯燥的日子著實難以忍受，只有細微的覺知火光及深層寧靜帶來的不尋常感受，才讓這一切變得值得。終究而言，閉關是達到最後目標的耐力、勇氣和信心的考驗。

隔天，我又在花園看見她，這次她獨自坐著，我終於逮到機會，馬上朝她走去——不知道她是否介意我打擾一會兒呢？她綻開了大大的微笑向我致意，嘴角都笑到耳朵邊了，那雙極其穿透人心的湛藍雙眸，直透透地凝視著我。從她眼裡，我看到了寧靜、仁慈和歡笑；但最獨特的，卻是她那無瑕光明的氣質，這位女士真的在發光。事實上，她的外貌極其有趣——她的五官非常立體，有著長長尖尖的鼻子和一對端正勻稱的耳朵。或許是因為她剃著短髮又沒化妝，但很明確的是，她也有著中性的特質，彷彿身體裡住著一個感性的男人。

我們開始聊天。她告訴我她目前住在阿西西的朋友家中，在花園裡的一棟小房子，怡然自得。她說山洞閉關的時光告一個段落後，她馬上就被邀請過去，似乎來到這裡再自然不過了。我得知她一九六四年就剃度出家，當時只有二十一歲，那時我們大部份人還不知道世界上有藏傳佛教呢！這麼一來，我估計她大概是西方世界最資深的藏傳佛教尼師了。然而，三十年的禁慾生活，無論如何可是一段漫長的歲月。這些年來，難道她未曾想過找一位伴侶，結婚或生小孩嗎？

「真的這麼做的話，可糟透了，那根本不是我想走的路。」她仰頭大笑這麼回答。沒想到，她在山洞待了十二年之久還如此活潑。

究竟是什麼原因驅使她去到那裡，把自己關在山洞裡？我問。

「我的生命就像一條潺潺河流，朝著一個方向平穩流去，」她回答。稍作停頓後，繼續又說：「生命的目的是為了了解自己的靈性本質，而為了了解這個本質，我們必須出離並修持，收割修持道上的果實，否則，我們沒有什麼可以給予他人。」

難道沒有思念過什麼嗎？

「會思念我的上師喇嘛，除此之外，什麼也不掛念。我在那裡很快樂，我所需要的都有了。」她平靜地回答。

可是，到山洞閉關難道不是一種逃避現實生活考驗的藉口嗎？我繼續問到，我們大部分耽溺世俗之人，常用這個論調抨擊修行的隱士。

「完全不是。在我心中，世間生活才是一種逃避，」她疾如閃電般反駁，「遇到問題時，你可以打開電視、打電話給朋友，或出去喝杯咖啡；可是在山洞裡，除了自己之外，沒有任何其它可轉移的目標。當難題出現，事情變得艱困時，你別無他法，只能選擇經歷它、面對它，最後走出它。在山洞裡，你得面對自己赤裸裸的本性，你必須找到方法與它共處，解決這些難題。」她說。她的邏輯令人無法辯駁。

這次會面令我難以忘懷。就我自己遠距觀察所知，丹津葩默是個心胸寬廣且和藹可親的人。她非常健談，口條清晰、能言善道，顯現出她那敏銳而具有穿透力的心。她也明顯流露著一種直率踏實的特質，讓人立刻就把「不食人間煙火的禪修者」這種陳腐的概念拋諸腦後；而在這活潑有生氣的特質背後，卻又是深刻的靜定，那份來自內心巨大無比的寧靜，彷彿任何驚世駭俗的事都無法、也不會干擾她一般。從各方面而言，我歸納的結論是，她是一位具有極高境界的女性。課程結束後，我以為我倆不會再有生命的交集，結果，約莫幾個月後的某天，我看到一本佛教雜誌，裡面有一篇訪問丹津葩默的文章，讀了大概一半之後，我看到文章中間有這麼短短的一句話：

「無論需要經歷幾輩子的時間，我發誓透過女兒身來獲得證悟。」丹津葩默這麼說。

我停了下來，丹津葩默這句話著實讓人震驚，因為她信手拈來隨性而發的話語，涵義卻是如此變革而創新。她所發的誓願是成為女性佛，而女性佛（就好比女耶穌基督或女穆罕默德一般）根本少之又少。儘管世界上確實有許多受到讚揚的女性神祕主義者和聖哲，但過去幾千年來，人類在神性上的興盛開發，一直被視為男性稱霸的天下；女性的身體，不知什麼理由被認為不適合、也不值得作為神聖靈性的容器；而現在，丹津葩默公開聲稱她有意推翻這一切，她的聲明既大膽又勇敢，甚至不計後果。若非丹津葩默過去為人所知的卓越禪修能力以及堅毅不拔的韌性，人們可能會把這些話當成虛張聲勢的蠻幹、或一廂情願的希望，輕易就遺忘，甚或不以為意——但，她很可能就是會這麼做！若不在今生，或許是來世，甚至下下輩子。

我心中燃起了希望，這是我等待多年的事。一開始研究佛法，我就被教導，無論男女都擁有正覺或證悟的種子——喇嘛上師們高高坐在鋪著錦緞的法座上，告訴我們：這是我們與生俱來、本自具足的；佛果原來就在我們內心，閃閃發光，像是一顆價值不菲的珍珠，我們需要做的，只是去找到它，這是自己必須一肩扛起的責任。這個哲理的訴求多麼吸引獨立的女性，在世上走出一條屬於自己的路！喇嘛上師們又說，這需要許多輩子的精進和努力，然而只要起步開始這趟旅程，修行的豐碩獎賞之果終將屬於我們。

至少理論上是如此，但實際上，女性修行成就者的例子確實是寥寥無幾。當然，我們可以看到有許多女性本尊的畫像或塑像，人們頂禮膜拜這些有著莊嚴身相的各類理想中的女神。我們可以在寺廟牆壁上、花園裡、用來禮拜與祈禱的珍貴聖物上見到祂們的法相，有些很美麗、有些很祥和、有些看起來很有力量，有些則顯得有點情色。但是，活生生的真實例子到底在哪兒？我愈尋找愈是發現，在靈修標竿人物的領域裡，根本找不到任何跡象顯示女性佔有一席之地。教導我們的喇嘛上師是男性；達賴喇嘛（從第一世到十四世）是男性；肩負傳承重責大任而握有權力的教派持有者是男性；受人尊敬的祖古——被認證的轉世喇嘛上師，也是男性；寺院大殿和佛學院中廣大的僧眾都是男性；為了啟發渴求佛法的新追隨者，一個接著一個到西方傳法的上師全都是男性。在這些場合中，女性都到哪兒去了？公平點兒來說，不止藏傳佛教以崇尚男性睪丸酮為重（testosterone-heavy，意指大男人主義），包含日本、泰國、斯里蘭卡、緬甸等國家在內的佛教傳統……事實上，所有東方國家都是如此，僅有台灣或許是例外。（即使是我自己生長地的宗教——基督教，也堅持強調一位男性上帝，放不下對女性從事神職人員的恐懼，這比起東方並沒有更好。）能讓女人見賢思齊的女性上師在哪裡？女性的靈性境界實際上又貌似何狀？我們根本毫無頭緒。事實是，除了佛陀說過所有人都能在靈修進化中拾階而上，達到證悟的境界之外，我們很難找到什麼證據顯示女性確實可以做到；對那些坐在喇嘛上師腳邊，認真追隨他們所說的「修道」的女性修行者來說，這著實讓人感到灰心沮喪。

我們多麼迫切需要希望，讓不可能變為可能，我們女性多麼需要卓爾非凡的菁英引領前路——是時候了。二十世紀，我們見證著穩定且勢不可擋的女性解放運動發生在生活各領域中——除了宗教。現在，距離千禧年仍有兩分鐘，最後一波女性解放運動看似即將開始——如果真的發生了，它也會是最偉大的；女性最終的解脫，即是成為女性佛陀，一位全知者。而由於丹津葩默宏大的動機，她在喜馬拉雅山山洞閉關禪修十二年的傑出成就，倏然間也匯流融入普世女性解放運動的領域之中。

我決定再度拜訪她；現在，我想了解更多她的一切。她究竟是什麼樣的人？她來自哪裡？她在山洞裡學到什麼？是什麼激勵她發下這樣的誓言？她介不介意成為這本書的主角人物？結果她勉為其難的答應了，但前提是希望這本書能啟發其他女性，也幫助她目前正在協助女性達到證悟的計畫。於是，接下來的這一年，我追蹤她到新加坡、倫敦、西雅圖、加州和印度；在這些地方，她引導人們以一種截然不同的生活方式來過活。我將她這些特殊不凡、甚至有些人認為「不自然」的生活慢慢拼湊起來。我訪問熟識她的人，造訪曾經是她生活重心的許多地方，甚至千辛萬苦找到她當年閉關的山洞；當我爬上那空氣稀薄的高山，親眼目睹她曾經居住的地方，不禁對她的成就油然生起一股嘖嘖稱奇的新讚嘆。

接下來，就是丹津葩默的故事——一位女性尋求證悟的故事。

2 生錯了地方

丹津葩默出生的世界和她日後身處的世界，二者著實南轅北轍。她出生在赫特福德郡位於伍爾默斯公園中的一棟莊嚴宏偉的房子裡。正確來說，那是一座圖書館，但並非是因為她擁有貴族血統，事實差得遠了，這其實是因為她出生那天，西元一九四三年六月三十日，希特勒的德國空軍猛烈轟炸倫敦，因此首都的產科醫院都撤退到相對安全平靜的城鎮。儘管理論上已過預產期，甚至需要人工催產，但她母親懷孕週期的計算上肯定出了什麼嚴重差錯，以至於她出生時竟然沒有眼睫毛、指甲和頭髮，連她的母親也說孩子長得相當不好看。然而，儘管小嬰兒外貌乾癟不討喜，母親仍對她充滿了羅曼蒂克的期望，馬上以自己喜歡的一首法文流行歌曲，將她取名為黛安（Diane），不過她堅持得用法文發音，這個發音以英文音譯的話，唸作「迪安娜」（Dionne）。約莫二十一年的歲月中，這就是人們所認識的她，直到剃度出家成為尼師，她才開始使用第二個名字「丹津葩默」。

她人生中首二十年的家在一家販魚商店樓上，位於伯斯納格林區的舊伯斯納格林路七十二號，就在東倫敦市中心年代久遠的舊羅馬路轉角附近；這可跟白雪皚皚、景色遼闊，讓她靈魂自由奔騰的喜馬拉雅山相去甚遠。今日，舊伯斯納格林路七十二號已不復存在，那有著典雅的廣場、狹小巷弄但鄰近城市的伯斯納格林區，恐怕快變成時髦現代之地了；不過丹津葩默在那裡生活時，有的只是轟炸過後的瓦礫堆；在年紀稍長懂事之前，她以為這個地方原本就是這副模樣——擁擠不堪、烏漆嘛黑、充滿廢氣，放眼望去連一棵樹也看不見。自從有記憶以來，她一直覺得自己不屬於這裡：「我強烈感覺自己生錯了地方，即便是現在，也老是覺得在英國格格不入。」她說。

她的父親喬治派瑞是個魚販，就是樓下魚店的老闆。喬治個子矮小，比妻子年長二十歲，很能享受生活，他熱衷賭馬、賽狗，經常出入音樂廳。身為「珍珠鈕王」（Pearly King）❶，只要與會場合需要，他一定穿上鑲滿珍珠鈕扣的西裝出席。第一次世界大戰時，他遭受過毒氣攻擊，導致後來罹患嚴重的支氣管炎，在又冷又潮濕的魚店工作，對病情顯然更沒幫助，五十七歲就英年早逝，當時丹津葩默年僅兩歲。

編按：○為原註。●為譯註。

❶ 珍珠鈕王：倫敦地區被賦予資格可以穿上鑲滿珍珠鈕扣的黑衣，以收集慈善基金的人。

「難過的是我沒能認識他，但聽說他是個仁慈大方的人；記得有人告訴過我，老夫少妻的母親很喜歡與舞伴外出跳舞，我父親也這麼鼓勵她；每每母親跳完舞，父親早已煮好餐點等著她回家了。我知道父親在前一段婚姻有兩個兒子，因此他非常期待我的出生，可惜我對他一點印象也沒有。」

後來，養育丹津葩默和長她六歲的哥哥莫文的重擔，就落在曾經是家庭幫傭的媽媽李・派瑞身上。從各方面來看，李都是一位卓越出色的女性，她活躍積極、胸襟開闊、樂觀面對所有逆境；此外，在這個故事中最重要而值得關注的，莫過於她是一位追求靈性提升的人，在丹津葩默一生中，堅定地支持著她所追尋的一切，她們的關係非常親密。

「我母親太棒了，我非常欽慕她。」她說。「她工作很努力，也總是對新觀念感到興趣，同時也是崇尚心靈自由的人。她與我父親相遇時，他正處於分居狀態，尚未與第一任妻子離婚；儘管如此，她還是搬去與我父親同居，生了兩個孩子，這種情形在當時並不常見。一直到父親辦妥離婚，她依然沒與我父親結婚，因為她已習慣了獨立自主。」

丹津葩默的成長環境是再典型不過的英國風情，身邊圍繞著盡是倫敦東區佬考克尼（Cockneys）❷，也就是「真正的倫敦佬」，他們以機智風趣、口齒伶俐為人所知，近年來在「英國快腦」節目中尤其大放異彩。當時倫敦東區是非常溫馨和睦的居處，丹津葩默認識社區中的每個鄰居；哈利叔叔在那條路的一頭開了一家酒吧，街頭生活充滿生氣與活力，而炸彈轟炸後遺留下來的廢墟則提供了孩子們最佳的探險樂園。

儘管如此，她日後追尋不平凡生活的源頭種子，從一開始就深植內心之中，證明了以她而言，天性遠遠凌駕了環境的教養。

她從小就是個愛思考且喜歡獨處的孩子，儘管有朋友，卻從不邀請他們到家裡作客。「我對這些沒興趣。我知道自己生命中還有其他必須完成的事，」她說道，「我真的很喜歡獨處，獨坐閱讀對我來說是一件非常快樂的事；我記得老師們一次又一次借書給我，他們對其他孩子並不會如此。」她也對東方的一切充滿好奇心，然而當時倫敦東區並沒有現今這樣繁華的亞洲社區，家中也沒人對東方有任何一點興趣。「我常花上好幾個鐘頭的時間，就只是畫著身著絲滑和服的日本仕女，至今我的腦海中仍清晰浮現描繪在和服上那些精細複雜的圖案。倫敦西區第一家中國餐館開張時，我常央求母親帶我去，好讓我看看東方面孔。」此外，她對尼師的著迷也令人費解，特別是禪修的紀律生活。「我喜歡尼師與世隔絕那種概念，那種遁入空門就永不離開，終其一生都活在祈禱中的生活。我深深被這種生活方式所吸

---

❷ 所謂考克尼——倫敦東區佬，原本指的是說話有倫敦人口音的人，狹義範圍指的是出生在聽得到聖瑪莉里波教堂鐘聲的區域內。後來牛津英語詞典對cockney這個詞的語源做出了有公信力的解釋，在1521年時有了「對鄉村的生活方式無知的人（a person ignorant of country ways）」的意思，最後才形成了現在的意義，後來也指英國倫敦的工人階級。（資料來自網路）

引。有次我到社區裡一家商店，店主問我長大後想做什麼，我自然而然回答：『尼師』，她笑了，說等我長大就會改變心意，但我心想：『你錯了！』問題在於當時我並不知道要成為什麼樣的尼師。」

丹津葩默還有其他與眾不同之處，比如她覺得自己在英國完全格格不入，身為女孩兒也是一件錯到離譜的事。「身為女性這件事讓我感到困惑。」她解釋道，「我就是覺得不對勁，我不斷聽到大人們說，到了青春期，身體就會產生變化，於是我想：『太好了，這樣我就可以變回男生』。」這個謎團和許多其他謎團，稍後將會得到解答。

若說她的天性非常適合將來在山洞獨自閉關修行的生活，她的身體也再合適不過了；她的整個童年都在一連串疾病中度過，以至於後來身體孱弱；離開學校生活時，醫生和老師都建議她千萬別做耗費體力的工作。她天生尾椎內彎且向左傾斜，使得整個脊柱失衡；身體的代償作用讓她變得圓肩駝背，直到現在依然如此。這種難以忍受的折磨使得脊椎脆弱，且容易造成腰痛；幼年時，一週得去醫院做三次物理治療，然而幫助不大（不過練習瑜伽之後有所改善）。嬰兒時期幾個月大時，她得了腦膜炎，康復之後又再度感染，她被緊急送往醫院，父母只能隔著玻璃看著她；看著這個比一般嬰兒瘦小的孩子躺在那兒，小木條般的四肢瘦骨嶙峋，張著大大的藍眼睛，李擔心得幾近發狂，心疼地說：「她就要死了！」喬治卻回說：「不！她不會死的，你看她的眼睛，她的求生意志很堅強。」

之後她又得了一種不知名的疾病，群醫束手無策，只能每次讓她住院觀察好幾個月。有一次她在著名的大奧蒙德街兒童醫院住院八個月，失學很長一段時間；由於體弱多病，學校強制安排讓她定期在海邊休養，由地方議會提供費用。

「沒人知道我罹患了什麼病，每一年我總會發高燒兩三次，這令我孱弱不堪，而且嚴重頭疼，病入膏肓；我個人認為那是業力病，因為年紀稍長之後就不藥而癒，而且在山洞閉關時，也從來沒生過重病，」她說，「發高燒也讓我以前常有靈魂出竅的體驗。」她繼續說道，「那時我常會在鄰里間遊走，但因為當時只是個小女孩，也不敢離家太遠，我可不想迷路；因此只是在街上晃晃，漂浮半空中換個角度俯瞰人們，因為平常我都得仰頭看大家。少年時期我再度嘗試靈魂出竅，但我嚇到了，於是沒再繼續提升這方面的能力。」

此外也發生過一些意外，事件的結果令人驚奇而百思不解。比如有一次她在家中玩球，尼龍質料的洋裝不意碰到了電熱器，幾秒鐘內她就燒成了火球，幸好當時李恰好因身體微恙在家休息而沒去魚舖；小丹津葩默穿著著火的洋裝，尖叫著衝進媽媽房間，李從床上跳了起來，拿毯子裹住她，立馬送她到醫院。

「神奇的是，儘管背部一大片紅腫、皮開肉綻，我卻一點兒也不疼。我記得坐在輪椅上，被推著經過醫院長廊時，醫生握著我的手，說我真是個勇敢的女孩兒，完全沒有哭哭啼啼；但我其實根本不覺得痛。我住院很長一段時間，背上架著支架撐開皮膚，但完全沒留下任何疤痕。等我年歲稍長之後，母親告訴我，當她看到我被火焰吞噬時，她虔誠猛烈禱告，希望我的痛苦轉移到她身上，代我受苦。我覺得很有意思，因為談到這件事的當時，我已聽過佛教有「自他交換」的修持，也就是想像自己吸入他人的痛苦，將對方從苦痛中解脫，然後以呼出白光的形式，用自己的健康和安樂取代他們的不幸。我母親就這麼自然而然地做了這個深奧的修持，而且還真奏效了。她說儘管她的禱告很真心，但她根本沒有多感受到一分來自我燒傷的疼痛。她真的很棒！雖然她自己當時也很苦惱，但她仍舊這麼做了，」她說。「其實我覺得我來到這個家庭是因為她的緣故。」她又輕聲說道，意指她對輪迴轉世有著與生俱來的信仰，並暗示著她為了某種特殊的目的，選擇以女性身份出生在西方世界。

沒生病的時候，倫敦東區的生活如常，一切極其簡單樸素。丹津葩默與哥哥莫文共用一間臥房，一週洗一次澡，家裡老是缺錢。她解釋說：「父親過世之後，母親接管魚舖，對經營魚舖的叔叔賭馬一事毫不知情，最後我們家欠下鉅額債款，母親得加倍工作才能應付所有開銷。」

儘管經濟拮据又失去了父親，她仍然有個正常而快樂的童年，這為她日後多年的閉關生活帶來正面的影響。城區裡只要花一便士搭巴士就可以到公園或博物館，有時也會被帶去看迪士尼電影，不僅如此，還有魚舖煙洞（倫敦碩果僅存的煙洞）的探險樂趣，這可是被大人禁止的——後院兩座巨大的磚造煙囪被焦油燻得發黑，一列列排架擺放煙燻黑線鱈魚和鯡魚，雖然危險卻妙趣無窮。

「說實在的，我們對於貧窮沒什麼想法，就是這樣過生活。家裡總是有充足的食物，不愁吃，當時人們對於生活目標的所求真的不多，」她說，「我們一點也沒想到需要有個父親，事實上，沒有父親我們也過得很好。我發現家中沒有任何衝突，也不會氣氛緊張，許多朋友家中卻經常出現這些情況。」

丹津葩默年齡稍長一點時，變成一個漂亮的小女孩兒，身形仍然纖瘦，有著同樣那雙藍色大眼睛，嬰兒時期光禿禿的頭上長出淺咖啡色鬈髮，非常吸睛，以至於她日後所屬的印度寺院竟然堅持把她這年紀的照片掛在牆上，「我三歲時就到達人生顛峰，之後是一路走下坡。」她笑著說。莫文是她的偶像，兩人總是打打鬧鬧，哥哥常有鬼點子，她就跟著一起搗亂。「我常在蓋福克斯之夜❸（Guy Fawkes night）被他打扮成蓋福克斯的樣子，坐在人行道上動也不動好幾個小時。有一次，在漢普司特・西斯公園，他還叫我去向陌生人討錢搭公車回家，他要我告訴陌生人，我們被母親拋棄了。後來他總是說，就是他從那時把我推向托缽之路的！」

---

❸ 蓋福克斯之夜又稱篝火之夜（Bonfire Night），是指每年十一月五日在英國舉行的慶祝活動。按照傳統習俗，當天人們會搭建篝火，燃放焰火，焚燒火藥陰謀事件主謀蓋・福克斯的假人。

她喜歡自己就讀的兩所學校，提斯德爾街小學和約翰霍華德文法學校。學校以詩人維吉爾的「有志者事竟成」作為學生的座右銘，再恰當不過了。她雖然不是頂尖的學生，但算得上是名好學生，她的英文、歷史和智力測驗成績一向很好。她謙虛地說：「這並不代表我真的很聰明，只是腦袋瓜適合做智力測驗而已。」她年年榮獲進步獎，但她覺得自己得到這個榮譽根本不值得一提，「這個獎項意味著你盡了最大的努力，但我並沒有盡全力，我在課業上根本不用功，因為基本上我對任何科目都沒有興趣。」

話說回來，寫丹津葩默的故事，必然要提到靈性的範疇，最有意思的故事發展都在這裡。她的母親李也是個靈媒，每週三晚上八點鐘，鄰居都會來到舊伯斯納格林路七十二號，參加每週降靈會。

「我們圍坐在一張桌腳粗如樹幹的巨大桃花心木桌旁，這張桌子原本來自某間豪宅。鄰居當中有一位是通靈人，他會進入通靈狀態，從靈體得到訊息。記得某個夜晚，母親開玩笑說這些靈體不怎麼強壯，於是祂們接受了挑戰，請一位體重約有十八英石（約一百一十四公斤）的女菜販坐在桌上，然後祂們將女菜販連同整張又大又重的桌子舉起，在房裡漂浮，我們還得閃到角落，以免擋路。」丹津葩默回憶道。

她從不曾質疑這些事件的真實性。這是她家，她知道家裡沒有暗門，也沒人付錢給誰表演或行騙。「從這些經驗裡，我學到很多東西，」她繼續說，「現在任誰來告訴我，人死後意識就不存在了，我都不會相信，因為我有許多證據再再證明人死後意識的確存在。這不是信仰，而是一種知識，一種真實的確信。我也因此得知有許多不同維度的生命體千真萬確的存在，只是我們一般感覺不到。由於降靈會的經驗，家裡經常以正面積極的方式談到死亡的話題；我們討論死亡究竟是怎麼一回事、死後又會發生什麼事，死亡是我們最感興趣的話題之一，我真的非常感謝這些經驗。許多人之所以避而不談，主要是因為恐懼死亡；如果你不害怕，你的生命就會如釋重負。」

「對我而言，死亡就是下一個新階段的開始，另一個開端。我們過去做了許多事，現在則將步入無限的未來，繼續前進；這樣的認知減少我們對今生的焦慮，因為今生不過是像大塘中的一小滴水罷了。所以說，今生只要做今生需要做的事即可，其餘的事不打緊，因為或許往昔已經做過，又或許將來才需要做；這麼一來，你就會覺得自在舒坦且有希望。」

丹津葩默年幼時期就已展現出敏銳的洞察力、以及樂於探究的天性，她一生都帶著這樣的特質，從不輕易相信什麼。「但我不喜歡通靈術勾招著人們，讓他們著迷到無法放手，無法好好過自己的生活；降靈會成了街坊鄰居的生活重心，他們變得愈來愈執著。我也認為這些人問的問題大多很愚蠢，」她說，「他們並沒有深入討論我認為真正重要的深奧議題，他們最感興趣的是和陰間的親戚閒話家常。我個人認為這根本浪費了靈界指導者的時間和智慧。」

年輕的丹津葩默所著迷的「議題」既早熟又有深度；奇妙的是，這些議題正好又與佛法息息相關：「當時我不可能知道怎麼用佛法術語表達，但我所關切的是，我們一次又一次不斷輪迴，不由自主經驗著生命存在中與生俱來的痛苦，究竟該怎麼做，才能超越這一切呢？」

童年發生的某個小插曲，恰恰說明了她的思考方式：「當時我約莫十三歲，跟母親拜訪叔叔阿姨之後，正準備回家，」她回憶道，「我們一起度過了非常愉快的夜晚，坐在巴士站候車時，我腦海中突然閃現一個念頭：『人皆有一死，死前我們都會變老，也可能會生病。』我們家從未聊過這些事，這些想法就這麼蹦出來。我記得自己望著亮起燈疾駛而過的車流，巴士內的人們說說笑笑，我不禁想道，『他們難道不知道、也看不到即將發生的事？』我對母親說，人生真悲哀，因為我們都得經歷這些。我母親的人生實在滿悲慘的，含辛茹苦把我們養大，她的健康狀況很糟糕，財務又拮据，但她卻這麼回答我：『是啊，人生當然有許多痛苦，但也有很多好事呀。』」我心想，她根本沒抓到重點！好事當然有，但是潛藏背後的，卻是衰老、疾病和死亡的事實，這些把什麼好事都抵銷了。

「但人們卻看不見這些，他們漠然看待這一切，我真是不懂為什麼！難道他們不了解我們都深陷這再糟糕不過的困境中？從靈魂深處，我真真切切體會到這點，」她感觸良深，「但是，由於沒人明白我在說什麼，只覺得我過於憂悒，所以我後來就不再談論這些話題了。」

有趣的是，倫敦東區的這位年輕女孩兒所擔憂的事，與西元前五百六十年，住在印度的年輕王子悉達多竟然如出一轍；當時，悉達多王子走出庇護他的皇宮，迎面遇到病人、老人和屍體，這些不堪的景象深深震撼了他善感的心，最終令他拋棄了安逸富貴的生活，開始探索人生如影隨形的痛苦之因。經過多年的遊歷、試煉，並嘗試了他人引見的各種修道方法，最後，在菩提迦耶的菩提樹下，找到了答案；他進入甚深禪定，突破無明的障礙，獲得究竟的證悟，這個結果就是，他成為佛陀——完全的覺悟者，並因此啟發世代以來的億萬人起而效尤，從而形成了佛教。不過，這些大多是東方人。

然而，尚有另一個更大的疑問盤據了丹津葩默的心，那就是——經歷今生所有過程的人生意義是什麼？這是佛教力求解答的關鍵問題。「我希望知道，人類怎麼做才能圓滿無缺？從小我就堅信我們天生其實就是圓滿的，但我們得一次次回到輪迴中，重新發現自己的真實本性。我感覺我們的圓滿不知怎的被遮蔽了，因此必須揭除這些遮蔽，找出我們自身的本貌。這即是我們來到這裡的目的。我問過母親是否相信輪迴轉世，她認為這應該是有道理的，並非不可能的事，所以我的這部份問題得到了大致的答覆。」

但是尋找其他問題的答案就沒那麼順利了，丹津葩默曾經請教過這些降靈的靈體。「我先是問：『神存在嗎？』祂們說：『我們絕不認為有什麼神或上帝是某種人物或人的型態，但究竟上我們認為有光、有愛和智慧。』我覺得聽起來滿不錯的，繼而提出我生命中排名第一的問題：『怎樣才能變得圓滿？』祂們回答：『你必須做個好人、讓自己保持善良。』我心想：『祂們不懂。』自此之後，我對降靈會完全失去興趣，不認為這是一條正確的道路。」她說。

此後，丹津葩默轉向當地的神父海瑟靈頓尋求新的答案，她很喜歡海瑟靈頓神父，因為他身材魁梧，過著清修苦行的生活，就像僧人一樣。有時，她會跟隨李前往當地的聖公會教堂，欣賞這座仿歌德式建築。

「神父告訴我：『沒錯，你必須成為好人』，或者『你必須做好人、做善良人。』我心想：『這不是真正的答案！』我們當然得做個好人、善良人，那是最基本的；但是，說到所謂的『圓滿』，這又是另一回事了。我認識許多又好又善良的人，但是他們並不圓滿，真正的圓滿有著更多底蘊，而那個『更多』就是我一心探尋的答案。」她說道，聲音中帶著其幼年尋求答案時所感受的急迫。

丹津葩默生長在基督教國家裡，對基督教卻沒有任何興趣。事實上，這造成了更多窘迫的困惑，反而沒能提供她解決之道。她的根本問題在於無法相信這種擬人化上帝的觀點，「對我而言，這樣的上帝就像是聖誕老人，」她說，「我也記得對聖歌感到特別困惑。在學校唱聖歌時，我們唱『光明美好的一切，偉大與渺小的一切，聰明奇妙的一切，皆為上帝所創造。』我邊唱著，心裡邊納悶，『嗯，那麼，愚蠢醜陋的一切又是誰創造的呢？』那些讚頌豐收的聖歌也是如此，我們歌頌上帝賜予陽光和雨水，既然如此，我想上帝一定也帶來了乾旱與飢荒。」看來，丹津葩默似乎在質疑善與惡、光明與黑暗、大與小等「二元」的問題，試圖尋找超越二元對立的答案。

丹津葩默持續不斷尋找，想要找到什麼，但是她也不確定自己在尋找什麼。十三歲時，她曾試著去閱讀《可蘭經》，也再度嘗試去理解基督教，但仍舊深陷謎團，不得其解。十五歲時，她開始學瑜珈，透過瑜珈接觸了印度教，從中得到了某些令人滿意的答案，但那仍然非常有限，她迷惑的癥結點還是回到所謂「神」或「上帝」的概念上。

「問題出在這些宗教的根本觀念，都建立在有一個外在的神，而我們有責任取悅祂、接觸祂；這對我而言缺少了內在的根據或聯繫。如果這對你有意義，那當然就管用，如果沒有意義，那麼你就不會有任何受惠。你得先相信有這麼一個超然的生命體，和祂建立關係，然後才會有接下來的進展；如果不這麼做，就像我一樣，那根本不會有更進一步的發展。」她解釋道。「記得有次我與準嫂嫂聊到一件事，討論了起來，她是我們家族的好朋友，猶太人；她主張耶穌不是上帝的兒子，從這個論點推演下去，我得到一個結論，那就是根本沒有上帝。對我而言，這真是個偉大的發現，『對！我就是這麼覺得！』」

青少年時期的丹津葩默轉向存在主義思想，她說自己「粗淺地」拜讀了沙特、齊克果跟卡繆的著作。她發現，此處的難題是，雖然這些人提出了正確的問題，也陳述了人類生存層面上的難題，但他們並未提供任何答案。

於是她繼續她的尋覓。

在校期間，有位老師給他們朗讀了海因里希・哈勒（Heinrich Harrer）的書《西藏七年》（*Seven Years in Tibet*），書中描述了作者前往雪域西藏的旅程，以及他和達賴喇嘛尊者的友誼；丹津葩默對於世上竟然存在這樣的一位人物，感到非常驚奇。此外，約莫九歲或十歲時，她看到某個泰國寺院的節目，其中一座寺院建築物的中楣上，描繪著佛陀一生的故事，她轉頭問母親那是誰，「祂是東方的神祇，」母親答道。但丹津葩默卻肯定地說：「不是，他就像耶穌一樣在人世間活過，有自己的故事。」她得知故事的全貌也只是遲早的問題而已。

3 黎明——尋道

一天，事情有了突破性的進展。當時，丹津葩默的哥哥莫文在英國皇家空軍服役，駐防於德國，她和母親正準備去那兒相聚，一同歡度聖誕節。時間是西元一九六一年，丹津葩默十八歲，她提早一年離開了文法學校，開始在海克尼圖書館工作，工作宜人且安靜，恰恰符合老師給她的建議。這份工作也非常適合她有條不紊、一絲不苟的思路，而且她又非常喜歡閱讀。原本她希望上大學主修英文和哲學，但李負擔不起大學學費，丹津葩默只好安慰自己說，趕緊多賺點錢就可以早點離開英國，「對東方鄉愁般的思念時不時折磨著我，」她說道。在德國度假期間，她仍想讀點書，於是從圖書館借了三本書——其中兩本是沙特和卡繆的書，最後一本是剛好有人歸還，最後一刻隨手取來的，封面有一幅莊嚴的佛像，然而吸引她目光的是書名：《如如不動的心》（*The Mind Unshaken*）。在德國度假時，她拜讀了沙特和卡繆的大作，但不知為什麼，她卻忽略了這本佛書。返回英國途中，她們在機場等候延遲八小時的班機，那是一座軍事基地，因此沒有商店或娛樂場所，在沒有其他選擇的情況下，她只好打開那本書排遣時間。讀到一半，她轉向母親，語帶驚奇，小聲地說：「我是佛教徒！」李・派瑞平實淡定地回道：「那很好啊，親愛的，你把書讀完，再給我講講這本書說了什麼。」丹津葩默卻不像母親那樣淡定。

「這實在太令我驚奇了，一直以來我所相信的一切，都在這本書裡！當然書中所說的，比我自己所能歸納理解的深奧太多了，而且不止於此。這種見地，正是我所思考和感受的，見地之外，又提供了一條明確且邏輯清晰的道路，讓我們可以回歸內在的圓滿。」

丹津葩默讀到的那幾頁內容，描述了佛陀所面對的難題，這些難題正是她當初望著公車內的人們時，內心感到震撼的種種疑問，也就是生命中普遍存在的生老病死等問題。「此外，我也很喜歡書中說到投胎轉世的內容，並提到並沒有外在神祇在掌控一切。以前接觸印度教時，發現教義中特別強調阿特曼（Atman，靈魂、真我），以及真我與神祇之間的關係。首次聽到『阿特曼』這個詞時，我甚至對這個詞彙感到反胃、反感；相反的，佛教所說的卻是無我，沒有阿特曼！根本沒有這個所謂獨立存在的個體可用光燦燦的大寫說是『自我』（Self）！這對我來說真是一大解脫，我終於找到一條以無我為出發點的心靈修道。」她對阿特曼這個詞無法解釋的反感，就如同她人生中其他許多奇特的偏好，稍後都找到了答案。

總之，她總算找到了自己的道路。「這本書徹底改變了我的人生。」她接著又說：「我記得三天後走路去上班時，心裡想著，『我成為佛教徒多久了？三天？不！已經很多輩子了！』」當時，她並不知道自己的想法是何等的正確。

尋獲自己的道路之後，丹津葩默一刻也沒浪費，立即全心投入。「如果決心要做什麼事，就做好做滿。」這就是她一生的座右銘，但在一九六一年的英國，這可不是一件容易的事；不像現在，佛教（在西方）極為興盛，佛法書籍發行了數百種，禪修中心如雨後春筍般到處林立（連伯斯納格林的舊消防局也改建為莊嚴的佛教寺廟，成了鬧中取靜的綠洲），但丹津葩默剛開始接觸佛陀言教時，幾乎是孤獨地自力探索著；儘管如此，她懷抱著信仰改變者最初的熱情和天真，認真探尋著自己想了解的一切。

「我不斷在許多書中讀到，佛法最主要的課題就是『離欲』，我心想：『一點也沒錯！』於是把所有衣物拿給母親處理，然後穿上這種希臘式黃色長袍，長袍自然向下垂墜，腰間繫條腰帶，再穿上黑色長筒襪。」她邊回憶邊笑著說。「我不再化妝，把頭髮綁到腦後，穿著儉樸實用的休閒鞋，再也不與男孩子約會。我極其想要成為一個離欲的人。」

這個孤軍奮戰的階段並沒有持續太久。不久之後，她在維多利亞車站後方的艾克爾斯頓廣場邊，發現了佛教協會（Buddhist Society），這是西元一九二四年由克里斯馬斯・韓佛瑞（Christmas Humphreys）法官創立的協會。將東方心靈思想引見給英國大眾的眾多人士當中，韓佛瑞可說是貢獻最大的推手了。他是個奇人，除了傑出的法官事業之外，生活中又揉合各種非傳統興趣，如醫學、占星術、超感知覺（ESP）及佛學。他與許多傑出人士往來甚密，比如心理學家榮格、日本禪學大師鈴木大拙及泰國皇室家族等；達賴喇嘛尊者剛流亡海外時，他也是首先拜見和歡迎尊者的人士之一。丹津葩默接觸到這個佛教協會時，它是當時西方社會中成立最久、規模也最大的佛教組織，不過，它其實只是一棟小小的建築，會員也十分有限。

「我走進協會大門，發現來來去去的其他人並沒有穿著黃色長袍，我心想：『我應該是什麼地方搞錯了，或許不該送掉所有的衣服，這麼做可能錯了。』我告訴母親這件事，於是她給了我一支衣櫃鑰匙，原來她把我的衣服全鎖在衣櫃裡，根本沒送人。之前她一句話也沒說，只是等待著——真是善巧極了。」

在艾克爾斯頓廣場的佛教協會，丹津葩默完全沉浸在上座部佛法，也就是南傳佛教學派的巨大寶庫中；南傳佛教盛行於斯里蘭卡、緬甸、泰國、越南及柬埔寨等地。她學習佛陀的四聖諦，這是佛陀針對人類生命的存在與其療癒之道所作的分析，既殊勝又邏輯且嚴謹：苦的真相（苦諦）、苦因的真相（集諦）、苦的止滅（滅諦）、解脫之道的真相（道諦）——這是佛陀在菩提樹下達到開悟境界時，所獲得的偉大悟道精華。丹津葩默也學習到佛陀的八正道：正見、正思維、正語、正業、正命、正精進、正念、正定等，那是佛陀為現世和修道生活所描繪的藍圖，八正道是修行之道的基礎，丹津葩默不假思索地吸收了這一切。「感覺就像是餓昏頭之後，參加盛大的宴會一樣，」她說。當時她還接觸了佛教的禪宗，然而公案和禪語的機鋒操練讓她失去自信：「我還記得自己躺在床上，為了自己完全無法理解禪意而傷心哭泣，覺得那些禪語機鋒充滿了矛盾！不過現在我可享受禪意了，但如果當初拿的第一本書是禪宗的書，那我可能根本不會踏上這條修道。」她說。

丹津葩默感到獨自探索的孤寂，於是為自己設置了一個佛壇，上頭鋪著印有金鳳花紋的浴巾，然後將一尊佛像安放在佛壇上。之前她曾向一位女士買了兩隻暹羅貓，女士的丈夫是一位跑船商人，這尊佛像就是他從緬甸帶回來的，原本擺放在女士家的壁爐上，後來這位女士知道丹津葩默是真正的佛教徒，立刻就把這尊佛像送給了她。她當時都是在這類因緣下得到這類宗教物品。她在佛壇前做大禮拜，拜得很自然、活力且喜悅。「第一次走進佛教協會看到佛壇時，我第一個衝動就是想拜下去，我心想：『不！不！不能這麼做！佛教徒不做這種事！』於是就沒禮拜，但不禮拜讓我感到很痛苦。後來我在一些圖片裡看到東方人在佛像前禮拜，這個發現讓我雀躍不已；於是我持續不停地禮拜，這麼做就對了。」她說道。

偶然間她得知了一個藏文咒語「嗡嘛呢唄美吽」（Om Mani Padme Hung），那是祈求慈悲的佛菩薩觀世音的咒語，她開始以自己的方式持誦，並獲得了神奇驚人的效果。

「我對這個咒語一無所知，」她說，「我以為修行者得時時刻刻持誦咒語，因此我開始不停唸誦，起初出聲唸誦，後來變成在心裡默唸。事實上，這很類似《俄羅斯朝聖者之路》（*The Way of a Pilgrim*）❶中那位俄羅斯主角，一直不斷持誦著耶穌禱文，不過當時我也還不知道這個故事，我只是在心裡一直默念。不久，它就產生了非常有趣的效果。儘管我當時在工作，卻發現可以一邊默唸咒語，一邊把工作做得很好。持咒把我一部份心分離出來，讓我有了某種觀察的意識，迴盪著『嗡嘛呢唄美吽』。這給了我空間，在這個空間中，我得以提升對周遭事物的覺性，而非深陷其中。」

但還是有些事情讓她不得其解。儘管她內心毫無疑竇，明白佛法就是她的道路，然而南傳佛教的某些觀點令她感到擔憂，尤其是與阿羅漢有關的觀點特別困擾她——阿羅漢是證得涅槃的偉大人物，他們已徹底根除貪婪、瞋恨與無明愚癡，因此不必再輪迴到這個苦難的世界，他們已獲得完全的自由解脫！照理說，這原本應是丹津葩默所追尋的境界，但阿羅漢的境界竟然一點都不吸引她。

「教義中完全沒有提到愛。我愛佛陀，一想到他，我都會因為虔敬心而熱淚盈眶，我希望像佛陀一樣，但不希望像阿羅漢那樣，感覺起來他們似乎很冷漠。事實上，我想我當時對他們的觀感不盡公平，現在我對他們的觀感友善多了，但總之當時對這點感到非常擔憂。如果你手裡有的是一塊薑汁蛋糕，但你卻不喜歡薑，那麻煩可大了；我雖然愛佛教，但卻不喜歡上座部佛法所引領的道路，那不是我想去的地方。總感覺當中少了什麼，但我並不清楚是什麼，當時我只覺得上座部佛法怪怪的。」

丹津葩默繼續調整自己的追尋，以期找到適合自己需求的那條道路。幾個月後，她讀到龍樹菩薩的書，龍樹菩薩是西元二世紀時著名的佛教聖人和哲學家；這本書中提到何謂菩薩，菩薩即是「心靈勇者」，他們選擇放棄涅槃，只為了一再一再回到這個世間，幫助一切眾生解脫。「當下我立刻明白，這正是我所渴望的，這就是我的目標！我們所作的一切不是為了自己，而是出自於對一切眾生的悲心。對於成為一個菩薩，我真心感到有所共鳴。」

然而，正當她找到了自己想走的道路時，又連帶出現另一個問題。龍樹菩薩是大乘佛教的創始者，主要在西藏受到尊崇和追隨，但六〇年代藏傳佛教幾乎不為人所知，而為人所知的部分又不受人喜愛。有些大膽的旅人成功溜進對外封鎖的禁地——西藏，回返之後講述了神蹟與靈異現象的種種故事，這些故事經過口述之後變得更加魔幻了；比如喇嘛上師能夠在天上飛、可以隨個人意志變幻出東西，或者讓東西消失，喇嘛上師也能把自己幻化成動物或任何他們想要變成的樣子，可以用一種奇異的、像是降神或出竅般的躍進方式，瞬間快速移動不可置信的距離；又說藏地有許多神怪和精靈，還有像是外星人般長著多隻手腳、尖牙凸眼的神像。因此，倫敦佛教協會的知識份子大多將藏傳佛教誤認為巫術或薩滿秘教，神秘而

❶ 此書中譯本由光啟文化於二〇〇五年出版。

不文明，因而將之排除在外。藏傳佛教不似禪宗樸實無華，又不像上座部教義直接，總之它太怪異、太奇特了，沒人意料到它竟然會盛行起來。

此時此刻，丹津葩默是個熱誠投入佛教團體的新進份子，立刻對藏傳佛教和它所代表的一切感到抗拒，但它並沒有就此罷手。有次瀏覽另一本書時，她讀到一小段描述藏傳佛教的四個教派：寧瑪派、薩迦派、格魯派和噶舉派；「當我讀到『噶舉派』這個詞的時候，內在有個聲音說：『你屬於噶舉派。』然後我說：『什麼是噶舉派？』這個聲音說：『這個問題不重要，總之你屬於噶舉派。』我的心往下一沉，成為藏傳佛教徒是我當時最不願意的事。」。

在丹津葩默的故事中，這個聲音總在關鍵時刻清晰出現，一次次引領著她、也警告著她，帶領她前往正確的方向；無論她的腦袋說了什麼，她總是留心注意這個聲音。「它有時挺明顯的，事實上也很難忽略這個聲音的出現。」她說。

隨著聲音的引導，丹津葩默聯絡了她所知道的、倫敦唯一了解藏傳佛教的人。在享用下午茶的時光中，對方送她一本伊凡・文茲編寫的密勒日巴尊者傳；密勒日巴尊者是西藏最受人們愛戴的詩人聖哲、出類拔萃的山洞閉關行者，也是噶舉派的創立者，他的生平故事扣人心弦，引人入勝。密勒日巴生於十一世紀，是一位傳奇的心靈勇士，年輕時惡名昭彰，為了報復那些欺侮家人的仇敵而學習黑咒術，過程中殺了許多人。最後他發現自己鑄下大錯，於是到處尋找上師，終於找到著名的馬爾巴上師，他從印度帶回許多佛法典籍，因而被稱為馬爾巴大譯師。密勒日巴哀求馬爾巴上師教導他救贖的真理，馬爾巴上師看了看站在面前的這位年輕惡棍，馬上交給他一件希臘神話大力神海克利斯才能完成的艱鉅任務，也就是徒手建造一座岩石高塔。任務完成之後，馬爾巴巡視檢驗一番，粗暴地下令密勒日巴將高塔拆除，把拆下來的石塊一一搬回原處。就這樣建了又拆，拆了又建，來回四次之後，密勒日巴身上皮開肉綻、鮮血直流，心裡也幾近崩潰，如此他為自己犯下的惡行贖罪，也證明了他的決心；此時，馬爾巴大師才給予他殷切祈請、夢寐以求的秘密灌頂和法教開示。

之後，密勒日巴以上師的法教裝備了心性，除了一根枴杖、一件斗篷和一個碗，其他什麼都沒帶，就這麼沒入僻靜的深山野林。那兒天寒地凍，除了蕁麻之外，什麼也沒得吃，他變得骨瘦如柴，皮膚也因為吃多了蕁麻而變成綠色；但他的禪修功夫起了作用，修持大樂的「拙火」，讓他在接近零度的環境中也能保持身體的溫暖。農夫們也紛紛傳說，曾親眼目睹密勒日巴飛越山谷。經過多年精進的修行，密勒日巴終於開始弘法開示，此時天空出現彩虹，並降下了花雨。

追逐世俗最終只帶來不可避免的悲哀，
獲得的最終結局是失去，建立的最終結局是毀滅，
相聚的最終結局是分離，出生的最終結局是死亡。
當你了解這些，一開始就應從獲得、積聚、建立、相聚中出離，
虔誠追隨一位殊勝上師的教誨，
開始追尋真理，真理即是那不生不滅的境界。
這就是最巧妙的法門。

密勒日巴的教言由他的具信弟子惹瓊巴記錄下來；而惹瓊巴為丹津葩默日後的生活帶來了巨大的影響。

丹津葩默讀完這本書之後，心態轉變了。儘管藏傳佛教那些難以理解的內容被佛教社團有名望的傳統人士所排斥，丹津葩默卻在其中找到了自在。「書中提到淨土、靈界、天堂和地獄，深深打動了我的心。我早就從家中降靈會的經驗中得知，生命有各種不同層次的存在。畢竟我從小就在家裡看過桌子漂浮空中，我是這樣長大的。就我的觀念而言，密勒日巴會飛是完全可能的，因為我童年也經歷過相同的事；生病時，我曾經靈魂出竅。然而上座部佛法和禪宗對這些現象卻隻字未提，他們的修道過於理性，這讓我感到困擾。他們完全不談

所謂的靈或鬼神。我自己是個相當理性有邏輯的人，不易受騙上當，但只要遇見一些真正表達出人類高層次潛能的人事物，我自然會多加留意。」

下一步顯然就是尋找一位上師或老師，誠如密勒日巴道歌中所說的，找到「一位殊勝的上師」來引導她，就像密勒日巴找到馬爾巴上師一樣。「我知道我必須找到一個上師，不是隨便一位上師或老師，而是那個『對的』上師。我不曾懷疑自己會不會找到他，而且他肯定是噶舉派上師，住在印度，因為當時所有西藏難民都到了那裡。當時我下定決心去印度找他，」她說道。但當時時機未到。

當時，丹津葩默的生命並非全都填滿了嚴肅的心靈探索，她也有另外一面。她是個青春少女，漂亮可愛，一頭長長的鬈髮，認識她的人都形容她「熱情活潑」。隨著年紀漸長，她不僅漸漸習慣了自己女性的身體，也開始積極享受女性的身份；她開始注意到男孩們，男孩們當然也注意著她。倫敦市中心的生活充滿了樂趣，二十世紀六〇年代早期是貓王艾維斯•普里斯萊、瑞奇•尼爾森、披頭族、盧森堡電台和搖滾樂的年代，青春的狂熱正沸騰，而丹津葩默也投入了全身心的熱情，參與其中。

「我穿著細跟高跟鞋和漂亮衣服，經常出入爵士音樂俱樂部，熱愛跳舞。我是貓王的忠實粉絲（成為佛教徒之後，他是我最需要出離的對象！）事實上，我的社交生活多彩多姿，也交了一大堆男朋友，特別喜歡亞洲人；有趣的是，西方男性一點也不吸引我。不過我倒是一直很確定一件事，就是我根本不想結婚。我自己非常清楚這點。記得十六歲那年，有次我又要當伴娘了，那是我第三次當伴娘，有位朋友說：『千萬不要！當三次伴娘就永遠當不了新娘了！』我回她說：『真是令人傻眼的迷信，不過我倒是希望這迷信會成真，這樣當伴娘還能得到附加收穫。』我想要獨立生活，不想要腦袋中老是裝滿對一個人的思念。」

丹津葩默生命中的兩面性，不可避免地引發內心衝突，讓她陷入掙扎，這種進退維谷的狀態經過多年仍難以解決。「一方面，我是個浮躁貪玩、熱情風趣的年輕女孩兒，另一方面，我又很嚴肅且追求靈性生活；我在喇叭褲和大花裙，以及黑色長襪與平底鞋之間，搖擺不定、天人交戰。當時我很怕浮躁貪玩那一面會獲勝。」她說道。這種性格上的矛盾衝突也造成了其他方面的困擾。「我在這兩邊都有朋友，兩邊朋友彼此也不認識。有一天，我邀請了兩邊的朋友去參加一個聚會，我遲到了，走進大門時，看到朋友們困惑極了，因為他們之間唯一的交集就是我，但是彼此口中的我卻又是完全不同的人。這引起了我的危機感，我實在不知道如何解決這個問題。這時，我又聽見內在的聲音說：『別擔心，當出離的適當時刻到來，你就會出離的。你還年輕，現在好好享受生活吧！當時機到了，你就真的需要捨棄某些東西。』聽到這些，我頓時覺得如釋重負。」

她繼續與男孩子們約會、跳舞，某次在一個義大利節日中，她喝了很多奇揚第紅酒，把自己喝到爛醉；但是，在輕浮貪玩的外表下，她並沒有忘記自己尋找上師的渴望。從某個佛教消息管道中，她得知有位英國女士斐達・貝帝與一位印度人結婚後成為佛教徒，為噶舉派尼師建造了一座小型尼寺，同時也在印度北方的達和西創建了一所年輕轉世喇嘛的學校。這個地方很適合她開始尋道。她正式寫了封信給斐達・貝帝，說明自己也是噶舉派信徒，儘管自己只是實習圖書館員，不知道自己能勝任哪些工作，但很希望盡一己所能提供服務。斐達・貝帝回信給她：「來吧！儘管來！什麼也不用擔心，來就是了！」

求道之門終於向她開啟，但跨進去的那一步卻非常困難。丹津葩默需要一筆錢才能前往印度，這筆費用不是在海克尼圖書館工作所能存到的金額。於是她決定找一份更高薪的工作。她對世俗的一切一向沒有追求的野心；事業、成就、個人名望，對她而言都毫無意義可言。「我從不覺得需要靠這些來證明自己。」她說。下定決心之後，所謂宿命或業緣再度推了她一把。

「我幾乎是立刻就看到布魯姆斯伯里的東方與非洲研究學院的招聘廣告，接著就去見圖書館館長皮爾森先生進行面試。他剛從緬甸和印度回來，因此我對他的經歷感到十分好奇，不停地問他問題。他問我是否願意接受圖書館考試，我說：『不行，因為我很快就要去印度幫助西藏難民了。』這麼說之後，我以為自己大概不會被錄取了。接著，皮爾森先生又問我何時啟程去印度，我回答：『存夠錢就出發，大概需要一兩年吧！』走出他的辦公室時，我看到外頭大排長龍，一大堆人等著應徵這份工作。幾天之後，我接到一通電話，是皮爾森先生打來的。『面談那天我們聊得太愉快了，我都忘了問你的希望待遇是多少，還有工作時數等等，』他說，『我們非常歡迎你來圖書館工作。』」

皮爾森先生顯然很重視丹津葩默這個私人任務的發願，安置好她在圖書館的工作後，又運用學院的經費，安排她在上班時間學習藏文。她的老師是著名的藏學家大衛・斯內爾格洛夫（David Snellgrove），他是一九五〇年代少數幾位真正遊歷過西藏的人士之一。日後當丹津葩默身處全藏語環境，只有藏文典籍可閱讀時，這些基礎課程對她而言顯得格外珍貴。不過，這些意料之外的恩惠也時有可怕之處。「斯內爾格洛夫很令人懼怕，他站在我們面前，總是苛刻而不留情面地教訓我們；這讓我進教室前真的怕到發抖。好處是他身邊有三位苯教喇嘛（苯教是佛教尚未普及西藏前的宗教），他們是我最早遇見的西藏喇嘛。」

隔年，又有幾位喇嘛陸續來到英國，他們是將藏傳佛教傳入西方世界的先鋒。丹津葩默是首先信仰這個不甚流行的宗教的少數西方人士之一，這個優勢讓她有機會與這些喇嘛相識。她的母親，李，總是對新事物抱持興趣，對新觀念也有著開放接受的心態，尤其是心靈方面的事情，母親常會邀請這些喇嘛到家中午餐或晚餐，喇嘛們在人生地不熟的國家找到對藏傳佛教有興趣的人，心裡也覺得非常歡喜。

這些喇嘛之中，有一位是惹對仁波切（現居紐約，主持西藏之家佛法中心〔Tibetan House〕，曾於貝托魯奇導演的電影《小活佛》〔*The little Buddha*〕中飾演一角），另一位就是優秀且魅力非凡，但後來聲名狼藉的邱陽•創巴仁波切，創巴仁波切在許多方面展現出卓越的風采，他撰作了早期許多暢銷的佛教書籍，包含《突破修道上的唯物》❷《無目標之旅》（*Journey Without Goal*）等等，除此之外，更在蘇格蘭建立了第一所英式藏傳佛教閉關禪修中心「桑耶林」。後來，他移居美國，在科羅拉多州的博德創辦了與桑耶林同樣成功的那洛巴學院❸，而且持續蓬勃發展中；這所學院培養出美國最重要的眾多佛法老師。創巴仁波切既是地位崇高的喇嘛上師，也是成就極高的禪修大師、出色的學者和天賦異稟的溝通家，然而晚年時，卻因某些不合乎傳統的行徑和醜聞，導致他的學院陷入一片混亂。

丹津葩默十九歲時，遇見了年輕又尚無名氣的邱陽創巴仁波切，當時這些都尚未發生。創巴仁波切與其他喇嘛一樣，四處漂泊，居無定所且不被關注；人們不了解這些已來到他們面前的老師所具備的能力，但丹津葩默正處於這個過渡期的交叉點上，她已經準備好了。

「遇見創巴仁波切不久後，他就對我說：『妳或許難以相信我要告訴你的事——我在西藏其實是地位很高的喇嘛上師，我從沒想過自己竟會落入現在這種狀態；但，總之，請讓我教妳禪修好嗎？我需要有個弟子！』」

---

❷ 此書中譯本由橡樹林出版社於二〇一一年出版。

❸ 那洛巴學院是在美國註冊登記的私立大學，有正式的學分和學位。

丹津葩默當然樂意至極，她成為了才子創巴仁波切的親近弟子。現在，與其單靠幾本書的指引，她獲得了活生生的人力資源。她非常快樂：「儘管創巴仁波切一點也不像我想像中的僧人或喇嘛，但我覺得自己終於得到了真正的指引。他的長相根本稱不上是帥，看起來很平凡，又不太懂英語；然而，他肯定有某種能力。」她說。

接下來幾個月，創巴仁波切展現了某些非凡的能力。「有次，他談到西藏喇嘛有『製造天氣』的能力，他說，製造冰雹並不困難，但是一旦它被製造出來後，想要阻擋它發生可難了。我們都被故事深深吸引。」丹津葩默回憶說。「一個禮拜後，我與母親去牛津拜訪他，那是七月中旬，陽光溫暖，天空湛藍。我們一下車，一片小烏雲就飄了過來，下一秒我們就站在冰雹正下方，頭頂下起了冰雹。」

從他們相處中較嚴肅的一面來看，創巴仁波切滿足了丹津葩默連珠砲似的發問，並與她進行火力全開的激烈辯論，雙方都樂此不疲；創巴仁波切告訴她許多當時她根本不理解的事，但時間久了之後，她慢慢懂了。他還給丹津葩默上了她人生的第一堂禪修課，教她如何觀察自心，如何讓心放鬆同時又保持覺知，丹津葩默簡直是如魚得水。「我覺得禪修實在太美妙了。我總認為禪修是修道的核心，而且我對創巴仁波切有著極大的信心，」她說。她當時還無法說清楚為什麼禪修如此重要、或者禪修有什麼具體作用；現在，經過三十年紮實的修行，她已能精確解釋「內觀」究竟是怎麼一回事：「我們的心如此狂野、不受控制和駕馭，時刻都在製造記憶、偏見跟評論；就大部份人而言，它就像是場大暴亂，一場群龍無首的內在混亂。我們完全無法自主選擇要如何思考，只能任憑情緒吞噬、左右我們，而禪修就是平定風暴的開始，能讓自心沒完沒了的喋喋不休平靜下來。一旦達到這個層次，便可進入那超越表面喧鬧之聲的深層覺知，隨之而來的是，我們逐漸不再認同念頭情緒的真實性，你會看見它們透明的本質，不再完全相信它們。如此一來便創造了內在的和諧，那時，你就能將這和諧融入日常生活中。」

然而，丹津葩默也親身經歷創巴仁波切備受爭議的一面，但她既沒有苦惱，也不覺得憤怒（不像他近來的詆毀者），她也沒有以道貌岸然的態度去看待，反應恰恰相反。「我還記得第一次見到他的場景。我一走進房間，他就拍拍身邊的沙發墊，暗示我坐在他旁邊。我們輕鬆喝著下午茶，吃著小黃瓜三明治，一邊討論深奧的佛學話題。突然間，我感覺他的手往我裙子上方游移。我沒有尖叫，但我可是穿著細跟高跟鞋的，創巴仁波切卻是穿著涼鞋！他也沒有大叫，只是很快把手移開。」她邊回憶邊笑著說。

這並沒讓創巴仁波切死心。「他一直提議我跟他睡覺，我總是回他：『門兒都沒有！』」她繼續說，「這其實是因為他不坦誠。他把自己的形象塑造成清淨的喇嘛上師，然後又說遇見我之後，被迷得神魂顛倒之類，讓我覺得根本是一派胡言。不過，我的確相信他是『清淨的』，因為我怎麼可能覺得一個道行高超的西藏喇嘛會不清淨——而我當然不想成為僧人破戒之因，我不能讓大乘佛法受到任何損傷。其實，他若是對我坦承事實，告訴我：『親愛的，聽好，我從十三歲就開始有女人了，還有個兒子呢，不必擔心。』這麼一來我就會說：『好，我們在一起吧！』因為，還有什麼比和創巴仁波切一同修行更吸引人的呢？我認識的男人當中，無人能出其右。」她說道，出乎意料之外的坦白，指出藏傳佛教密續較高階段，行者會透過自己的性伴侶來增強修行的了悟。接著她又說：「總之他求愛不成，誰叫他裝一副可憐兮兮的樣子呢。」

除了這件有關性愛的小爭執之外，丹津葩默和創巴仁波切維持著好友的關係，「我知道他絕對有某種能力。儘管他很隨意隨興，言行舉止根本不像我所期待的喇嘛上師，但他真的很特別。」她坦誠說道。創巴仁波切也積極鼓勵丹津葩默前往印度尋找她自己的上師。一九六四年二月，丹津葩默二十歲，存了九十英鎊，足夠支付船費前往印度；這是當時她所能找到最便宜的旅行方式了，一星期只有八英鎊的工資，著實花了她很長時間才湊足這筆錢。她搭乘的是越南號，從法國南部的馬賽啟程，在這之前，她必須先搭乘火車，經過一個海峽，再搭乘另一列火車到馬賽港，然後才正式展開這段旅程；當時，在維多利亞車站為她送別的一群人當中，創巴仁波切也在其中。

4 第一步

火車駛離了月台，將母親和家鄉遠遠拋在身後，不知何時才會再相見，但丹津葩默卻沒流下一滴眼淚。同行前往斐達・貝迪學校的友人，儒絲・塔林和克莉絲汀・摩里斯則早已淚流滿面。「我也不理解為何會這樣，就是覺得開心——我終於上路了，這一刻，我可是等了好多年！」丹津葩默說道。

她帶了兩個大袋子，裡頭裝了一堆奇怪的東西，有六件睡衣、一堆香皂，還有倫敦一位喇嘛託她把一件大毛衣交給住在印度的弟弟。她笑著說：「我根本帶錯東西了，我到底是怎麼想的？怎麼會認為自己需要六件睡衣呢，再說，印度製造的香皂品質非常好。」

越南號是一艘香蕉船，船員包含衣索比亞人、越南人、蘇丹人和阿爾及利亞人，他們都是在越南這個前法國殖民地被雇用。這是前往印度最陽春的船，甲板上沒有套環遊戲，沒有雞尾酒派對，也沒有豪華的游泳池，只有零星幾位旅客，大夥兒一同緩緩向東航行，航向印度或更遠的地方。這趟航程費時兩星期，途中停靠巴塞隆納、賽德港、亞丁和孟買等地，之後再繼續往東航行。丹津葩默認識一位住在孟買的女孩，她寫了信問對方，能否讓她在那兒借住幾天，適應環境，好讓自己慢慢安頓下來。

這種從容悠閒的旅行步調與丹津葩默的心境完美契合，「感覺像是在『中陰』的階段，介於死亡和再生之間的世界，你不是過去的一部份，也尚未進入未來；在人生下一章展開之前，我有了這段有限的時間，就這樣靜靜待在船上，這樣的旅行方式真是美好啊。」

無論如何，這趟旅程絕對值得紀念。所有美好的海上航行故事一定都有浪漫的羅曼史，與丹津葩默同行的，有一位認識不久的年輕日本男士；和她的其他眾多追求者一樣，這位日本男士深深愛上了活潑聰慧的丹津葩默，而她也被這位高大的亞洲男子深深吸引，他出身於有教養的好家庭，也是一名佛教徒。他們決定同行，但日本男士打算搭船到東京。一上了船，浪漫的愛情故事不可避免地熱烈展開，某個晚上，就在滿天星斗之下，他向她求婚了，不過，他用了一個不太尋常的方法。

「他告訴我，待會兒會對我說一些話，最後我得用日文對他說『嗨！』。我答應了，以為這是一場遊戲。他說了大約五分鐘的話，停下來，深情望著我，於是我說：『嗨！』我問他我到底同意了什麼，他說：『你剛剛同意嫁給我。』我大笑起來，以為他在開玩笑，我們根本對彼此一無所知，我不覺得他是認真的，然而他說他是認真的。」

丹津葩默遲疑了，再度陷入內心的拉扯。「他是如此美好，人那麼可愛，而且心地很好；我朋友說我最好趕緊嫁給他，因為短時間內可能不會再找到這麼好的對象了。而且這是我初次遇到自己真心感覺『我想跟這個人在一起』的對象，然而在內心深處，我其實並不真的那麼想結婚。我的想法是這樣——我們可能會同居一段時間，然後他會開始受不了我，因為他是那麼美好，而我根本什麼都不是，這麼一來，我就會真實領悟到今生就如同佛陀所說的那麼痛苦；之後我就會回頭出家當尼姑。我當時就是這麼想的。」她這麼說道。

「問題是我並沒有真正說『不要』。當我提議同居時，他簡直嚇壞了，直說這根本不可能，他的家人和傳統絕對不會允許，想都不用想，我們必須先結婚才行。這時，我內心警鈴大作，感到一陣被羅網束縛的恐懼。」

在身體與情感對親密感的需求以及長久以來的心靈呼喚之間，丹津葩默感到進退維谷，在兩端之間掙扎拉扯，於是，她決定暫時不做任何選擇；他們商量好，丹津葩默將留在印度一年，然後再去日本。事情接下來的發展，差點讓日本男友的願望比預期的更快實現。他們在孟買上了岸，丹津葩默錯愕地發現，事前約定的人並沒有按照計畫來碼頭等她們。日本男孩把女孩們和行李留在原處，主動四處查看，掌握情況。

「他回來時，一臉驚恐地說：『這地方太可怕了，簡直是地獄，我絕對不能把妳留在這裡。』我不知道該怎麼辦才好，最後只好同意：『如果半小時內沒人來接我們，我就和你一起去日本。』我們又等了約莫二十分鐘，這時，突然有個人手中揮舞著一封信，急急忙忙朝我們飛奔過來。『你寫信給我女兒，但她不在家，所以我拆開了信；這封信今天早上才寄到，我一看到就馬上趕來了。』這真是命中注定！我還記得當天晚上想著就要離開男朋友，一個人哭著睡了，可是隔天早上醒來後，心裡卻覺得有些雀躍！心想：喔，這也沒什麼大不了。」

於是，丹津葩默和她的女性朋友們成功抵達了印度北方的達和西，來到斐達・貝迪為年輕喇嘛創辦的學校。她們抵達的時間是三月，最後兩小時路程，丹津葩默穿著涼鞋在雪地裡跋涉，儘管雙腳都濕了，心靈卻是昂揚沸騰：「越往上到山裡，視線中出現越多西藏人，最後來到達和西時，我看到幾千個西藏人，四周被雪山環繞著，天空一片湛藍，真是太迷人了。」

她繼續說：「我們找到貝迪太太時，她正在廚房裡，站在爐火邊，爐子冒著白煙卻沒有一點兒熱氣。她正在用西藏起司煮粥，這粥聞起來真噁心。貝迪太太年約五十多歲，個子高高的，身材有些豐腴，她有一雙藍眼睛和鷹勾鼻，灰髮在腦後盤了個髮髻；我記得她穿著厚毛料做成的褐紅色紗麗，使她身材更顯高大。

斐達・貝迪確實是一位吸引目光的人，現在她也是藏傳佛教圈的傳奇人物。她引領潮流的生活實在多采多姿——在英國上流社會出生、長大，在牛津與一位印度人相遇相戀，嫁給他並隨他到印度生活，震驚了自己的社交圈。接著，又在印度獨立運動時參加反抗軍，反抗祖國英國，費盡心力的結果恰恰是被捕入獄。被釋放之後，這位心繫新家鄉印度的女英雄，事業上有了戲劇性的轉變；隨著一九五九年達賴喇嘛流亡海外的熱潮，大量西藏難民湧入印度，於是中央社會福利委員會派她協助這些新進的西藏難民。在融入難民社區，和他們打成一片之後，斐達又被他們核心思想中的誓約和力量深深吸引；儘管已步入中年、已婚又有五個孩子（其中一位是卡伯・貝迪，著名的印度電影明星），她卻決定出家為尼；她是第一位出家的西方女性，法名是克丘葩默。

「她絕對是風雲人物，一個印度和英國的奇特混合體，但她也從未忘本。大家都稱呼她『媽咪』，我真的非常喜愛她，」丹津葩默表示，「她擅長於創意發想的執行，而且很會募款。當時藏民尚未組織起來，他們不懂英文，不知道有哪些救援機構，也不知道如何尋求幫助；相反的，斐達・貝迪非常善於組織工作，善於陳述自己的主張，她募得了許多款項。但是，她最大的錯誤就是沒有趁著當時土地便宜，把這些款項拿去置產，穩固立足之地，卻幫藏民買床單、毛巾等生活用品，錢就這樣逐漸花完了。她實在不是個很實際的人。幾年後，土地飆漲，救援機構也轉而幫助其他人，斐達就此失去了機會。可是她創立的尼院仍然存在，許多前往西方的藏傳上師，比如創巴仁波切，都是在這所學校獲得基礎英語教育。所以，事實上她貢獻巨大。」

達和西是個美麗的地方，多座山脈綿延，山上覆蓋著高聳壯觀的松樹，山裡住著一群群喧鬧的猴子。一八五四年，達和西侯爵來到這兒，將此地建設成山中避暑勝地，但是丹津葩默來到此地時，遍布的軍官俱樂部、聖公會教堂，以及有著挑高天花板、大走廊、花園內滿是玫瑰與牡丹的英式磚造房子，全都已經破敗不堪——只剩下統治過後的遺跡。達和西位於海拔七千英呎的高地上，不僅是個避開夏日熾烈豔陽的避暑勝地，一邊印度平原、一邊喜馬拉雅山脈的景觀也美得令人屏息。

丹津葩默這趟旅程來到達和西，恰好是歷史上最耐人尋味的敏感時機；此時此刻，這裡聚集了約五千名藏族人，令此地成為印度境內主要的難民營，之後他們才分散到達蘭薩拉、印度南部和其他安置地；但在一九六三年，藏民大部分都聚集此地，勇敢地重建曾在家鄉興盛久時的偉大寺院，如色拉寺、哲蚌寺等，努力讓尚存的獨特文化得以重現。「當時的達和西十分美麗，洋溢著美妙的氣氛，也沒有汽車熙熙攘攘；每天清晨和黃昏，所有藏族人都會出門轉山繞塔。」丹津葩默回憶道。

儘管這些景象似乎很有意思，然而一切卻來之不易。藏人目睹了難以描述的殘暴行徑，看見自己神聖的寺院被掠奪，看見僧人和修行高深的喇嘛上師受到拷打摧殘，他們在逃難的危險旅程中身心受創，一貧如洗、被迫離開藏地的家園，處境十分可憐。「他們家徒四壁，生活環境惡劣至極。他們得用麵粉袋做帳篷，可見有多麼絕望困頓，還得用豬油來煮酥油茶❶。對習慣西藏寒冷天氣的他們來說，印度的高溫也難以忍受，許多人因此病死。」

丹津葩默後來發現，自己的處境也好不到哪裡去。起初她住在斐達・貝迪創立的噶舉尼寺中的一個加蓋陽台，之後搬到一個小房間獨居。「屋裡極冷，像冰窖一樣凍寒。而且屋外一下雨，屋裡也跟著下雨，溼到我必須睡到床底下，床底都是老鼠到處亂竄。這些老鼠很肥大，什麼都吃，包括衣服和我的念珠，牠們常在半夜跳到我身上，讓我不得安眠。但其實我並不那麼介意老鼠，反而比較害怕蜘蛛；我還記得有隻大蜘蛛，眼睛像是玻璃珠一樣，這才嚇人呢。」

她每天從尼院繞過一座山丘，前往「青年喇嘛家庭學校」，這個學校名稱還真是古怪。斐達・貝迪將已廢棄但建築華麗的英式老屋改建為學校，裡頭有許多房間。這棟建築物剛好在山丘旁邊，周邊環繞著美麗的花園。（第一位「佛法浪人」，美國詩人艾倫・金斯堡也曾來此地尋找能帶動風潮的靈感。）丹津葩默在學校負責兩個工作，一是擔任斐達・貝迪的秘書，另一是教導年輕喇嘛基礎英語；不過她的學生可不是一般喇嘛，而是「祖古」——也就是被認證為修行高深的大師的轉世上師，藏傳佛法的未來就掌握在他們手上。後來前往西方世界的卓越佛法老師中，許多都曾在這所學校接受過基礎英語教育，邱陽創巴仁波切也是其

❶藏地傳統酥油茶用的是犛牛油。

中一位。

雖然生活條件艱苦，丹津葩默卻很喜愛這裡，從她寫給英國阿姨的信即可窺知：

親愛的瓊安阿姨：

非常高興收到您的兩封信，收到信後，一辨認出是您的字跡就感到十分開心——學習藏文對辨認字跡甚有幫助……！

現在每天整個上午，我負責教授學校裡的部分基礎課程，年紀最小的喇嘛才十二歲，有一位二十五歲，很貼心可愛，還有一位喇嘛人很好，可惜英文程度很糟，另一位二十二歲，長得很迷人，他來上學之前，曾當過兩年的修路工人，因此體格很棒！此外他也非常聰明，學習神速。這兒就像是村莊學校，很多課程都在同一個教室中進行，雖然吵雜，卻很有意思。

學校裡有兩隻貓和一隻小藏犬，還有一隻狗叫做秀秀，牠的媽媽和弟弟都被雪豹吃掉了；我們都很愛牠，但牠胃口很奇特，吃牛糞不吃印度牛肉，這習慣真是不太稱頭。牠都在我床上睡覺，睡著時可愛極了。總之，我們只能說服自己，牠是隻個性十足的狗……

現在，尼師們正在做晚課，暴風雨切斷了我們的電力，只有油燈閃爍的光芒可以為她們照明，當下這光景看起來真像西藏。從我的小房間可以清楚聽到鈴、鼓和唱誦的聲音，真是太美了！我們也常參加喇嘛的修法，因為法會很殊勝，而且他們打手印的動作很美且令人著迷。

謝謝妳主動提到要寄東西給我，但我真的什麼都不需要，再說，每個物品的關稅高達百分之一百。請轉達我的愛給亞瑟、葛萊漢、馬丁、金，當然還有妳。

迪安娜

丹津葩默信件的內容也透露了內心仍受異性所吸引，當時她才二十歲，美麗迷人又充滿了活力；她的內心在尚未得到解決的兩邊之間衝突拉扯。某天晚上，一位尼師拿了三封信給她，這三封信彷彿像是故意要讓她兩難處境更糟：一封來自她的前錫蘭男友，悲嘆著她的離去，哀求她回英格蘭結婚；第二封來自另一位日本男孩，說他之前認為異族婚姻行不通的觀念改變了，問她介不介意回到他身邊；第三封來自她的日本「未婚夫」，說她信裡描述的情況聽起來非常可怕，他會寄機票給她，要她馬上就飛去日本。

「我笑個不停，那位送信來的尼師問我發生了什麼事。我說：『有三個男人認為我應該嫁他們。』她問我會嫁給哪一位，我停頓了一下，回答她：『誰也不嫁，我要出家。』這些男人完全不明白我正在享受生命，他們以為，我沒跟他們在一起，日子應該很悲慘——他們根本不了解。在那個當下，我又想起自己為了什麼來到這裡。」

實際上，有些真正不凡又有趣的男人即將來到丹津葩默的生命中。英國作家約翰．布洛菲德（John Blofeld）❷，以引見禪學大師作品和他所翻譯的《易經》而名聞遐邇，他竟然翻山越嶺來拜訪她。在《生命之輪》（*The Wheel of Life*）這本書中，約翰描述自己深入佛教的過程，文筆優美流暢；丹津葩默拜讀完畢，給他捎了封信，告訴他這本書對她意義有多麼重大。出乎她意料之外，約翰居然回信給她。他們保持了很長一段時間的書信往來，丹津葩默談到了自己的計畫，約翰．布洛菲德回信給了她許多指導和建議。他在丹津葩默的生命裡一直扮演著重要的角色，直到一九八七年逝世為止。

「他年長我很多歲，但我們相處融洽。他是個令人喜愛的朋友，仁慈又聰明，而且極為謙虛，對佛法（佛教之道）充滿了虔敬而毫無傲慢心。到最後，信中他告訴我，他越來越熱衷漢傳佛教，講起中文也開始像個中國人，還蓄了白鬍子，看到鏡中的自己，就會想到道教的聖哲。我回信說，希望他乾脆把頭髮留長，頭上綁個髮髻，用玉簪子紮起來，因為呢，真正想做一件事，就把它做好做滿。」丹津葩默說，這也是她自己的座右銘。「對約翰來說，這一切發生的那麼自然，就像是重新發現靈魂深處的另一個自己。」

「但是，他與西藏也有很深的緣分，特別是聖度母。不過，他很不滿意藏人給我們的伙食——一天餃子，一天米飯和扁豆。我自己倒是覺得這沒什麼不好！」她補充說。

身為首批出現在此時此地的西方人之一，丹津葩默再度發現自己擁有特別的優勢，能見到藏傳佛教中最傑出的高僧大德，比如大寶法王噶瑪巴，噶瑪巴是噶舉派的領袖，他的轉世可以追溯到達賴喇嘛之前，深受所有藏人的尊崇愛戴。

「那段歲月真是美好啊。當時，如果你是個對佛法有興趣的西方人，大家都會覺得又驚奇又高興，所有門路都為你敞開。」她回憶道。「記得第一次拜見噶瑪巴，我非常害怕，因為他看起來很嚴肅，像拿破崙一樣。我一進去就開始作禮拜，接著聽到一陣高音調的咯咯笑聲，我抬頭望去，他就在那兒，臉頰有著大酒窩，咯咯笑著，手指著我說：『這是誰，這是誰？』當時我們受到極隆重的對待，但今非昔比呀。」

六月某一天，就在丹津葩默來到達和西三個月後，她拜見了達賴喇嘛尊者。當時她穿了傳統藏服「秋巴」，一種裙長及地的裹襟長袍，這件秋巴是深藍色，裡頭搭配了藍綠色的襯衣，以前只有公主才能這麼穿。衣服很暖和、很優雅。「妳看起來好像拉薩來的女士。」這是達賴喇嘛尊者的開場白，接下來這句話更令人費解：「哦，阿尼拉❸，妳的修持進展得如何？」

---

❷ 英國著名的漢學家、佛學家，精通中文，漢名「蒲樂道」。

❸ 藏語，稱女性出家人為Ani，亦即尼師，la則是尊稱的語助詞。

譯者一臉困惑轉向丹津葩默：「我不知道他為什麼稱呼妳為阿尼拉，而且這種敬語的用法通常是兩位瑜伽士見面時的寒暄。」達賴喇嘛難道是以他傳說中的神通力，看到了即將到來的事？又或者是曾經發生過的事？

丹津葩默望著達賴喇嘛，聽到自己的聲音說：「不是，我不是拉薩來的，我是康巴人。」也就是來自康區的人，這是藏東的一個地區。她也不懂自己為何這麼說，因為她對康區或康巴人都沒有特別的了解。

「妳心裡有什麼計劃嗎？」達賴喇嘛接著又問。

「您應該知道，一切計畫中最好的計畫，往往偏離原來的計畫。」丹津葩默大膽地回答。日後再度拜見達喇嘛尊者，提出更嚴肅的話題時，這樣的膽識也再度浮現。

在這個吉祥會面的一週後，丹津葩默遇見了生命中最重要的人物，那個她來到印度所要尋找的人。

5 上師

第八世康祖仁波切千里迢迢而來。

一天晚上，仁波切喬裝成商人，離開自己位於藏東康區的寺院，準備展開大膽的出走計畫。康巴噶是一座如皇宮般宏偉的建築，有著鮮黃色的外牆，在純淨無染的西藏太陽照射下，金黃色的屋頂燁燁發光。如果只算這一世，此地屬於他約莫三十年了，但如果以他所有轉世來計算，自西元一五四八年第一世轉世被認證開始，直到現在，這四百五十年來，此處始終是他的家鄉和核心法座的所在地。第八世康祖仁波切誕生時，大約是一九三〇年代，康巴噶的規模和影響力既蓬勃又昌盛，擁有兩百多座分寺、成千上萬的僧眾和藏地聲名遠播的優秀瑜伽士。不僅如此，就如同某些東方文藝復興的獨特文化一般，幾世紀以來，康巴噶在宗教藝術所有領域上都發展得有聲有色，包含繪畫和喇嘛舞（金剛舞）。然而，面對中國的脅迫，康祖仁波切只得拋下這一切，離開了殊榮的盛況、優勢、權位、隨從徒眾以及原有的生活方式。

這趟出走的旅程驚險而變化莫測，他與一小群隨從騎馬出發，橫渡洪水氾濫的冰冷河川時，馬匹僅能在水面上露出鼻孔，涉險游走河中，而少得可憐的行李則以木筏運送。據說康祖仁波切在他們身上灑了聖沙，平息了湍急的河流——無論原因為何，總之沒有任何生命損失，他們所有的物品也安全送達對岸。在這之後，他們必須穿越一片寬廣綿延的開闊平地，但是從一條中國軍用卡車車隊使用的道路，就能一覽無遺看遍這塊平地。神奇的是，當他們騎馬經過的時候，竟然沒有任何軍車出現在視線中。旅程最後也是最巨大的障礙，就是喜馬拉雅山本身，世界最高的這座山脈。康祖仁波切騎著馬翻山越嶺，終於安全抵達印度。

那時有幾年的時間，康祖仁波切與其餘藏人一樣住在達和西，出入附近地區，他召集少數成功流亡到印度的弟子，努力在這陌生異鄉重建昔日康巴噶的生活。西元一九六四年六月三十日，康祖仁波切來到青年喇嘛家庭學校，拜訪斐達・貝迪。

某天晚上，丹津葩默正在檢查學校信件時，首次預感自己的上師即將出現。她在信件中發現一封來自西藏工藝社區，信裡附上一張手工紙的樣本，他們希望貝迪太太能夠幫忙行銷，署名是某位名叫康祖仁波切的人。丹津葩默根本不知道康祖仁波切是誰，但之後她這麼形容：「一讀到這個名字，我的信心便油然而生。」

於是她向貝迪太太打聽，知道了仁波切的故事，並得知他隨時會到這裡來。「聽到越多關於他的消息，我就越興奮，我覺得他就是我想皈依的人。」丹津葩默解釋，皈依是一種儀式，代表一個人正式承諾踏上佛法之道。

西元一九六四年六月三十日，康祖仁波切來到這裡，當天正是丹津葩默二十一歲生日。「當天是滿月，我們正在為一個長壽灌頂法會作準備，此時電話響了，貝迪太太接了電話，然後對我說：『妳最棒的生日禮物剛剛抵達車站。』我感到興奮極了，但同時也覺得很驚恐，我知道我的上師來了。」她回憶道。「我跑回尼院，換上藏袍，又拿了一條卡達（傳統中用來歡迎、問候貴客的白色圍巾），可是等我回到學校，康祖仁波切早已抵達且進房了。我緊張地壯起膽子去找他，他和兩位年輕喇嘛坐在沙發上，這二位喇嘛也都是被認證的轉世上師。我實在太害怕了，怕到不敢抬頭看他，直勾勾盯著他的袍子下襬和咖啡色鞋子，完全不知道他到底是年輕人還是老人，身材是胖還是瘦。」

貝迪太太將丹津葩默介紹給仁波切，說她來自英國佛教協會，最近才剛來到印度和她一起工作。「我記得當時心裡想著，她說的這些完全無關緊要，但同時又很感激她在那個當下的侃侃而談。」丹津葩默繼續說。

丹津葩默連康祖仁波切的長相都還不知道，就突然插話脫口而出：「請告訴他，我想皈依。」皈依指的是正式成為佛教徒的儀式。

「喔，好啊，當然可以。」康祖仁波切回答。這時候，她才抬起頭。

她看見一位身材高大的男人，年紀長她約莫十歲，圓臉上有著堅毅，透露著一種威嚴，頭頂奇怪的突起一塊，和佛陀肖像描繪的很類似。「我同時有兩種感受，一是覺得見到了極熟悉卻許久未見面的人，一種『哇，能與你重逢真好』的感受；同時又像是靈魂最深處的存在具象地出現在我面前，就像是他一直都在那裡，只是現在顯現出來了。」她解釋。

遇到真正的上師時就像是這樣，這非常稀有罕見。

不到幾個小時，丹津葩默也表明了自己希望出家為尼，懇請康祖仁波切為她剃度。康祖仁波切又回答說：「好啊，沒問題。」彷彿這是再自然不過的事。三週之後，一九六四年七月二十四日，她出家了。「之所以等那麼久，是因為康祖仁波切說，他希望帶我回到他位於巴努里的寺院，在那兒舉行剃度儀式。」她說，似乎一切都是那麼自然而不意外。

丹津葩默到印度方才三個月，但是，外人眼裡看似孤注一擲的輕率決定，對她內心而言卻十分合理，完全符合邏輯。

「重點在於我尋求的是圓滿的境界。我知道藏傳佛教在此境界上不僅擁有最完美無瑕的詳解，也提供了最明確的道路以達到此境界，這就是我削髮為尼的原因。因為，如果想要追隨這樣的道路，就需要將一切讓人分心的事物減到最低。」她的語氣一如往常的專注率直。

然而，在英國家鄉的母親李卻有些擔心，她寫信給女兒，說：「再多花點時間考慮一下吧。」不過，等到丹津葩默收到母親的信時，為時已晚，她早已換上藏紅與金黃的僧袍，把一頭長鬈髮剃光了。她寄了一張新模樣的照片給母親，背後寫著幾行字：「看到沒？我看起來很健康吧！照相時我其實應該笑一下，您就會知道，我不僅健康，還很快樂呢。」李回信說：「我可憐的剃毛小羔羊！」

丹津葩默的母親不是唯一為她的剃度感到心痛的人。她出家的前一晚，剃度儀式舉行之前，有些已經開始懂得欣賞年輕漂亮小姐的喇嘛們，竟然求她別這麼做，其中一位還惋惜地哀求她：「拜託妳去問問康祖仁波切，是否可以不必剃度落髮吧。」她反詰：「我出家又不是為了取悅男人！」「剃度完畢出來後，他們全都目瞪口呆，嚇壞了，但我卻覺得棒透了，真是愛死了光頭！我感覺輕鬆多了，如釋重負。從那天開始，我再也不需要為頭髮傷腦筋。現在我每個月仍會剃髮一次。」她說。

出家那天的情景，在她心版上刻下了不可磨滅的印象，她回憶說：「我開心極了，樂不可支。」不過，並不是每件事都很順利；她在達和西買了一些東西，依照傳統習俗是準備供養康祖仁波切的，但奇怪的是，當她去拿這些東西時卻找不到，這些東西竟然神秘失蹤！事實上，後來也沒再看到它們的蹤影了。她知道雙手空空參加自己的剃度儀式，在修行禮節上可是大不敬的。「我覺得糟糕透頂，輪到我獻供時，我對康祖仁波切說：『對不起，我沒帶什麼東西來供養您，但是，我要將自己的身、語、意都供養給您。』仁波切開心地笑著說：『這才是我想要的。』」

康祖仁波切給她取了法名「竹久丹津葩默（Drubgyu Tenzin Palmo）」，意即「護持實修傳承的榮耀女性」。完成剃度之後，她成了第二位出家為藏傳佛教尼師的西方女性，斐達・貝迪則是第一位。丹津葩默就此開了風氣之先，不久之後，許多來自歐洲、北美洲、澳洲和紐西蘭的女性都追隨了她的腳步，紛紛剃髮出家、穿上僧袍，協助建立新興的西方佛教。

自此，丹津葩默成了康祖仁波切僧團的一部份，而深藏於二人奇特初遇背後的真實意義，方才逐漸揭露。如果丹津葩默直覺自己「認識」康祖仁波切，那麼，他當然也認得她，而寺院的僧人也是如此。西藏的康巴噶寺有一幅年代久遠的布製唐卡畫，丹津葩默長得很像畫裡的人物；畫中人有一雙犀利的藍眼睛和高挺的長鼻子。此外，這位人物顯然是宗教修持上的某個重要人物，因為，後來其他人也證實了僧人們立刻開始以對待轉世祖古的尊敬和禮遇來對待丹津葩默。康祖仁波切自己則是讓丹津葩默常待身旁，這舉動很不尋常，因為他通常會把大部份西方人打發走，沒想要吸引外國弟子追隨他，這點與當時的其他上師非常不同。康祖仁波切一生都和丹津葩默保持著這份特殊的親近關係。

我們生生世世中究竟發生了什麼難以說明的投生轉變，感知力平凡的凡夫俗子是不可能知道的，尤其是一般的西方人，輪迴轉世一直都是個巨大的謎；然而對藏人來說，重新投生本是天經地義。他們說，我們一而再、再而三地轉世投生，以各種不同的形態和方式投生到與我們有強烈業緣的家庭中。因此，以佛教徒的觀點來看，你現世的父母親有可能就是你前世的父母，甚或是你的兒女、叔伯、表親、密友或敵人。這種羈絆或聯繫從「無始」以來就開始了，經過其後無數次投生中的關係，而變得更加鞏固；如此延續不斷，生死輪迴不停流轉，心或心識無可避免地受到自身養成的習氣所牽引，而來到下一世的存在。

如果輪迴投生是必定的事實，而且是相當平凡的狀態，那麼，轉世則完全不同，據說，只有修行到心靈層次最高境界的人，方能訓練自心在死亡時自覺地將心識轉移到自己想去的特定地方，選擇特定的投生狀態；在西藏，也只有針對這些轉世的行者，人們才會透過這套發展了幾個世紀的精密轉世制度加以尋找並認證。這些人被稱為祖古、仁波切或是人中珍寶，他們實踐自己的誓言，放棄淨土的一席之地，一次次回到娑婆世界，度化一切眾生從痛苦中解脫。

丹津葩默的前世或前幾世曾經是誰，這很難斷言，她對這個話題也常含糊帶過。「我想，我大概許多輩子都是出家人，而我和康祖仁波切的緣分從很早以前就開始了，這就是為什麼我們重逢時，只需要從先前中斷的地方接續下去即可。我想我應該是他的隨侍僧人或諸如此類。曾經有位喇嘛詫異地問我：『妳難道不知道自己前輩子是誰嗎？』我回答：『不知道。』又問他是否能告訴我，他回我說：『如果康祖仁波切沒告訴妳，那麼他一定有他的理由。』不過我從來沒問過。」她說。

「最重要的是我們重逢了，而且認出彼此，這就足夠了。」她補充說。「康祖仁波切確實說過，我們許多輩子都非常親近。他也表示，由於今生我以女兒身出生在離他很遠的西方，重聚才會如此困難，但無論如何他一直把我放在心上。」

後來，丹津葩默又發現更多有關自己前世的具體資訊。她猜測自己曾有一世是瑜伽士，非常親近生於本世紀初的第六世康祖仁波切。第六世康祖仁波切離開了康巴噶寺，結了婚之後，住在寺院對面山上的山洞；他是一位偉大的瑜伽士，常向弟子推崇釋迦師利（Shakya Shri）。釋迦師利被譽為二十世紀最偉大的禪修大師之一，據說他曾在明光中得到密勒日巴尊者親自教導。據推測，丹津葩默過去世可能認識他們兩位。

這些發現或許可以回答丹津葩默生命中的許多謎團了，比如為什麼她總覺得出生在倫敦是「錯誤」的，為什麼孩童時期對自己的女性身體感到奇怪而陌生，她對藏傳佛教有著自然的親切感，特別是噶舉派，還有她自發性的出家渴望，以及她對達賴喇嘛聲稱自己來自康區——如果她曾經是男性、是僧人，是禪修者，累世生活在藏東，那麼，這一切都說得通了。

然而，此世她為什麼出生在西方，而且生為女性，是個需要推敲的問題。

但就像丹津葩默所描述的，現在她自然而然接續了前世與康祖仁波切的關係，只是今生她並非僧人或喇嘛，而是一位比丘尼。她離開貝迪太太的學校，開始擔任康祖仁波切的秘書，這個職位意味著她能經常親近仁波切。還是得說，正是時節機緣的巧妙，才讓這一切變得有可能——假使她出生為康區的女性，即使仁波切能認出她來，禮儀和數百年的傳統將迫使仁波切將她送到自己的尼寺；但現在，她卻能如此靠近仁波切，再次相識。

「康祖仁波切身材高大魁梧，但是，就如同許多大人物一樣，他的腳步異常輕巧。他是一位出色的金剛舞舞者，也是造詣極高的畫家，在族人之間相當具有名氣，同時也是詩人與文法學家。」她再度打開話匣子。「他氣度恢弘，卻極為和藹可親，聲音輕柔。」丹津葩默的聲音，在回憶之間也自然柔和起來。「我很怕他——這實在很有趣，人為什麼會有這種敬畏的感覺呢。他被認為是蓮師的憤怒化身之一（蓮花生大士——公認為西元八世紀時將佛法由印度傳至西藏的人）；有時候人們會看到他示現那個憤怒相，所以我猜那應該就是吧。他外表看起來很親和，但可以感受到他內在蘊含著強大的力量。

「有天晚上，我正在打字，康祖仁波切走進來，神情疲倦。他瞄了我一眼，我也望向他，四目相交的那一刻，好似面具掉落了下來，我彷彿被雷擊中一般，跳起來，渾身開始顫抖，感覺像是一道電流通過我全身。他馬上起身走向我：『我實在很抱歉，我絕不是有意這麼做，真是抱歉。』他派一位僧人送我回家，一整晚我都在發抖。就像這樣，仁波切擁有巨大的力量，但他一直試著隱藏起來。可是，他真的是一位仁慈、風趣又充滿愛的人。有些人覺得他很冷漠、不易親近，但我卻覺得他親切又感情充沛。他會握著我的手，輕撫我的臉，充滿了愛的滋養能量，就像父親和母親的合體。」

「這是一份美好的關係，」她繼續說，「非常單純，一點也不複雜。我從不曾懷疑過他就是我的上師，他也不曾懷疑我是屬於他門下的弟子。他常說：『你是我的比丘尼。』即使我後來和其他喇嘛上師結上親近的緣分，也沒有這樣的互動關係。有時，我坐在第二位上師薩迦崔津（薩迦派領袖）法王旁邊，卻會突然像是患了重度思鄉病一般，極度想念康祖仁波切。這就像是與母親的感情——或許我們有其他仰慕或喜歡的人，但是和母親之間的特殊感情卻是他人無法替代的。」她說。

「你看，弟子和上師之間的關係是如此親密，這種深厚的關係與眾不同。為什麼這樣呢？因為這份關係已延續許多輩子了，你真正的上師會承諾引導你直到你開悟為止，還有哪種關係比這更親密呢？」

另一位與康祖仁波切非常親近的人是確嘉仁波切（Choegyal Rinpoche），他是康祖仁波切的主要弟子之一，住在康區的時候就隨侍上師了，他更進一步詳細形容了他們的上師。

「康祖仁波切很不可思議，無論發生什麼事，他的心永遠如如不動。我注意到，無論是在印度身為難民，或是往昔在西藏坐擁權力和地位，仁波切完全一樣。他從不介意親自外出買水泥蓋寺院，他會搭著印度商店老闆的肩，與當地人說玩笑話，大家真的都很喜愛他。他非常平易近人，胸襟廣大而接地氣，他也會與回教徒以及印度教徒見面，與他們談論他們的宗教信仰。」他說。

芳齡二十一歲的丹津葩默，已從許多人事物中出離，她捨離家庭、國家、背景、頭髮，以及對世俗積聚的渴望，然而，她生命中尚有某部份有待解決。她出家不久後，收到約翰・布洛菲德的來信，邀請她前往泰國與他們賢伉儷小住一陣子。丹津葩默覺得這是個絕佳的主意，泰國是佛教國家，約翰富有同情心，他家的條件比起達和西更有助於閉關禪修。她請求康祖仁波切允許，仁波切欣然同意：「可以，但是要快點回來。」

到達約翰・布洛菲德家的時候，她發現她的日本男朋友竟然也在那裡。丹津葩默之前曾寫信給他，表明自己出家了，兩人婚約應就此取消。但日本男友從共同朋友口中得知丹津葩默將要去泰國，決定前往泰國再試一次是否有機會復合。丹津葩默的光頭和毫無曲線的僧袍，並沒有讓日本男友斷念，他再次苦口婆心勸說丹津葩默嫁給他，丹津葩默猶豫了；她只是一位初學的尼師，康祖仁波切智慧過人，當初只給了丹津葩默一條「不殺生」的戒律，而日本男友依舊撩動她的心弦。

「我們相處得很好，對彼此感覺完全自在，一見如故彷彿相識已久，這段關係非常平和輕鬆，他真的是可愛至極。」她說。「有一次，他打了一隻蚊子，我說：『你在做什麼？』接著長篇大論講了一整套，解釋說蚊子也有感覺，我們認為自己的生命很珍貴，對蚊子來說，牠所擁有最珍貴的東西也是自己的生命；既然我們自己都不想被別人打扁，那麼，我們也不該奪走其他生命，因為一旦奪走了，就永遠無法歸還。最後他哭了起來：『為什麼從未有人告訴我這些？』他有一顆善良的心，從未說過任何人壞話；他既貼心又聰明，真是一個與眾不同的人，非常特別，我想我應該再也不會遇到和他一樣的人了，所以，放棄他就是一種出離。」她回憶說。

他建議丹津葩默到香港住幾個月，把頭髮留長之後再前往日本。這個建議分外吸引她。「我想，我才二十一歲，之後永遠不會再被親吻了，可是我還年輕呢！我想要有機會照顧他、讓他開心，和他在一起，嘗試那方面的事，有那樣的關係，和某人廝守在一起，彼此照顧，像這樣表達自己的情感；我希望有機會這麼做，但也不需要長久如此，只需要一小段時間即可。身為尼師讓我覺得有些挫敗。」她坦白說。「當時我很年輕，心裡又開始想著，或許我們可以同居一陣子，直到關係變調為止，到時再換上僧袍出家為尼也不遲。」

除此之外，尚有其他誘因。當時達和西的生活條件非常糟糕，康祖仁波切的寺院尚未重建，大家都住在帳篷裡，那裡常常泥濘及膝，沒有廁所，也沒有隨時可得的飲用水；另一方面，日本男友的父母方才搬進一棟嶄新的傳統屋，邀請丹津葩默來住住，她知道自己一定會很喜歡，這時內心真是天人交戰，掙扎愈加劇烈。然而，漸漸的，她做了最終的決定。

「我想，十年之後，什麼會讓我覺得最遺憾、最後悔？與上師在一起修習佛法的機會？還是享受娑婆世界一丁點快樂的機會？答案再明顯不過了。人們持續不斷尋找世間的快樂，最後，這些世俗快樂帶他們去到哪兒了呢？這怎能和上師相處的機會相提並論。」她說。

最後，中國古老的占卜書《易經》幫她下定了決心。約翰・布洛菲德剛翻譯完這本書，丹津葩默負責幫他校對。校對過程中，約翰教她如何擺設易經神龕，如何丟擲蓍草籤，觀察籤倒落的方向以解讀卦象。她決定問這輩子第一個、也是唯一一個請問《易經》的問題：她應該前往日本還是回印度？卦象顯示：「不宜更往東行，應回聖人處。」

這個答案真是再清楚不過，丹津葩默現在知道自己該選擇哪一條路了。然而，捨棄世間愛情怎能不感傷，那天晚上，她躺在床上淚眼潸潸，想著她所放棄的一切時，她祈請上師幫助她，上師聽到了她的請求。

「祈請的時候，我感覺一道金光從頭頂進入，貫穿腳下，充滿了全身，接著聽到康祖仁波切的聲音說：『馬上回印度！』然後，我感到全然的歡喜，大樂充遍。」她解釋說。

第二天，她便外出買了機票回印度，自此之後，沒再見過那位日本男孩。

6 對女性的恐懼

丹津葩默下定了決心，內心的天人交戰得到了解決。她回到達和西，準備好全心全意投入出家生活，努力追隨這條能達到圓滿境界的修行路，這是此生中她真正想追求的唯一。她以全身心精進於此，分外專注一心，這些最崇高的理想激勵著她向前。照理說，這本該是光榮使命的開始，結果卻成為她生命中最悲慘的一段歲月，前後持續了六年之久。

由於命運使然（或是業力牽引），丹津葩默成了康祖仁波切「唯一的女尼」，她終於發現，自己處於怪異的處境中。身為百位僧眾中唯一的女性，她根本是意外進入了藏傳佛教神聖的寺院大門，這個數世紀以來禁止異性的地方。

如同金字塔之於埃及的意義一般，西藏最神聖的就是寺院，有些寺院規模極為壯觀，廣闊的學院建築如城鎮般遍布山坡，綿延連亙，數千名朝氣蓬勃、追求心靈提升的僧侶於其中穿梭不斷。自千禧年早期以來，這些建築就座落於此，穩定成長、培養出許多聞名世界的優秀神秘家和聖哲。在這些尋求證悟的學院裡，紀律嚴謹，課程令人印象深刻。僧人們幼年時期就進入寺院，歷經約莫二十五年的訓練（獲得格西〔Geshe〕學位必須花費的時間），他們學習許多深奧的科目，例如邏輯和論證、辨識不同類別的心識、有所緣和無所緣止禪等禪修方法；他們檢視空性的諸多見解，那有關「空」的悠遠哲學，當他們對空性有了長足的驗證，才開始進入秘傳的密續秘密修持道，它被認為是最快速、也因此是所有道路中最危險的一條。透過所有的學習，他們學習了菩提心，也就是利他之心；沒有菩提心，其他一切修行都無法真正成就。總之，西藏的寺院宏偉壯麗，是西藏的驕傲，但同時也專屬男性。

丹津葩默就這麼走進了這個全然父權主義的團體，如果她不是西方人，如果她沒被認定為康祖仁波切的隨從，如果西藏不是陷於混亂，這些都不可能發生。然而，這個位子卻也不怎麼好坐。或許單純是因為這些僧人不知如何與她相處，也可能是因為他們從小被教育對女性要小心謹慎（特別是年輕有魅力的女性），這些平常態度都很溫暖親切的僧人，竟都刻意和她保持距離。這樣的結果對一位正渴望有親密接觸，剛拋棄男朋友的年輕女性來說，實是撕心裂肺之苦。

「這種感覺實在糟糕透了。我深切地愛著他人、卻又無法表達或是接近他們，這非常痛苦。」她解釋。「感覺像是中間隔了一層透明玻璃，可以看到對方，卻無法接近；被孤立疏離的感覺很不好受，尤其是在那個年紀。這種情形持續很多年，唯一接近我的只有康祖仁波切，有時他會給我一個大大的擁抱。我每晚以淚洗面，非常不快樂。」她回想。

身為女性讓她無法和僧團中的其他人生活在一起，參與他們的日常活動，這更加重了她的孤立感和被排斥感。結果是，白天她在寺院辦公室工作，擔任康祖仁波切的秘書，晚上就回到鎮上，獨自生活。她在鎮上某間破舊不堪的屋子租了頂樓的古怪小房間，房間裡除了一張床和一張桌子之外，沒有空間容納其他什麼東西了。她的浴室是一根冷水管，廁所就是一個水桶，她在那兒一個人吃飯睡覺，既不屬於在家團體，也不屬於僧團。

「後來，有人問我在山洞裡是否感到孤單——我在山洞時，從不覺得孤單，真正覺得孤單寂寞是在寺院被孤立的那段期間。」她說。

出乎意料之外的是，她的情緒苦惱和對情感的渴望，最終反而幫助了她。她解釋說：「有天晚上，我向內觀照自己，看見了這份執取和貪著，看見了它們造成我多大的痛苦。我赤裸裸地看到這些，當下那一刻，它們全消失了。從那時開始，我不再需要向外尋求什麼。」

看來，丹津葩默似乎學會了不執著，這是佛教的基本教義，被認為是在證得圓滿境界的道路上得到昇華所不可或缺的。佛陀認為，我們內心如果還將眾生分為「朋友」「敵人」「陌生人」等等，怎麼可能對所有生命產生慈悲憐憫心？不執著聽起來或許很理想，但要真正做到也是極為困難，因為實際上並沒有很多人真的想生活在那種平靜淡定的境界中。後來，丹津葩默刻意點出：「人們總是問我如何平息憤怒，但未曾有人問過我該如何捨棄慾望。」

在丹津葩默尚未突破這點之前，她在達和西的生活是每況愈下。所有丹津葩默遭受的歧視中，讓她最難忍受的莫過於被排拒在秘傳教法和神聖儀軌之外，這些是藏傳佛教的精華所在，當中包含了能直接開悟的各種方法，這原是她出家所要尋求的；通向圓滿境界的道路近在眼前，她卻被拒於門外，而拒絕她的理由竟又僅僅是因為性別。他們說女性從未獲准接觸神聖的真理。因此，每當寺院內舉行法會和金剛舞儀式時，她只准坐在寺外往內觀看；當她詢問能否學習這些奧秘的經文時，她被拒絕了，反而被託付給確嘉仁波切——上師最親近的弟子之一。他開始教丹津葩默一些溫和簡單的佛教故事，他們認為女性——包含西方女性，就應該以這種方式開始學習。

丹津葩默感到無比挫折沮喪：「這種感覺就像是去參加一場盛宴，卻只被允許吃一些零星的麵包屑。這快把我給逼瘋了，我根本得不到任何有深度的學習。」她說。「如果我是一名男子，一切就會截然不同，我就可以參與所有活動了。真的，這完全是男性主導的世界，我像是進入了一個專屬男性的俱樂部。這些僧人對我很好，但在他們內心深處卻存在著一種抗拒感，他們認為女性出現在自己的勢力範圍是一種挑戰！」

丹津葩默撞到了修行的玻璃天花板[1]，這也是所有發了修行誓願的佛教女尼都會遇到的困難；幾世紀以來，她們一直遭受著不公平的待遇。當她們的男性同修在佛學院裡躊躇滿志、全神貫注學習著甚深學問和精彩的邏輯辯論時，不懂讀寫的西藏女尼被分派到小小的尼院，做一些次級的法事，比如簡單的修法儀軌，為地方社區唸誦一些禱文，更糟糕的是被指派在寺院廚房裡做飯服侍男眾僧人——這就是為什麼不會有女性達賴喇嘛，也不會有女性的傳承大師。她們被寺院體制排除在外，無法深入學習、沒有地位，在心靈修行選秀中，她們甚至連參賽者的資格都沒有。

南傳佛教女尼姊妹們面對的情況更加惡劣。在泰國，尼師在任何男性僧人面前必須跪著向後退開，她們身體的任何部份都不許碰觸男眾僧人的禪修墊。又規定大胸部的女尼必須束胸，以免看起來過於女性化。

這個問題的根源可追溯到佛陀時代（甚至更早）；當時女性被視為家中的財產，沒有自主權；在這種氛圍之下，據說佛陀拒絕接受女性進入他新創立的組織中。另有人爭議說，或許佛陀認為托缽生活對「弱勢」性別來說，太辛苦、也太危險了。此外也存在其他潛在反對的理由，例如，女性被認為是次等眾生，根本無法得到證悟，女性的身體阻礙了開悟，女性是不潔的。佛陀大弟子之一舍利子聽說一位八歲女童覺醒開悟時，他的感言總結了那個時代的觀點：「這件事真是難以置信，怎麼說呢？因為女性的身體是污穢的，不是法器。」

這種說法定調了後人對女性的偏見和歧視。藏文裡，女人一詞字面為「次生」，這個詞彙所形容的是「在女性身體的基礎上」女人比男人次等。這造成的結果是，在所有宗教儀式中，女尼必須坐在男性僧眾後方，而接受酥油茶供養時，即令最資深的女尼，也得排在剛出家一天的男性僧人之後。更嚴重的是，她們被給予的戒律比男僧人少，因此，在社會眼中就更確立了她們是二等修行公民。

種種歧視的影響壓垮了女性，現在丹津葩默也親身體會到了。女性對自己在修道上能到達何種境界，沒有一絲一毫自信。「西藏女性最主要的祈求，就是希望來生轉世投胎為男性，她們在各方面都被輕蔑，這太不公平了。」丹津葩默評論道。「有次我去參訪一座尼院，寺院裡的眾尼師剛聽完一位大上師的開示，回到寺院。這位大上師告訴她們，女性是不潔的，是次等生命。她們非常沮喪，自我形象低落——當你被他人灌輸觀念說自己在各方面都毫無價值，又怎麼可能發展出真正的心靈修持呢？」

「我一度問過一位地位崇高的上師，他是否認為女性可以證悟成佛，他回答，女性可以一路修到接近成佛前的最後一刻，然後就必須轉為男性才能證悟。我說：『為什麼陽具對證

---

❶ 玻璃天花板通常指一種性別不平等的現象。是一種無形的、態度的或組織的偏差所造成的障礙，使得女性因各種人為因素的牽絆，無法與男性同儕獲得公平競爭的機會。

悟來說有那麼必要呢？』男人的身體有什麼過人之處？」她問道，一如往常直截了當。「接著我又問他，女性身體有沒有任何優勢，他說要回去想想再告訴我。隔天，他回來告訴我：『我思考過這個問題了，答案是沒有，女性身體沒有任何一點優勢。』我心想，女性有一個優勢，那就是我們沒有男性的自大。」

在不快樂的感受和種種明顯不平等待遇的驅使下，丹津葩默開始研究，究竟是什麼原因造成男性對女性身體的厭惡感。她找到了極具啟發性的答案：「佛陀從未否定女人也可以開悟，」她說。「早期經典中，佛陀談到人身有三十二處需要深入觀修。禪修者必須觀想皮膚剝落，以檢視體內的一切：內臟、血液、膿汁與排泄物等。佛陀有兩個目的：一是讓我們出離對自己身體的執著，另一是減少對他人身體的著迷；基本上這觀念說的是——當我們看到一副裝滿內臟、血液和排泄物的骷髏時，就不會那麼著迷了。然而，這些內容後來被改變了。到了西元一世紀，在龍樹菩薩與寂天菩薩所寫的內容中，觀修對象變了，變成特別指女性的身體！」這麼一來，禪修者必須把女性的身體看成是不潔的。

「佛陀是真正的證悟者，他如實看見事物的本質，然而，其他人卻藉由佛陀的洞見遂行自己的目的。他們將佛陀教法作為激發對女性憎惡感的方法，而非用以檢視對身體的自我認同和貪著；有了寺院體系後，把女性當成『敵人』是很有用的工具。」❷她補充強調。

認為女人「很危險」，會利用自身魅力和氾濫的性慾去引誘男人，令他們遠離聖潔跟救瀆，這種觀念與西方夏娃的神話同樣老掉牙。丹津葩默與這些毫無瓜葛：「真的！根本不是女人在製造問題，而是男人心中的汙穢所致。如果男人本身沒有性慾和情慾，無論女人做什麼也不會造成他們任何問題。」她說。「曾經有一位喇嘛指控我引誘他，造成他的困擾。我真是嚇壞了。『我並沒有對你做過什麼，都是你自己的心念使然罷了！』我抗議道。他笑了，承認我說的沒錯。」

「這根本是男人的問題，而男人居然全怪罪到女人頭上！」她繼續說。「女人被男人說成是淫蕩而充滿誘惑的生物，然而若是仔細看看，這實在很荒謬——是誰後宮三千、妻妾成群的呀？難道是女人擁有大批男眷以滿足自己的性需求嗎？男人走夜路時，需要擔心女人跳到身上強暴他們嗎？看看監獄和軍隊裡的男人，他們群聚時都做了些什麼！算算看世界上有多少男妓？就算有男妓存在，也是用來滿足其他男人。」她熱絡地進入想要表達的主題，「這全只是難以置信的心理投射罷了。男人有這種大問題，卻將矛頭全指向女人，只因女人

---

❷ 這段指稱龍樹菩薩與寂天菩薩利用佛陀教法來引起對女性的憎惡，達到自己大男人主義的目的，或許只是丹津葩默自己當年的解讀和體會。龍樹菩薩與寂天菩薩確實有些著作提到觀女身不淨，但並非從性別歧視的角度，而是從修持不淨觀的角度來說，他們也參考了一些大乘經典提到女身無法證悟成佛的說法，雖然這些經典不盡然與佛陀原始的平等觀有所相應，而是因應社會價值觀應機而說，但或許並非蓄意引起對女性的輕視；尤其當時寺院體系的確以男性為主，觀女性身體不淨主要應是為了調教當時的男眾僧人別迷惑於慾望。女眾在社會普遍性大男人主義的主導中，並未有機會在寺院體系學習，因此也不會需要教導她們觀男身不淨。

恰好擁有能激起他們性欲的線條；女人甚至不必穿上性感的衣服，男人也會慾火中燒。我年少時，有陣子就算只是紮著馬尾，穿著寬鬆毛衣，不化妝，男朋友和愛慕者也和打扮起來時一樣多。」

除了這種普遍的悲慘遭遇之外，她和確嘉仁波切之間緊繃的關係，讓她的生活更是雪上加霜。仁波切是負責教她佛法的僧人，他是個風趣的人，比丹津葩默年少幾歲，他和歷代康祖仁波切都非常親近（因此與丹津葩默也有宿緣）。確嘉仁波切不僅是被認證的傳承上師，也是他自己第八世的轉世，更是被讚譽有加的藝術家。十三歲時出走西藏，歷經過出走的痛苦創傷，當時他曾被逮捕，後來一位藏人「紅衛兵」碰巧認出偽裝下的確嘉仁波切，便釋放了他。這些出走的經驗，加上親眼目睹自己的寺院及寺院藝術品被毀損的創傷，導致他變得敏感神經質，使得丹津葩默難以與他相處。

「我們的關係既緊密又緊張。事實上，我看他就像住在山上畫月亮的道教聖人一樣。」她說。「他的性格對我影響甚鉅，他既捉摸不定又神經質，因此我根本不知道如何拿捏自己與他的相處關係。坦白說，這是我遇過最難處理的關係，我覺得這是業力問題，必須在這一世得到解決。」她請求康祖仁波切幫她換一位指導老師，但被仁波切否決了，他堅持說：「不，確嘉仁波切就是妳的老師。」

由於丹津葩默藏語說得不好，也看不懂法本，這更加重了她的疏離感。在倫敦時，她從斯內爾格洛夫那兒學到的只是基礎藏文。「每個字我都必須查字典，非常耗時。這裡沒人懂英文，確嘉仁波切和我則是用藏式英文溝通。康祖仁波切就是這樣，他不是一個想要吸引大群西方弟子的時髦喇嘛，如果想追隨他，你就必須學藏文，照他的方式去做。」

丹津葩默最終將會有能力以藏文長談，順暢地閱讀藏文原文。她說自己其實喜愛藏文原文勝過翻譯，因為翻譯後的文句喪失了原文本有的詩韻，以及豐富深遠能啟發心靈的法味；不過，目前要從不熟悉的法本中了解意義，無疑是種考驗。

丹津葩默就這樣長時間獨自承受著歧視、偏見和輕蔑。此外，那兒也沒有任何對象可以給她建議。她從未聽說過婦女解放運動、沒看過焚燒胸罩的女性示威抗議運動，甚至沒讀過吉曼·基爾（Germaine Greer）在《女太監》（*Female Eunuch*）一書中的革命性文字：「女人太不了解男人有多麼憎恨她們」。在這些革命性活動發生之前，她早已離開英國。特別是當時根本沒有女性上師可以尋求幫助。

「逐漸的，我開始思考——等等！這根本不對！然後覺得很悲傷，」這樣的感受日益強烈，最後終於達到臨界點。那一刻，丹津葩默發了一個誓言——她發誓將以女性身份達到證悟，後來，上百成千來自世界各地的女性，聽到這個誓言都受到了啟發。

「我被拒絕僅是因為我是女性，這種事再度發生的當時，我感到萬分沮喪。因此我由衷發誓：我將繼續投生為女性來獲得證悟！」她憤憤不平地說。「我周遭這些可怕的大男人沙文主義讓我惱怒極了。我心想：『算了吧！我才不想在這種情況下投胎成為男性。』於是我做了這個猛烈的祈願，即使這輩子我能做的不多，但希望未來我這個心識之流相續不斷，投生時也要以女性的無常身來投生，而不是投生為男性的無常身。」

丹津葩默並非對性別議題表現得特別激進強硬，只是在修行前線上，權力平衡需要被糾正。她簡單地指出：「當然，身為男性或女性也只是一種相對狀態而已；然而，此時我們生活在一個相對的世界中，十分缺乏女性修行老師，因此，此刻身為女性比較有幫助。」

抑鬱陰暗的生活中，時而也會有小小的光明閃現。丹津葩默在達和西住了一年之後，她那堅毅的母親李，千里迢迢前來找她的女兒。她寫信告訴丹津葩默：「我希望用自己的生命做些有意義的事。」丹津葩默回信說：「既然如此，何不把房子賣掉，過來這兒見見喇嘛們。」李照做了，而且如期來到達和西。她刻意帶了許多巴布‧狄倫的錄音帶，希望讓丹津葩默跟上西方文化的最新發展。她喜愛印度的一切，無論是生活方式、藏人、佛教教義等等，她決定皈依康祖仁波切，正式踏上佛法之道，就如同她女兒一樣。在舉行皈依儀式那天早上，還躺在床上時，李觀見了象徵慈悲行持的女性佛菩薩——聖度母的淨相，聖度母對著她歡喜微笑，並給了她一朵花。

「母親在這裡生活很愉快，還希望未來能長住印度，」丹津葩默說。「可是她不適應印度的食物、氣候和艱苦的生活，因此十個月後就回英國了。」

日子就這樣一天天過去。星期六晚上她們會外出去孟加拉人的甜點舖買蜜糖球，偶而也會舉行野餐，這種藏式野餐有時會延續好幾天；有個著名的野餐活動一開始只有三天，之後變成十天，然後又延長為二十天。野餐的食物或許非常粗劣，卻絲毫不減藏族人玩樂的興致。

一九六七年的某天，丹津葩默突然收到一筆四百盧比（大約八英鎊）的意外之財，她用這筆錢去了印度另一頭的錫金，在第十六世噶瑪巴座下領受了完整的出家戒；大寶法王噶瑪巴是噶舉派的領袖，也是康祖仁波切親近的好朋友。受出家戒代表正式進入僧團，詩意的說法是「出家」，指的是邁入「無家」的狀態——就丹津葩默的情況而言，這早已是既定事實。她本希望在康祖仁波切座下受戒，但康祖仁波切當時不具備傳戒所需的正式受戒十年資格，而她也不想再等下去了。

這個儀式實在令人難忘。儀式過程中，噶瑪巴彎下身，在丹津葩默耳邊低聲說：「妳是我給予出家戒的第一位西方尼師，妳從未結婚，從未生過孩子，妳可能會比其他人更容易陷入誘惑中，妳必須非常堅定、謹慎。我們藏人相信，任何行動和制度的基礎，對未來有著舉足輕重的地位，多年後會有很多很多人受戒，無論發生什麼事，妳都不能捨戒。」丹津葩默也真的不負所託。

受戒儀式圓滿後，丹津葩默回到房裡，馬上癱倒在床上，因為這一天好漫長，受戒儀式進行了將近三個小時，而且全程使用藏文，她一倒下就睡著了，直到被激烈的敲門聲吵醒，有人喊著：「烏夏來了，烏夏來了。」

「我從床上跳了起來，衝回寺院，心想應該是什麼重要人物要來了。當我抵達寺院，看見噶瑪巴坐在邊間一張高高的法座上，面前放了一個帽盒，那時我才意會到『烏夏』是帽子的敬語，噶瑪巴正準備舉行黑寶冠儀式。」

丹津葩默即將見證藏傳佛教少見的、最神秘、最具威力的法會之一。傳說黑寶冠是以十萬空行母（有力量的女性神靈）的頭髮編織而成，它被視為象徵不可思議力量的神秘之物。人們相信這頂黑寶冠自存於歷代噶瑪巴的頭頂，見地夠純淨的人方能看見黑寶冠，據說見到黑寶冠即能獲得解脫。

現在，大寶法王噶瑪巴從盒裡拿出由世人複製的黑寶冠，高舉空中，然後戴在自己頭上，同時在心中觀想真正的黑寶冠，並唸誦觀世音菩薩心咒「嗡嘛呢唄美吽」。丹津葩默坐在噶瑪巴足前，突然徹底被震攝住。「我原本就開始情緒激動了，此時此刻，全然虔敬的淚水不斷順著臉龐潸潸流下。儀式結束後，每個人都上前領受加持，但我卻無法動彈，整個人都空掉了；眾人都離去後，我還一動也不動地呆坐在那裡。噶瑪巴向我舉手示意，我起身向他走去，他把雙手放在我頭上，為我加持。」

第二天，她前去參訪舊隆德寺，這曾是屬於噶瑪巴的寺院，但現在已廢棄不用。寺院有個房間的磚牆上有個洞，不知怎麼的，丹津葩默突然一股衝動把手伸進洞裡，在亞熱帶的錫金，這麼做其實非常不智；結果她從洞裡取出一件骨製的美麗雕刻物，一片片串起來好似一張網。它和威猛的女性密續本尊金剛瑜伽女穿戴的骨飾如出一轍，但是因為她已受了「不拿不予取之物」（不偷盜）的戒條，便誠實的把東西放了回去。後來她稟告康祖仁波切這件事，仁波切告訴她其實應該留著，「那是給妳的。」他說。

在達和西那段暗黑抑鬱的日子裡，認識舵顛們無疑是最精彩的事了。舵顛是令人稱奇的傳奇人物，他們蓄長髮，穿著破舊的白裙，看起來像是東方的拉斯特法里教徒（Rastafarian）[3]，但實際上是受戒的僧人，他們是康祖仁波切僧團裡的菁英瑜伽士。傳統上人數一般是十三位，但達和西只有七位。他們因為意念純淨，從孩童時期就被挑選出來，與其他僧人隔離開來，接受最嚴格、最秘密的訓練，他們神秘的法力極為傳奇。有位名叫安卡・德千・多傑的舵顛前輩，結了婚，也有孩子，他不僅成功讓自己虹化消失，也讓整個家族和他的犛牛、綿羊、山羊與狗，一共六十二個眾生全都虹化消失。據說，先是安卡到了淨土搖著手搖鼓，緊接著是太太和小孩，最後他的所有牲畜也去了。

[3] 拉斯特法里派起源於一九三〇年代牙買加的宗教和政治活動。拉斯特法里派人士遵守行為和衣著規範，包括蓄長髮、不食用豬肉和貝類食物。

現在的僧團中仍然有一些出色的行者。西藏有位老舵顛，名為安慶，常在斷崖邊緣禪坐，避免自己打瞌睡。多年來他只靠水和糌粑維生；糌粑如果吃完了，就撿食雪豹吃剩的獵物。有一天，雪豹恰好逮到安慶正在撿拾小塊鹿肉，便追捕他。安慶立刻發現自己仍然非常執著食物，便丟下鹿肉回到山洞，空著肚子繼續禪修。

有一年的時間，丹津葩默跟這些出色的行者住在同一座院落，在其中一棟房子裡，她有自己的房間。晚上，舵顛瑜伽士們坐在屋外，空氣又濕又冷，他們身上裹著濕布巾，練習神秘的拙火，藉由體內生起的熱能將濕布巾烘乾。她聽到他們跳躍到空中，在空中盤起雙腳，以金剛跏趺坐的姿勢落地的聲響，她聆聽他們的唱誦。所有的僧眾中，只有舵顛們把丹津葩默當成團體的一份子。

「有次我去找他們，發現他們聚在一個房間裡，全身赤裸，正在準備某種儀式。『進來，進來，阿尼拉！』他們叫喚著我，一點也不害羞，我則急忙退了出來，把門關上。還有一次難得的時機下，我受邀參加一個灌頂法會，我正往佛堂後方走去的時候，有位舵顛把我叫到前排，與他同坐在他的虎皮毯上，就坐在他身邊。我試著學舵顛那樣，坐在那兒好幾個小時，動也不動，卻覺得愈來愈冷。突然間，我感受到一股暖流，原來是我身邊的舵顛將長髮給鋪在我大腿上，如毛毯般的頭髮把我蓋住。

「我以前常擔憂他們的頭髮，認為他們一定滿頭蝨子。當我對其中一位舵顛說出這個想法時，他們低下頭讓我檢查，竟然是乾乾淨淨的。他們在河裡游泳時，頭髮像繩子一樣垂到腳邊，小僧人就抓著頭髮游來盪去，像是玩著五朔節花柱遊戲一樣。

「他們告訴我，他們在西藏獲選為舵顛被帶到山洞時，非常興奮，心想自己現在就要成為瑜伽士了；但是，頭三年得到的教導卻只有觀照自心以及練習菩提心，也就是利他之心，此外什麼都沒有！這三年中，他們就只做這兩件事，沒有其他的修持！他們說，正因為這三年的訓練，他們的心轉化了，在這之後所做的一切修持都建立在這個基礎上。有次，其中一個人對我說：『妳以為我們瑜伽士都在做些高深、神奇、秘密的修持，妳以為自己如果可以得到這樣的教導，妳也可以突飛猛進；但是，我告訴妳，我所做的任何修持，沒有一樣是妳不曾學到的，唯一的差別在於我確實在修持，而妳卻沒有。』」她回憶道。

「這些瑜伽士的驚人之處在於他們是如此平凡低調。」丹津葩默繼續說道。「他們一點都不自我，而且如此美好，完全不批判、不虛偽矯飾，絲毫不考慮自己，他們是世界上最好相處的人，他們的心胸如此開闊。有次，有人給我帶了一卷格里高里（Gregorian）聖詠錄音帶，我調低音量輕聲播放，以免吵到他們。十分鐘之後有人來敲門，原來是一位舵顛：『妳能把音量調高一點嗎？因為我聽不到。』聆聽一會兒之後，他問：『這是基督教的法會嗎？』我回答是，他有點憧憬地說：『我們聽起來不一樣，是吧？』之後他就常自己進來播放詩歌。」

丹津葩默的天性喜歡照顧他人，在拒絕日本男朋友的求婚後，這個天性一直壓抑著，但是和舵顛們緊密親近地一同生活後，又再次浮現出來。「我太渴望服務人群了。我幫他們收拾衣服、洗衣服，甚至縫補衣服；他們的衣服如此破爛不堪，他們沒錢也不擁有任何財物，可是卻沒人為他們做什麼。他們知道我花多少時間做這些事之後，全都嚇壞了，不讓我再做下去。」

然而，舵顛們教導丹津葩默的第一課，在她心中留下了難以抹滅的強烈印象。「如果有人問妳領悟了什麼，應當回答『什麼也沒有』，因為相較於諸佛，我們的了悟根本不算什麼；此外，領悟得越多，就會越了解根本沒什麼可領悟的。」舵顛們這麼對她說。丹津葩默一直把這個忠告銘記在心。

有一天，丹津葩默聽說有「舵顛瑪」這樣的人，也就是女性的舵顛，這讓她感到雀躍不已。她得知康區有個舵顛瑪僧團，和康祖仁波切有關連；她們住在秘密之處努力練習修行技巧，得到傑出的成就。據說，即使舵顛瑪年老了，外貌仍舊像是三十出頭一樣年輕，這是她們修行有成的一種徵相。不幸的是，舵顛瑪在文化大革命的熱潮中逐漸消失，如同大部份的西藏寶藏一般，沒人知道她們後來怎麼了。不過，丹津葩默聽聞到的這些，已經大大鼓舞了她。

「聽說她們也蓄長髮，當她們聚在一起舉行法會的時候，會把長髮懸掛在繩子上。男人不准參加她們的聚會，只能從樓上的長廊往下觀望。舵顛瑪非常有力量——舵顛們對我說，如果我認識舵顛瑪的話，我將對他們這些舵顛不屑一顧，」丹津葩默說。「我知道那是我一直想成為的人，我急忙跑去問康祖仁波切，他感到非常開心，說：『我以前在西藏有許多舵顛瑪，』他說，『可是現在連一個也沒有，我希望妳能成為重建舵顛瑪傳承的法器。』」

丹津葩默希望在修道上有所進展的所有渴望，常被僧團的反對份子阻撓而無法實現，於是她仍得繼續接受最基礎的教法。終於有一天，她徹底崩潰了，她收拾行囊，準備向康祖仁波切道別，儘管仁波切曾經指引她幾百年，而今生的相見相識又是多麼不容易。

「離開？不准離開！妳以為妳能去哪裡？」康祖仁波切驚聲說道。

「在我心裡，您永遠都是我的上師，但是我必須到他方去求法，不然我死到臨頭那天，可能都沒能學到任何教法。」她回答。

「我可以向妳保證一件事，在還沒學到所有需要的法教之前，妳不會死的。」仁波切信誓旦旦地向她保證，並安排一位舵顛教導她，這個安排雖然有幫助，但是遠遠不足以讓她的內心得到滿足。後來，終於有一天，康祖仁波切主動對她說：「是時候了，現在妳可以離開，去他處修行了。」

她的見習生涯結束了。她望著上師，提議是否去尼泊爾，康祖仁波切搖搖頭，「應該去拉胡爾。」他說。拉胡爾位於印度與西藏邊界，是喜馬偕爾邦最北邊的偏僻山區，以眾多禪修者和佛寺聞名，特別有一些寺院是第六世康祖仁波切的一位弟子所建立，這位瑜伽士和丹津葩默的某個前世也很親近。

這次，丹津葩默開心地遵循上師的意願，簡單收拾行囊便出發了。他們找了一座寺院讓她掛單，那是一九七〇年，當時她二十七歲，另一段嶄新的生活正等著她呢。

7 拉胡爾

所有以心靈修持為目的的旅程都一樣，前往拉胡爾的路上同樣也充滿了困難和危險，彷彿是老天爺刻意安排的障礙，用來考驗修行人的決心。一方面，由於無法穿越的冰雪阻隔，這個偏遠的喜馬拉雅山谷一年當中有八個月完全與世隔絕，只能利用夏天短暫的幾星期進入山谷，丹津葩默必須精準算好時間；另一方面，前往此秘密之地的道路由險惡的羅唐隘口把守，羅唐隘口海拔三千九百七十八公尺，奪走了許多人的性命，因此得到「死屍平原」這個名符其實的稱號。這一切艱辛似乎還不夠，丹津葩默必須全程徒步前往，因為，她第一次去的當時，拉胡爾和鄰近更難到達的斯皮提地區都尚未被觀光客發現，沒有修建完好的道路，看不見巴士滿載著手持《孤獨星球指南》的探險者，更沒有今日常見的摩托車浪漫旅行的年輕小伙子。

黎明前，丹津葩默就出發開始攀登。她必須在中午前翻越羅唐隘口，因為中午過後就會颸起惡名昭彰的大風，即使盛夏之際，山頂仍有殘雪，大風會颳起殘雪，讓大意的旅人看不見路，使他們分不清方向而迷路——在羅唐隘口迷路一夜，意味著旅人將毫無遮蔽而必死無疑。當地政府機關知道這點，堅持丹津葩默在離開前寫下切結書給他們，萬一她遇難，那也是她命中注定，當地政府機關無須負起任何責任。丹津葩默欣然同意了。

她開始攀登前進，把蒼翠的馬納利遠遠拋在身後。位於庫盧谷地裡這個美麗如畫的小鎮馬納利，到處是結實纍纍的果園，雜亂的市集滿是當地著名的羊毛披肩，這是丹津葩默離開扎西炯之後最後停留的地方。她把握機會住到著名的阿波仁波切的寺院（同屬竹巴噶舉傳承，為著名的釋迦師利的後裔），他的寺院小而秀麗，四周圍繞著玫瑰和天竺牡丹。仁波切歡迎她，對這位西方尼師充滿修行熱忱感到印象深刻；接下來的許多年，仁波切與家人愈了解丹津葩默，他們之間的感情也就愈加深厚。

現在，她繼續向羅唐隘口前進，越過林線之後，地貌開始變得粗糙，每走一步愈顯荒涼。偶爾會看見毛茸茸的氂牛零星散佈各處，或是一小群健壯結實的野馬，遠處，還看見一隻巨大的禿鷹，唯我獨尊般棲息在岩石上。到了這個高度，坡度變得陡峭不友善，沒有松林覆蓋而顯得嚴峻，地表崎嶇不平，到處光禿禿的，那是長年積雪的重量和夏天融雪的流動在地表刻下的痕跡。緩慢移動的冰川，以及最近山崩造成的鬆動土石流，就在她面前橫越過她要走的路。即使是盛夏季節，山裡的風依舊冰冷。丹津葩默絲毫不受影響，不屈不撓繼續往上攀登，直到最高處；此時，彷彿是為了獎賞她的一切努力，一片美景迎接著她的到來。

「山頂是一大片平地，綿延約一英里長，四周有雪山環繞。真是太奇妙了。天空湛藍清澈，完美無瑕。在那裡，我遇見一位喇嘛，他拿著手鼓和一支人的大腿骨，那是修法時吹奏的法器，提醒自己死亡的發生。我跟著他走，一同越過了隘口之後，我們幾乎是一路往下滑到山的另一邊。」她說。

抵達山底的時候，她發現自己進入了另一個世界。「我彷彿來到香格里拉一樣……從印度文化突然轉入西藏文化，所有的房子都有著平坦的屋頂，西藏寺院在山坡上星羅棋布，到處都是轉經輪和佛塔，人們有著高高的顴骨和杏仁形狀的眼睛，而且說著藏文。」她回憶道。

丹津葩默一下跌進世界上最古老、最具權威的佛教大本營之一，它已經存在幾個世紀之久；起初是因為伊斯蘭教徒掠劫了印度當時許多偉大的佛學院，為了逃避伊斯蘭教的入侵，大量難民湧入而開始成長；之後，又因為鄰近地區拉達克和西藏的許多成就瑜伽士持續前來，因而得到更多靈性的灌溉滋養。此地極為隱密，深藏於人煙罕至的廣闊山脈和狹窄山谷裡，許多神秘的隱士在此地區的山洞靜僻處獨自修行，使得佛教更加興盛起來。經過多年的修行，他們的高深證量愈加饒富傳奇性的力量；因此有人說，連拉胡爾的空氣都充滿了靈氣。只要踏上這塊土地，任何誠心修練的行者一定能進入更高深的修行境界。

一九七〇年，丹津葩默來到此處時，拉胡爾人與外面的世界接觸甚少。他們面貌姣好、心性單純，沉浸在自己的信仰中，過著種植馬鈴薯、大麥，照料牲畜的生活。此處見不到二十世紀的發明，比如電和電視機，也沒出現過什麼白人面孔；因此，當丹津葩默穿著赭色與金色的佛教僧袍來到此處時，她的出現掀起了一陣激動情緒和不信任的騷動——這位長相奇怪的人來這裡做什麼？西方人怎麼能當佛教尼師？謠言快速流竄，人們認為唯一可能的解釋就是她是政府派來的間諜！直到親眼目睹丹津葩默真誠的修行生活與全心的奉獻，他們才逐漸寬心，接受她成為他們的一份子。她在當地被稱為「薩・秋默」（Saab Chomo，歐洲尼師），後來因為她長年在山洞閉關，更被尊稱為聖人。

她的目的地是塔育寺（Tayul Gompa），藏文字面意義是「選中之地」（chosen place）。這座令人肅然起敬的寺院約有三百年歷史，座落於樹林之中，離首府奇隆約莫數哩遠。寺院中有優質的圖書館，還收藏了許多精緻的宗教布畫（唐卡），以及一座巨大的蓮花生大士塑像，蓮師是公認把佛法帶入西藏的人，是一位具有大威力的聖人。在許多佛教徒心目中，蓮花生大士被視為佛。現在，丹津葩默的生活條件明顯改善許多。經過多年的租屋生活，一間搬過一間，而今她終於也有了自己的家——寺院後方的山坡上，有許多棟由石頭和泥巴砌成的小屋子，所有獨自修行的喇嘛和尼師都住在這區；在這兒，她也有了自己的一棟小屋子。她非常喜歡這裡的人，多年間也結交了許多朋友，其中與她特別親近的一個朋友名為慈仁・多傑，她稱呼他為「我的拉胡爾兄弟」。他身材高大，面容粗獷，出身拉胡爾區最古老、最有名望的貴族家族之一。他是有名的學者，從世界各地收集了許多好書，後來也成為許多登山名人的嚮導與朋友，其中包括英國出版家雷納・昂溫。

慈仁・多傑對薩・秋默這個比丘尼有自己的看法，他說：「夏季時分沒做嚴格閉關時，她常會到我家小住幾天，參與我們的家庭活動。我記得她總是笑口常開且心地善良。她想把自己的一切都給予別人，但當然她擁有的並不多。她只想談論佛法，其他什麼也不談，有關佛法的事物她都非常嚴謹。我沒有把她視為聖人，但因為她的修行和業緣，我覺得她很神聖。我相信她的前世對今生發揮了極大的影響。有時我會把她和亞歷山德拉・大衛・尼爾相提並論。」亞歷山德拉是一位著名的法國女性，二十世紀初，她喬裝成男人偷偷潛入當時禁止外人進入的西藏。她曾寫過這個「禁忌國度」的「魔力與神秘」，掀起一陣風潮，使大眾對西藏古老神秘的智慧產生了興趣，最後她甚至被冠上「喇嘛」的稱號。

「我翻遍大衛・尼爾的所有書籍，尋找她們兩人的相似之處，」慈仁・多傑繼續說，「她們都很勇敢、同為女性與探險家，兩人都深受藏傳佛教的吸引，但丹津葩默比亞歷山德拉・大衛・尼爾更深入修行之路。當她住進山洞生活時，我實在很擔心，儘管她的意志力比任何男性更堅強，但她並不是身體健壯的女性。」

此時，丹津葩默進入了人生中最愉快的一段歲月，她終於感到滿足了，因為她總算可以獨自修行了。大雪阻隔的數個月漫長冬季，正好為長期閉關提供了最完美的時機，為了提升修行境界，這是絕對必要的先決條件，也是她心裡打算要做的。然而，她的這份投入卻與社區裡的同伴不盡相同。

「妳會需要十八個杯子和盤子。」迎接她到來的一位年長尼師這麼指示她。

「做什麼用呀？」丹津葩默困惑地問道。

「妳看，親愛的，冬季我們都聚在一起舉行晚餐派對。我們一共有十八個人，所以我們去妳家時，妳就會需要十八個杯子和盤子。」尼師回答。

這位西方皈依者，一如往常真誠而直率地回答：「嗯，一則若有人要來我這裡，大家可帶自己的食器來，二則我自己其實是想在冬季做閉關禪修。」接著她就開始這麼去做，遵循康祖仁波切給予的禪修指示做修持，這將奠定日後在山洞長期閉關的重要基礎。大部份修持包含了「前行」，就是一系列修行儀軌，像是大禮拜、獻曼達等，每項皆需圓滿十萬次。反覆練習是必要的，這有助於讓心念調柔，以便進入日後更微細複雜且深奧的禪修。她毫不懈怠地精進修習，也研讀神聖的經文，並深入琢磨佛教典籍的知識。在拉胡爾，沒有人說英語，因此她的藏文程度進步神速。

夏季和秋季的幾個月裡，丹津葩默會稍作休息，為冬季預做準備，收集燃料和補充物資，準備度過接下來又漫長又寒冷的數月冬季時光。夏季這段時間她會允許自己享受點娛樂、參加社交活動、偶爾狂歡一下：「秋收後，有一段特殊時間，我們會到鄰近的幾個村子進行傳統的巡行托缽。」她回憶說。「我們會拜訪每一戶人家，在門外唸誦一段祝禱文，然後屋內會有人探身出來，邀請我們進去。他們鋪上家裡最精美的地毯，把最好的瓷器和銀器擺設在特別的藏式桌子上。我們進去之後，坐下來唱誦最受人們喜愛的祝禱文，比如二十一度母禮讚文，帶給他們祝福與保護。他們會請我們喝酥油茶、甜茶和自製的豆釀酒。如果還有其他食物，他們也提供給我們。接著，他們會開始告訴你地方上的所有八卦消息，之後他們會把青稞穀物和蔬菜裝進我們帶來的麻布袋中。接著再去第二戶人家、第三戶人家……

「托缽剛開始的時候感覺很棒，因為黎明前我們已經步行一兩個小時，等到抵達第一戶人家門前，我們因為寒冷而全身發麻，這時候，屋主奉上的熱茶真是太美妙了。但是一整天下來，我們的袋子和胃越裝越滿，到最後只有反胃想吐而已，只能懇求他們別再給東西了。可是村民們都很喜歡這麼做。最後，我得到五十到八十公斤的青稞，遠超過我所需要的。」她說。但事情尚未結束，收集好這些青稞，她還必須拿去烤熟，再帶去磨坊磨成青稞粉，然後才能和著茶、揉成小丸子，做成一般常見的糌粑，這是所有藏人的主食。丹津葩默已經很習慣糌粑的味道了。

這樣的生活方式，丹津葩默過了六年。她偶而會冒險離開山谷。每年夏天她會回扎西炯拜見康祖仁波切，向他報告自己的修行進度並接受更進一步指導，這是必要的。上師是指引者，比世上其他任何人更熟悉弟子的心，上師指引她的方向，量身打造她的修道之路，以保證她今生在達到證悟的過程中，能得到最大的進步。

一九七三年，有次她回英國探望母親，這是她十年來第一次回家鄉，真可說是讓她大開了眼界。她母親李從伯斯納格林搬到西倫敦市中心時尚的騎士橋，在一位加拿大富人的豪華公寓裡擔任管家。丹津葩默從居住在偏僻小石屋中，過著自己挑水的生活，一下突然發現自己離哈洛德高級百貨公司與植栽整齊、景色壯麗的海德公園僅有幾步之遙，被奢華的一切所圍繞。現在她可以睡在柔軟的床上，整個房間鋪滿了地毯，還有中央空調、兩部彩色電視、以及西方文明可提供的種種現代設備。對這些不尋常的舒適，一般人意料中應該會感到著迷，但她卻討厭極了。

「我覺得這一切都很無趣。我發現倫敦的水不能喝，只能一直喝果汁，甚至連茶也喝不下去，這讓我生病。食物過於濃郁油膩，讓我腦袋好像塞滿了黑色棉花球。無論碰到什麼東西，總是被電到，而且一直覺得很疲倦。我告訴自己：『如果有一天，你以為快樂取決於外在事物，請記住這些。』」

丹津葩默發現，之前的生活對她完全沒有吸引力，她渴望回到拉胡爾的小石屋，但問題是她沒錢買機票回去。阮囊羞澀、身無分文是她經常得面對的窘境。多年來，丹津葩默與金錢之間形成了一種有趣而極不尋常的關係——她與所有藏傳佛教傳統的出家人一樣，沒有某種共同基金或是中央政府機構的資助，必須靠自力尋找生活費，因此她需要仰賴他人的發心供養；由於她給自己訂下的原則是不主動開口索取，因此經常陷入財務不穩定和極度匱乏的處境。但她以異常平靜的心態，學著放下，最後總有辦法生存下去。

「時不時會有人贊助我一些錢，金額通常不多。」她解釋說。「在達和西頭幾年的出家生活中，我母親每個月會寄給我五英鎊，有時這就足夠兩位尼師吃飯了。只要幾盧比就可以買到一盤飯跟扁豆湯，我就以此維生。最貴的物資是煮茶所需的奶粉。所有東西都可以依照自己的需求買到小份量。當我回到倫敦，去買奶油的時候，對方問我想要產自紐西蘭、澳洲、得文島或丹麥，有鹽還是無鹽的，我吃驚到下巴掉了下來！沒想到奶油的選擇和數量有這麼多！」

當她母親無法再負擔她的生活費時，約翰・布洛菲德忽然寫信給她，說他和他的朋友——名叫孟・斯默的泰國公主，兩位決定護持丹津葩默。

「我回信感謝他，告訴他，我只需要他建議金額的一半即可維持生活。他又回信說，如果他請一位泰國農夫吃一頓十元泰銖的餐，對農夫來說，這是一筆大數目，但對他來說只是小錢；同樣的，我也應該接受他的全額資助。孟・斯默過世之後，約翰接替她的那份贊助，一直護持我直到他自己過世為止。他通常會放一筆錢在銀行，一年約五十英鎊，我需要用錢時才會去提款。當我在塔育寺閉關修行，沒外出見人，得不到供養時，他的捐款對我幫助極大。」她說。

然而，一個月五英鎊或更少的金額，即便在印度的生活也難以為繼，更別說有時連五英鎊也沒有。這讓她在種種辛苦之中學會了不執著物質的基本法則，以及可貴的信心訓練：「曾經有許多時候我身無分文，連一杯茶也喝不起。我記得有次在達和西時，我一貧如洗，連一盧比也沒有。我無家可歸，沒有一毛錢可買食物。我站在山丘上，陣陣孤獨感和不安全感席捲而來。然後我想：如果一個人真正皈依了佛、法、僧（Sangha，僧伽團體），就像我們受戒時那樣作了三皈依，並且真心誠意在修行，那就根本無須擔心。自此之後，我就不再感到憂慮了。」她淡定地說。

「我學會了遠離恐懼，這沒什麼關係，錢總會從哪兒冒出來，而且不多不少剛好是我需要的數目。例如，有一次我去探望朋友，需要八十英鎊買火車票。我抵達時錢包只剩十英鎊，要離開那天，讓我住宿的女主人交給我一個信封，裡面恰好是八十英鎊的供養金。我感謝她後笑了出來。這筆捐款的數字真是奇特，正巧是我所需要的數目。事情總是會那麼湊巧地發生。

「事實上，身為出家人就不應該擔心錢的問題，無論金額大或小。」她繼續說道。「在亞洲旅行的時候，我總是坐三等車廂，睡在朝聖者休憩小屋的地板上；但是如果有人發心供養，我也不反對搭乘頭等艙或住在美麗的地方，因為我們也該學習不執著樸素或貧困。無論身在何處，是老茶館還是五星飯店，都該像是在家中一般安然自在。佛陀曾接受國王和痲瘋病患的招待，對他來說並無不同。密勒日巴說：『我住在山洞是為了利益日後的修行者；對我目前的境界來說，這一切其實都無所謂。』」

不過，對一位想離開倫敦回到拉胡爾的英國女性來說，金錢絕對是必需的。一如往常，丹津葩默忠實的朋友和贊助人約翰・布洛菲德想要資助機票讓她回去，但這次丹津葩默拒絕了，因為這違背了她自己的原則。「我說我不可能接受這筆捐款，因為我在西方並沒有做任何法教活動而值得別人供養。」她爽快地說。

她毫無選擇，只能去找工作。於是她穿著一身僧袍，頂著一頭剃得極短的短髮，前往就業部門詢問工作機會。丹津葩默異於傳統的外表並沒有讓他們覺得不當，或許還引起了他們的好奇和注意。他們仔細聆聽她的工作履歷（具有圖書館員能力、辦公室工作經驗、教學經驗等），結果是就業部門本身馬上雇用了她。丹津葩默正是他們尋找的人才，能協助建立不同行業的專門小組，面試申請職訓的應徵者。儘管丹津葩默已離開職場十年，但她工作非常有效率，結果是他們請求她留下來，繼續合作完成整個計畫。

她禮貌速絕地婉拒了對方。如果她對自己的使命還有半點質疑，那麼在就業部門這兩個半月的工作，很快就讓那些疑惑消散了。「我覺得很悲哀，這裡一堆中年人這麼說：『我這輩子的歲月都拿來幹了啥？』已婚的年輕人則是房貸纏身，大家每天談論的話題只有電視節目。我穿著僧袍，這個身份讓他們容易對我敞開心胸，無所不談。他們把生活中大大小小的事都告訴我，問我各式各樣的問題，他們對我的生活方式以及它所代表的意義很感興趣。」她說。

七〇年代初期，丹津葩默的出家相在那兒仍舊異於尋常，事實上，她所到之處經常吸引許多人。他們對於英國人成為佛教尼師的現象感到著迷，渴望知道她所信奉的價值觀。在各種社交場合中，不只一次有人上前來告訴她，說她看起來像阿西西的聖方濟各。在海德公園，甚至有位穿著講究的先生攔住她，說她看起來很時髦，一定是法國人。有次她搭火車前去拜訪住在威爾斯的哥哥，遇到兩位警察與她同行，一位是督察，一位是巡佐。他們開始聊天，說他們正要前往威爾斯一處村莊，逮捕一名殺人犯。

「妳是否能告訴我，我的生命究竟有什麼意義？」督察這麼問，很顯然他對自己的任務感到很消沉。

丹津葩默用因果業力的法則回答他，也就是隨著意念所做的任何身、語、意的行為，都會帶來相關的反應。總而言之，她說，我們終究要對自己的生命負責，而這將會積極地影響到未來。這段交談又長又明確，兩位警官也非常專注地聆聽。當交談結束，督察靠了過來，語帶感激，說：「我想，供養佛教出家僧尼應該是一種習俗。」於是供養她五英鎊，巡佐也同樣供養了她。這些供養大大添補了丹津葩默的「逃亡」基金。

最後，她終於掙足了錢，離開倫敦回到心愛的印度。途中，她停留泰國去拜訪約翰・布洛菲德。約翰又嘗試供養丹津葩默。「既然妳的自尊心不讓妳為了世俗目的接受我供養，請先收下這些錢，這是讓妳去香港接受比丘尼戒的。」他說。

丹津葩默完全無法拒絕這份供養。接受比丘尼戒代表正式且完整地進入佛教教團，承接所有職權與威望。這是所有佛教尼師渴望獲得的珍寶，卻只有少數人得到。由於傳統上根深柢固的複雜因素及父權主義，除了中國之外，沒有其他佛教國家允許尼師擁有榮耀和尊敬的具足戒，因此尼師在僧團中常被貶於次等地位；只有少數尼師有錢或是方法可以到台灣或是香港（唯一傳授比丘尼戒的地方），所以大部分尼師只能停留在次等地位。

到達香港後，丹津葩默正式換上中國佛教黑色與棕色的僧服，在漫長的儀式中低頭合掌，正式被接納成為佛教僧團的一員；在這過程中，鎂光燈閃個不停，記者瘋狂的報導，丹津葩默儼然成了頭條新聞。她再一次成為首位跨出這一大步的西方女性，住在這個前英國殖民地的中國居民都被她深深吸引住。然而，可惜的是攝影師並沒有捕捉到在她頭頂燃戒疤的時刻，這是儀式的一部份，以香柱點在尼師剛刮好的頭皮上，慢慢燒下小小的戒疤，以提醒僧人永遠記得自己出家的承諾。丹津葩默流淚了，但卻不是因為疼痛。

「我欣喜若狂。」她說。後來她把儀式的照片給薩迦崔津法王看，也就是她的第二位上師；他看了一眼照片中黑色衣服襯托之下那張白皙幸福的臉，說：「妳看上去就像是光頭的聖母瑪利亞。」

經過這些耽擱和行程的改變，她終於又回到拉胡爾，懷著更新的決心，重拾她在這裡的生活：夏季準備補給，冬季進行嚴格的禪修閉關。她仍舊心意堅決朝著證悟前進，然而，就丹津葩默的滿腔熱誠和意志力來說，塔育寺的條件仍遠遠無法滿足她想提升的修行境界的追求。

「打水就是個問題了。閉關時不能被人看見，這代表我必須在夜間打水，但路上覆蓋著雪且非常冰滑，我沒有橡膠靴，只好把塑膠袋套在草鞋上，導致走起路來更滑。我大約一個星期外出一次，趁著夜黑，帶著防風燈，背著一個大的馬口鐵罐，手上提著一個桶子，這樣可以裝三十升水回來，非常辛苦，因此我學會了節約用水。」

再來就是噪音的問題。當初歡迎丹津葩默到來的年長女尼就已提到，對社區大多數人來說，冬季這幾個月是大家聚會狂歡的日子。「我想閉關的時候，其他人正把自己屋頂的積雪掃下來，在屋頂上鋪上坐墊，天南地北談天說地；在陽光下，人們隔著屋頂彼此吆喝來吆喝去。夜晚，她們就用十八個杯子和盤子舉行晚餐派對，完全就是社交生活，這種情況下也很難禪修。」她們聚在一起，其實是在幫家人梳理和紡織羊毛——某個東道主會提供食物和飲料，其他作客的人就幫忙織羊毛，大家輪流，這樣每個人的工作都是團隊合作完成。

這樣過了六年之後，她實在受夠了。「我去拉胡爾是為了禪修，不是來參加活躍的社交生活！」她說。「我決定了，我必須搬出去，找一個比較安靜的地方。於是我到寺院上方，尋找能蓋間小屋的地方。」在山上，她向空行母呼求幫助——空行母是天上非人的女性佛教神祇，她們以猛烈、力量和樂意幫助修行人的特質而聞名。丹津葩默和空行母之間一直有特別親密的關連，現在，她以自己獨一無二的方式呼求她們：「請看顧我，如果您們能幫我找到適合閉關的地方，我這兒可以保證的就是，我一定會好好修行。」她如此祈請。「我對這件事有一種非常正面的預感，覺得很開心，我確信一定會有好事發生。」她說。

下山後，第二天早上她去拜訪其中一位尼師。「我想在寺院上方蓋一間小屋，」她說。

「怎麼可能呢？妳哪兒來的錢買建材，還得付工錢呢！妳可是一毛錢也沒有。為什麼不住進山洞呢？」尼師回問。

「根本不可能住山洞的。先別說拉胡爾山洞本來就不多；就算有山洞，也沒有水；如果有水，就會有人住那兒。」丹津葩默指出問題。

「妳說的沒錯。」尼師回答。「不過，昨晚我忽地想起一位老尼師曾告訴我，山上有個山洞，附近有水有樹，洞外有一片草地。我們何不去找找看？」

尼師說完這些話時，丹津葩默立刻心中了然。

「就是這個地方了！」她說。

隔天她召集了一群人，包括寺院的頂頭喇嘛，大夥兒一同出發爬上山，尋找尼師聽說的那個山洞。

8 山洞

丹津葩默和一小群同伴開始攀登矗立在塔育寺後方的高山，朝著他們聽說的那個山洞所在方向前進。他們舉步維艱攀上陡峭的斜坡，離人煙愈來愈遠。擦身而過的綠草散發著清新甜美的香味，他們愈爬愈高，慢慢爬到了塔育寺上方一千英呎的地方，胸口因辛苦攀爬和高山反應感到爆裂似的氣喘。這條路不是怯懦者和體弱者所能攀爬的，它高聳陡峭，危機四伏，四周沒有可以沿著走的舊路，身邊山崖更是垂直而下。路上好幾個地方因大片鬆散的碎石流而變得更加危險，這些石礫來自他們上方的高山，經常性的剝落彷彿對他們的出現感到不悅。他們必須越過這些險峻的山況才能找到山洞，如果不小心在滑溜的岩石上失足，很可能就命喪黃泉。

他們毫不畏懼，繼續前進。攀登兩個小時之後，突然發現了山洞。山洞和山本身完美融和在一起，如同巧妙的偽裝，以至於大夥兒幾乎爬到了山洞上方，仍渾然不覺。這個洞穴並不是人們想像中那種典型的山洞，也不是好萊塢電影裡的洞穴；這不是山邊的一個深洞，沒有圓整的入口和平坦的泥地，也不能提供舒適自足的原始生活環境。相反的，這個洞穴非常貧瘠。這個所謂的「山洞」，只是山壁上的一個岩石突出物，三面開口向外。洞頂崎嶇峭，必須彎著腰才能站在裡面，內壁傾斜凹凸不平，洞外就是筆直下探的深V型拉胡爾山谷。說好聽一點，它是一個脆弱的避難所；說難聽一點，它只是岩石上的一個凹洞，又小得要命，裡面的空間頂多十呎寬六呎深，倒比較像是山洞的櫥櫃，一個單人的禁閉室。

丹津葩默站在小小的岩壁突出上，環顧周遭景色，風景十分壯麗——除此之外還會有什麼呢？眼前一百八十度弧形視野，盡是廣闊的山脈，她幾乎是和這些山峰齊高對望。現在是夏季，只有山尖覆蓋著白雪，然而長達八個月的冬季期間，這些山脈會因積雪而形成巨大的白牆，巍峨聳入那片原始、一塵不染的蔚藍天空。晶瑩透亮的陽光，照得萬物閃閃發亮，空氣清新鮮淨；那兒有一種深沉的寧靜，只有下方灰綠色巴格河的潺潺流水聲、呼嘯的風聲，以及鳥兒偶而振翅飛翔的聲音劃過寂靜。她的右方，有一小座杜松林可提供燃料，左方大約四分之一哩路，有一道泉水從石縫中汩汩流出，那是維持生命所需的鮮淨水源。她的後方是更多山脈，環繞矗立在她周圍，好似守衛一般。周邊的環境透露著令人敬畏的力量及其全然與世隔絕的肅靜，這個山洞和它四周讓人感到平靜宜人，彷彿雄偉的山巒以其巍峨的廣大和堅固，提供了安全保障；不過，這也是一種幻相罷了，山巒並非永恆不變的，和「因緣和合」而生的一切事物一樣，都是無常的。

現在，丹津葩默就站在海拔一萬三千兩百英呎（編按：約四千多公尺）高的地方，這是會讓人頭昏暈眩的高度。這個高度，可以想像成生活在洛磯山脈的惠特尼山山巔之下，或是差不多高度的白朗峰。英國境內最高的本尼維斯山，高度約四千四百零二英呎，與之相比根本是個小侏儒，三座山疊起來才是丹津葩默現在所站的高度。在這個高度，人的眼睛被迫往高處和遠處看，心自然而然也隨著眼界走，眼與心都被迫超越低微的世俗界限，難怪最高聳的山峰往往是獨修行者最喜歡的棲地。

丹津葩默對這一切全都欣然接受，無論是空間狹小或是懸崖絕壁，她都照單全收。「我馬上知道這就是我要的山洞。」她說。它提供了丹津葩默需要的一切。在這裡，她就如同老鷹棲息在世界的頂端，世俗社交的喧囂嘈雜完全干擾不到她，她將得到所渴望的全然寂靜，這份寂靜對於她內在的探索是非常必要的。她知道，所有的禪修者只有在最深的寂靜中，才能聽見「究竟」的聲音。她可以藏身在這個山洞內，追求自己的修行，不受任何干擾，也可以走出洞外，凝望高山和一望無際的天空。她不會看見任何人，也沒有人會看見她。

除此之外，此處尚有其他引人入勝之處。丹津葩默曾誓願以女性身份達到證悟境界，就這點而言，這麼恰好她也來到了一個女性心靈能量匯聚的中心。對面山峰頂處有一塊奇特的黑岩，當地人稱為「奇隆女」，令人疑猜的是，即使是嚴冬，整塊岩石也不會被白雪覆蓋。

仔細觀察的話，可以辨識出一位婦人曲膝跪著，肩披斗篷，胸前抱著一個嬰兒，伸出另一隻手餵食小鳥的輪廓。在西方人眼中，它神奇地貌似聖母與聖嬰，但拉胡爾人認為她是象徵慈悲的聖度母。附近有一個高崖，可以看到褪色的藍色和金色圖像，畫的是也是聖度母。這個圖像在幾世紀前就自然出現了，非常顯而易見，這個圖像是自己從對面的山谷移到這裡的。對眼力好的人來說，它的形像依然清晰可見。離山洞不遠的下方，據說是威力極大的女性佛教護法吉祥天母的居住地，傳統唐卡中描繪她騎著一頭驢子。多年之後，丹津葩默有天曾在此地看見雪地上有驢蹄印，奇怪的是，前後並沒有其他延伸的蹄印。

總的來說，這個山洞太完美了，她終於可以投入全副精力和時間進行長期的深入禪修，可以開始揭顯內在世界的秘密——這個據說涵蓋整個宇宙的浩瀚神奇的內在世界。

若說她很開心找到這個山洞，她的同伴卻不這麼想。他們開始提出反對意見和各種潑冷水的洩氣話，自古以來只要有女性試圖進行嚴格的獨居閉關，就會聽到這類不支持的意見。但丹津葩默巧妙地應對，見招拆招。

「這裡海拔太高了！沒人能在這種高度生存，何況是女人，妳必死無疑。」他們異口同聲說道。

「可是，山洞比房子溫暖，會自動調節溫度。我在塔育寺的房間，冬天冰冷異常，我也都活過來了。這個山洞會比它更好。」她回答。

「嗯，妳離群索居的地方太偏遠，如果有盜賊闖入想要搶劫，妳也只能坐以待斃。」他們又反駁她。

「拉胡爾根本沒有賊。你們自己看看，拉胡爾的婦女是如何公然戴著所有珠寶走在路上，也沒人試圖去搶她們啊。」她辯駁。

「軍營有許多男人會爬上山來強暴妳。」他們繼續說。

「他們爬這麼高上來，肯定筋疲力盡，這時他們只想喝杯熱茶而已。」她回應。

「那鬼呢？這個地方鬧鬼，妳不知道嗎？妳會被嚇得魂飛魄散。」他們繼續說。

爭論到這裡，丹津葩默的藏文有點失靈了，她以為他們說的是蛇而不是鬼（藏文的蛇與鬼發音很接近）。她漫不經心地回答：「哦，我一點兒也不介意。」這些淡定的聲明讓批評者幾乎鴉雀無聲，但他們尚未完全死心。

「總之，我們絕不會幫妳搬來這裡，因為這麼做等於幫妳尋死，我們才不要成為幫凶。」他們堅決地說。

「如果我的上師康祖仁波切允許的話，你們同意幫忙我嗎？」她問。這時他們才終於點頭答應。

丹津葩默即時送了一封信到扎西炯，康祖仁波切問了幾個尋找山洞所在地的問題以及情況後，便答應了她的請求，於是反對意見終於平息。

在這場簡短的爭論裡，丹津葩默推翻了數世紀以來的傳統，傳統認為女性沒有能力在完全孤立隔絕的環境中進行密集閉關，以提升自己達到更高的精神層次。這個結果，也使丹津葩默成為跟隨東方老瑜伽士腳步，進入喜馬拉雅山洞穴尋求證悟的首位西方女性。

然而，丹津葩默開始這項偉大的修練之前，必須將山洞整修到適合居住。在拉胡爾的朋友幫忙之下，她雇用了幾個工人，在山洞的前方和兩側砌了磚牆，為了抵擋酷寒，牆壁砌得特別厚實。洞內隔了一個小空間作為儲藏室儲存食物，這很必要，但也讓她的生活空間更狹小，只剩下六呎（編按：約為一百八十二公分）寬六呎深而已。洞內的土也需要挖掉一些，她才能站直。之後將烤過的土鋪在地面上，再放上石板，接著再鋪上更多土。他們裝了一扇窗與門；慈仁・多傑堅持門一定要向內開，日後出現的戲劇性發展，證明了慈仁・多傑的先見之明有多麼寶貴。他們在地上與牆上拍上泥巴和牛糞，又把外面懸壁突出處整平，做成一個露臺，這樣丹津葩默可以坐在那裡曬曬太陽，享受令人屏息的美景。最後，他們沿著山洞周圍修築了一道石牆，除了避免野獸闖入，也為她的閉關區域設置結界。

洞裡，丹津葩默擺設了她的家具：一個燒柴爐子，有個排煙管從前牆穿出去（這個爐子是摩拉維亞傳教士遺留下來的，他們曾試圖改變拉胡爾人的信仰）；一個木箱作為桌子，覆蓋著花卉圖案的桌巾；還有一個水桶。牆上掛了許多不同樣貌的本尊畫像，岩壁上的凹洞正好當作書架，擺放她珍貴的法本——裝訂術未曾流傳到西藏，因此她用黃布小心翼翼地將這些活頁經文包裹起來。她將修法用的法器金剛杵和金剛鈴掛在岩壁自然突出的地方；神秘的金剛杵象徵慈悲，金剛鈴則象徵空性或智慧，慈悲和智慧是藏傳佛教教義的一雙翅膀，據說，行者了悟真實的慈悲與智慧時，以此雙翼將一路飛向證悟。後方岩壁上是丹津葩默的佛龕，供奉了她自己禪修用的佛像、一個小佛塔（代表佛心）以及一本經書（代表佛法）。佛龕前方放了七個小供杯，裝滿了水，代表七種供養貴客的禮物，因為他們的到來使家中蓬蓽生輝❶，這七種禮物是：飲用水、洗足水、花、香水、燈、食物和音樂。

還有一樣最特別的東西，就是傳統的禪修箱，它是一個正方形的木箱，約兩呎六吋（編按：約七十六公分）見方，箱面略高於地面，用來阻隔地面傳來的濕氣，以免禪修者受到濕氣的侵襲，這會是她度過大部份時間的地方。多年之後，丹津葩默對禪修箱產生了很深的依賴：「我很喜愛我的禪修箱，我喜歡裹著披風，窩在箱子裡恰恰好避開洞中的穿堂風。」她說得趣味盎然。

完工之後，原本有著裂縫又凹凸不平的山洞，搖身成為有著歪斜岩石天花板的漂亮小屋子，充滿著古雅的拙趣，就像童話故事裡才有的屋子一樣，馬上打破了人們對山洞生活的死板觀念。

「這是個堅固耐用的好山洞。」丹津葩默也承認。「少數來看過的人都很驚訝，這個山洞竟然如此整潔舒適。當然，它很小沒錯，沒有空間可以跳舞。不過我進行長期閉關時，的確有在洞裡練習哈達瑜伽；一直坐著禪修時，瑜伽就是很好的反向運動，能改善脊椎問題。」她提到的是一出生就困擾著她的背部問題。「可是山洞實在太小了，因此我必須依據洞裡的不同空間，在不同的地方做不同的瑜伽姿勢。」

迪迪・康翠特是親眼見過山洞的人之一，她現在年近七十，身材高大，有著一頭灰髮。幾十年前，她從加州來到印度，與印度籍丈夫在大家庭中過著多彩多姿的生活。有次她拜訪康祖仁波切時，認識了丹津葩默，之後兩人便一直保持聯絡。她是一位室內設計師（曾參與許多著名的建築設計案，比如烏代浦的湖泊宮殿），她想以專業的眼光檢視丹津葩默這種非常異類的生活環境，確保她安全無虞。「上山的路實在太可怕了，尤其是那些鬆散的碎石坡。我望著腳下山谷裡的小房子，心裡想著『萬一掉下去，我肯定摔成草莓醬。』但陪著我的丹津葩默，卻像羚羊一樣跳來跳去。終於到達山洞後，我便放心了，山洞非常堅固安全；儘管牆壁很厚，但我還是建議她在窗戶加裝雙層玻璃。最重要的是山洞朝南，代表整天都有日照，這在冬天是不可或缺的。不過，我的天呀，這山洞未免也太小了，她的禪修箱旁邊只夠空間放我的睡袋，就這樣而已。」她說這些話時，正住在印度達蘭薩拉下方自己建造的泥磚房，達蘭薩拉是達賴喇嘛和他的流亡政府所在地。

❶ 此處描寫的是傳統佛龕上的七種供養，所謂的貴客指的不是一般來訪的人類，而是諸佛菩薩等本尊。

山洞整修完工後，丹津葩默搬了進去，開始她不同凡響的生活。當時她三十三歲，她將會在這個家生活到四十五歲。

儘管她追尋的純粹是心靈的境界，然而，在開始能把握這個非物質的精神境界之前，光是要讓自己活下去，就得先克服很世俗的事務才做得到。對一個書呆子、不食人間煙火且弱不禁風的女性來說，這確實是一項挑戰。

她自己承認：「我一直不是一個實際的人，現在我得學習自己動手做很多勞務。最後，我都很訝異自己竟能處理得這麼好，而且變得自給自足。」

首先，最要緊的是水。

「起初我必須去泉水處打水，那裡離山洞大約四分之一哩路。夏天，我必須跑好幾趟，用水桶把水背回山洞；冬天無法外出時，就把雪融成水。如果你有融過雪水的經驗，你就會知道那有多麼困難！一大堆雪也只能融出極少的水。慶幸的是，冬天用水量不多，因為沒怎麼在洗澡或洗衣服，所以很省水。後來，當我進入為期三年的閉關，無法離開閉關結界時，有人支付了水管費，為我牽了條水管直接接到山洞，這幫了我很大的忙。」她解釋。

其次是食物的問題。

在這個貧瘠的山區，當然沒有什麼食物可吃，沒有結實纍纍的野莓樹叢隨手可採、沒有果樹、沒有蕩漾著金色波浪的麥田。於是，她便安排在夏季從村子運送補給物上來，可是他們多半無法送達，使得丹津葩默被迫背著重擔山上山下來回奔波。「這真的很費時費力。」她說。而補給三年閉關所需物資的大差事，則由慈仁•多傑負責管理：

「我會僱用苦力和驢子，把她需要的東西運上去。」他回憶說。「包括煤油、糌粑、米、扁豆粉、蔬菜乾、酥油、食用油、鹽、肥皂、奶粉、茶、糖、蘋果和修儀軌的供養品，比如甜點和香等等。此外，我也僱用伐木工，砍好木材一併運送上去。」

除了這些基本的民生必需品之外，為了補充新鮮食材，丹津葩默開墾了一個園子。她在洞外岩壁下方挖了兩個苗圃，一個種蔬菜，一個種花。食物餵養她的身體，花朵滋養她的靈魂。後來的幾年，她實驗過許多植栽，嘗試看看哪些適合在這種土礫中生長。「我試種過各種蔬菜，像是高麗菜和豌豆，但是都被囓齒動物啃光了。牠們唯一不吃的就是蕪菁（大頭菜）和馬鈴薯。經過這麼多年，我覺得蕪菁愈吃愈順口，我真準備好要推廣它了。」她熱情地說。「我發現大頭菜是一菜二吃，一是它有很好的綠葉，事實上它是所有綠色蔬菜中營養成分最高的，而且味道好極了，尤其是剛長出來的鮮嫩葉片，」她誇張地說，「世界上所有的山珍海味，都比不上漫長冬天之後咬在嘴裡的第一口新鮮大頭菜葉。其次，大頭菜本身也對身體健康非常有益。無論是葉子或球莖本身都可切塊曬乾，如此一來，整個冬天都可以吃到這鮮美的蔬菜。說真的，我正等著有人出版《一百零八種蕪菁料理法》的食譜，但目前都沒看到。」她開玩笑說。

她和佛教其他僧尼一樣，只吃日中一餐。她的菜單很簡單健康，對一般人的味蕾來說，嚐起來十分單調無趣。她每天的食物千篇一律都是米、扁豆和蔬菜，放在壓力鍋裡一起烹煮。「壓力鍋是我唯一的奢侈品。如果沒有壓力鍋，在這種海拔高度煮扁豆湯得花上好幾個小時。」她說。她也自己烘焙酸麵團麵包，加上糌粑，一起搭配這些粗食淡飯。她唯一的飲品是一般茶加上少許奶粉，（有趣的是，少數她不喜愛的藏式習俗之一就是加了奶油和鹽的傳統酥油茶。）甜點是一小份水果。馬納利以盛產蘋果而聞名，慈仁•多傑會送去一箱蘋果。「我一天會吃半顆蘋果，有時吃一些杏桃乾。」

她就這樣生活了十二年，飲食上沒什麼變化，沒有多數人用來排解無聊、沮喪或工作辛勞的各種美食，像是蛋糕、巧克力和冰淇淋等。她表示自己並不在意，也解釋說：「就算想買什麼，也無法像順路經過超市那樣，隨意跑下山就買得到。事實上，我已習慣吃少量食物，以至於離開山洞之後，人們常笑我怎麼只吃半顆蘋果、半片吐司與少許果醬。比這更多的話，都顯得浪費和奢侈。」

再來還有寒冷的問題。那種永無止境的極度刺骨寒冷，累月不間斷。下方山谷村莊，冬季溫度經常降到零下三十五度，在空曠無遮蔽的山上則更加天寒地凍。大量積雪堆積在她洞口，伴隨著強風的呼嘯聲，丹津葩默仍然輕鬆以對。「我想得沒錯，事實證明山洞確實比房子暖和。山洞裡，佛龕上供杯的水從沒結過冰，但在塔育寺的屋子裡，供杯裡的水卻會結冰。就連山洞裡從未有過熱源的儲藏室，儲藏在裡面的水也不曾結冰。山洞就是這樣，洞外越冷，洞內越暖和；洞外越熱，洞內越涼爽。我這麼說的時候，沒有人相信我，但是瑜伽士們曾這麼告訴我，我相信他們。」她語帶堅持。

儘管她顯得滿不在乎，這種寒冷其實還是很凜冽的。一天中，她只在中午生一次爐火煮中餐，這意味著，只要太陽下山，山洞內就完全沒有任何熱源。但無論如何她也活過來了。「我當然覺得很冷，那又怎麼樣？」她挑戰似的說道，接著又緩了緩語調：「修行的時候，總不能常常起身去生火吧！此外，真正專注的時候，身體會自然發熱。」她的說法讓人更想知道，她生起神秘內熱的能力究竟到達何種境界？就像幾世紀前，密勒日巴尊者在冰冷的山洞曾修練過，還有達和西的舵顛們在寒冷冬夜裡，試著以內熱烘乾裹住赤裸身體的濕床巾一樣。「燃火並不是我主要的修行。」對此，她沒有多說什麼。

不過，忍耐力是一回事，而放棄舒適生活又是另一回事。熱水澡、鬆軟的毛巾、芳香的香皂、舒適的軟床、整潔的床單、安樂椅、乾淨的盥洗室等等所帶來的歡愉享受，多數女性喜愛與需要的種種柔軟觸感之物，她一樣也沒有。根據男性的說法，女性獲得證悟的最大障礙，就在於渴望擁有舒適的物質生活。他們辯駁說，女人的天性就像貓一樣只想蜷伏在溫暖的火爐前，因此怎麼可能忍受得了提升修行境界所需的艱苦獨居呢？然而，無論是這件事或其他許多事，丹津葩默都證明了他們是錯的。

她洗澡時也就一個水桶。她很少洗澡，尤其是冬天缺水時，氣溫低也使得身上幾乎沒有體味。夏天時，戶外的大自然就是她的衛浴，她的隱私絕不會外洩。「冬天時，我會用罐子上廁所，然後把它埋掉。」這些事從不曾困擾她。「說實在的，我並不懷念抽水馬桶或是熱水澡，因為我的生活中已經很久沒有這些了。」她說。

讓苦行生活更添困難的是，那兒完全沒有任何形式的娛樂。山洞裡沒有電視、沒有收音機、沒有音樂也沒有小說；事實上，除了宗教書籍之外，沒有其他書籍。「我一點兒也不懷念什麼『奢侈品』。達和西的生活把我調教得非常好，我擁有我需要的一切，」她再度強調。

在她缺乏的東西當中，床鋪可以說是最基本的，但她連張床鋪也沒有；並非是山洞太小擺不下，純粹只是因為丹津葩默不想要。她矢志追隨的是所有嚴格訓練自己的禪修者傳統——訓練自己不睡覺的不倒單。聖人們說，睡覺只是浪費寶貴時間的悲劇；如果我們每天睡上八小時，等於浪費了生命三分之一的時間，這樣算起來，如果我們活到七十歲，就會有將近二十四年是自願處在不清醒的歲月中，這些時間本可用來精進修行，提昇自己的心靈境界，以便幫助所有眾生。瑜伽士們清楚了解這點，於是嚴格鞭策自己不睡覺，運用禪修所引生的精微覺知，更新自己的心理與生理境界。大家都同意，山洞的寂靜孤絕是修練這些技巧的絕佳地點，即使瑜伽士中的佼佼者，如果生活在熱鬧的市中心，也很難忍受不睡覺；但是，如果在僻靜的隱密處整夜打坐，無論是處於清醒、半清醒或打盹兒睡覺的狀態，他們都可以學習到，如何觀察潛意識生起的任何心念影像僅只是一種投射，僅是自心生起的顯相而已。他們說，這是一種非常寶貴的修持。

事實上，這意味著丹津葩默只要在山洞閉關期間，從來沒有真正躺下來，相反的，她每晚都筆直坐在禪修箱裡。「這個概念是說，妳必須筆直坐著進行禪修，這對提升覺性很有助益。」她對這件事也只說明這麼多。「如果我真的覺得必須睡覺，我就蜷窩在箱子裡，或是把腿伸到另一邊。」

你或許會好奇，在這些艱困的時刻，丹津葩默忍受長期苦行的能力，有多少是來自幼時在東倫敦區的樸實生活、或是母親堅毅基因的遺傳，還是像扎西炯的喇嘛們事前就看出來，她天生就能夠適應高海拔的穴居生活。

尤其是丹津葩默所有苦行生活是徹底與世隔絕；她早已料到，甚至極其渴求的，就是完全獨自一人。夏天時，她偶爾會看見一兩個牧羊人或放牧犛牛的牧人；有時塔育寺的尼師或她的朋友會上山拜訪她一兩天。她依照自己建立的模式，確保自己每年一定去見康祖仁波切，以便獲得進一步的閉關指導。她有時也會離開山洞幾星期，參加某些課程，不過這種情況極少發生。但大多時候，大雪阻隔讓她每年有幾個月的時間是完全獨自一人，最後的三年裡，她根本沒見過任何人，也沒說過一句話。

丹津葩默很能面對這種情況：「我不曾感到孤單寂寞，一分鐘也沒有。有人來訪固然開心，但是四下無人我也非常快樂，在山洞裡我覺得完全安全，這對女性來說是非常奇妙的感覺。我從來不鎖門窗，因為根本不需要，山洞所在之處人跡罕至，無路可走。」然而，有趣的是，有一次她夏天外出辦事，把山洞借給一位男性朋友，對方卻覺得山洞生活並非易事，他住了兩天就被隱居的孤寂嚇跑了。「對我來說，這卻是世界上最容易的事。」她說。

如果說山上沒有人類作伴，動物則到處都是。

任何心臟不夠強或是背脊不夠硬的女性，面對大量野獸四處徘徊、甚至鑽進山洞來，可能會嚇得花容失色。但丹津葩默從不懼怕任何動物，相對的牠們也不怕丹津葩默，這是一位不尋常的女子又與眾不同的另一面。「動物們也受到丹津葩默的吸引，但有趣的是，當吸引力產生的時候，這種感覺通常是相互的，但丹津葩默完全不執著。」迪迪・康翠特這麼評論。她就是丹津葩默剛搬到山洞時，曾來山洞拜訪的那位朋友。

「我喜歡動物，也尊敬牠們，但我不是聖方濟各。」丹津葩默明快俐落地表示。不過她和洞外動物相遇的情形，和住在阿西西山洞的這位棕袍修士的故事十分相似。

就像聖方濟各一樣，丹津葩默也有自己的「狼兄弟」。

夜裡，丹津葩默聽見狼群在她屋頂上發出長嚎哀鳴。牠們在山間漫遊、覓食、尋找伴侶，對著月亮嗥叫。丹津葩默坐在洞內，一動也不動，她知道牠們非常靠近。

「我愛狼。」她簡潔地說。「有很長一段時間，我很喜歡聽著牠們的嚎叫聲，感覺非常美好。下雪後的清晨，我常在洞外看見牠們的足跡，但從沒見過牠們。然後，有一天，我坐在外面的露臺享受日光浴時，五隻狼走了過來。牠們站得離我很近，大約只有幾碼遠。牠們非常美麗，不是我想像中骯髒或全身汙泥的模樣。我也以為牠們看起來會像豺狼，但奇異的黃眼睛和光滑的棕色皮毛，讓牠們看起來真是帥極了。牠們看上去吃的不錯，很健康，但天知道牠們在這麼高的山上到底找到什麼食物維生。牠們就只是站在那裡，平靜地注視著我。看到牠們，我很開心，我對牠們微笑，並傳送給牠們很多愛，牠們在那裡駐足了幾分鐘後，便離開了。」

她也差點兒遇到最稀有、最美麗的野貓——雪豹。彼得・馬西森寫過一本雋永難忘的書《雪豹》，描述了這個近乎神秘的野獸，據說只有兩個西方人見過雪豹。

「我曾在洞外和窗臺上看過牠的足跡。」丹津葩默陷入回憶中，聲調上揚興奮地說。「那裡有些大的獸足印，中間有個洞，很奇怪。我把它畫下來，後來拿給兩位動物學家看，他們一看到就說那是雪豹，腳印特徵很明顯。」這難以捉摸的雪豹可能看過丹津葩默，遺憾的是她自己從未見過雪豹。

更奇特而引人注意的是，有天早上，她發現一組非常古怪的腳印，一路沿著圍牆走，她困惑地看著這些腳印：

「大家都說拉胡爾沒有熊，但是我來到這裡的第一年，就發現籬笆外有巨大的足印。這些足印比人類的腳印大得多，但類似人的腳印有著足弓，可以清楚看見所有腳趾的印子，但同時也有爪子，看起來就像是有爪子的人類腳印。這些腳印從山上一路下來，直到圍牆邊，這個生物顯然感到很困惑，我想這裡一定曾經是牠的山洞。從這些足跡留下的路線，可以看出牠在四處遊走徘徊之後，又回到山上去了。」

這是否可能是神祕的雪人？丹津葩默是否在不經意中，意外住進了雪人的洞穴？

「我不知道，後來我也沒再見過這種腳印了。但是藏人對這種生物再熟悉不過了，無論牠究竟是什麼，他們給牠取了名字，傳說著牠的故事。僧人喇嘛們也談論牠的故事，因此我認為沒什麼理由說牠不存在。」她說。進一步證據證明雪人確實存在，是來自法新社一九九七年的報導。報導指出，中國稀有生物研究學者於湖北省神農架國家級自然保護區，發現「大腳怪」的蹤跡，報導中這麼說：「委員會的領導表示，有一組探險隊在海拔兩千六百公尺處發現數百個腳印，最大的腳印為三十七公分長，相當類似人的腳印，但比人類腳印大得多，非常不同於熊或其他已知動物的腳印。」

其他較熟悉的是囓齒類動物，也就是啃光她在菜圃種植的高麗菜和豌豆的囓齒動物。牠們也會跑進她的儲藏室，企圖偷吃她的穀物和蔬菜乾，丹津葩默則再次用異常友善的態度面對這些入侵者。

「通常是一些老鼠或是倉鼠，秋天時更是多得驚人。牠們可愛得要命，有時我會用籠子誘捕牠們，再拿到外面放牠們離開。觀察牠們是很有趣的事，因為每一隻被捕捉的反應都不一樣。」她說。這暗示了佛教的信仰認為動物也有心識，和人一樣會輪迴投胎。從這個觀點來看，在永無止息的生滅續流中，動物在過去可能曾經是人、或是將來會轉世成為人，這種說法完全合乎邏輯。

「有些顯得很害怕，蜷縮在籠子角落，有些則生氣咆哮，齜牙咧嘴扯著籠子企圖逃出去，有些則把自己的小爪子掛在籠子的橫槓上，探出鼻子望著你，容許你拍拍牠們，這些老鼠就很和善。每隻老鼠的反應完全不一樣。」她繼續說。

「這裡還有貂，看起來有點像黃鼠狼，但比黃鼠狼漂亮。整體毛髮是灰色，胸前有白毛，有著大眼睛和毛茸茸的大尾巴。有一隻時常會滑開我的窗戶，溜進儲藏室，向我的鍋子直奔而去，因為裡頭放著布包起來的麵包。這隻貂會把鍋蓋掀開，把布拆開，才開始吃麵包，不像老鼠直接就把布咬破。接著，牠會跑到裝油的桶子，把塑膠蓋子旋開，扯掉鋅蓋，吃裡面的油。牠太神奇了，不管我怎麼做，牠都有辦法打開。我曾試過把食物留在外面給牠吃，可是食物通常會結冰，這隻貂就會看起來很失望的樣子。我不記得在哪兒讀過一篇報導，上面說，如果抓到幼貂從小豢養的話，牠們會是很好的寵物，因為牠們非常聰明。」

另一類訪客則是鼬鼠。丹津葩默在園子裡看到牠，牠正準備逃走，但牠想了想，顯然覺得改變主意更好，於是反而勇敢地決定靠近丹津葩默。

「牠快步朝我飛奔過來，站在那裡抬頭看我。牠體型很小，在牠眼裡我應該巨大極了，但牠就站在那裡望著我；突然間牠興奮了起來，跑回籬笆上晃來晃去，倒掛著直看著我，觀察我是否仍然在看牠，像個小孩似的。」

如果說動物從不曾讓她害怕，卻有那麼一次，竟然是人嚇到她了。她樂天地認為沒有男性會爬到這麼高的山上來傷害她，這種輕鬆樂觀的想法不幸的錯了。

「那是某個夏天，有位年約十五、六歲的男孩帶著羊群來到附近，他看起來怪異極了，他會坐在山洞附近的大石頭往下看著我，我對他微笑時，他就會回瞪我。有天早上，我發現綁著天馬旗的竿子被扔下去；又有一次，泉水裡的石頭被移動了，導致水流不出來；接著，儲藏室的窗戶被打破，不過沒有什麼東西被拿走。我很肯定是那個男孩子搞的鬼，而且有點擔心，因為他有大把光陰坐在那裡想著要怎麼惡作劇，他想怎麼搞都可以，讓我感覺很脆弱而只能接受攻擊。」她回憶說。

她實在太擔心了，於是向她的老朋友空行母呼求，以她熟悉的方式向祂們祈請：

「請看看，」她說，「這男孩顯然有很多心理上的問題，請設法改變他的心意並幫助他。」她這麼祈禱。

一如往常，空行母接受丹津葩默的挑戰。

「幾天過後，我發現我的門口有一束野花，之後我到泉水那邊，發現它不但被修好了，

丹津葩默年幼時（圖中），當時名叫戴安・派瑞（Diane Perry），攝於家鄉倫敦。「『當三次伴娘就永遠當不了新娘！』那我最好趕緊這麼做，才能保證當不上新娘。」她如此說道。

傑拉德．約克（佛教雜誌的編輯）、年輕的邱陽・創巴仁波切（丹津葩默的首位禪修老師），以及作家約翰．布洛菲德（丹津葩默後來的功德主），攝於西元1962年，赫特福德郡的佛教協會夏季學校。

西元1964年，丹津葩默二十一歲，攝於受戒出家後。她寫信給母親，照片後面寫著：「看到沒？我看起來很健康吧！照相時我其實應該笑一下，您就會知道，我不僅健康，還很快樂呢。」

「岡底斯」，這是位於達和西的前英國山中避暑宅院，斐達．貝迪將之改建，創立了「青年喇嘛家庭學校」，也就是丹津葩默於西元1964年，抵達印度後的首個落腳地。

丹津葩默的第一個教學班級，學生都是年幼的轉世祖古，西元1964年攝於岡底斯。

攝於西元1966年，在達和西的早年歲月。圖中（由左至右）為確嘉仁波切（教導丹津葩默佛教故事的老師）、康祖仁波切（丹津葩默的上師）、李·派瑞（丹津葩默的母親）、以及舵顛安姜。

丹津葩默為首位領受具足比丘尼戒的西方女性，攝於西元1973年，香港。她的第二上師薩迦崔津法王說：「妳看上去就像是光頭的聖母瑪利亞。」

丹津葩默住在拉胡爾的塔育寺六年（1970 ~ 1976），當時結交了一些僧人朋友。

塔育寺的男女眾僧寮，平坦的屋頂提供了冬季聚會的最佳場所。

友誼長存：著名的佛教藝術家確嘉仁波切與丹津葩默，背後是已圓寂的第八世康祖仁波切。攝於西元1997年，印度岡格拉谷地的扎西炯寺院。

丹津葩默與「新任」第九世康祖仁波切合影，攝於西元1997年，扎西炯寺院。

舵顛秋洛，扎西炯寺院的菁英瑜伽士之一，也是丹津葩默的摯友。

年輕的第八世康祖仁波切，約於西元1958年，攝於西藏，身邊擺設的都是代表仁波切至高地位的各種權位莊嚴物，此後不久，仁波切就流亡海外成為難民。

丹津葩默在閉關山洞崖壁外建造的佛塔，建造佛塔是表達宗教虔敬心的行持。

丹津葩默閉關山洞內部，有燒柴的火爐、桌子、擺滿布包經書的書架、各種本尊佛像圖，以及不倒單的禪修箱。她說：「人們都非常訝異，這個山洞竟然如此整潔舒適，這是個堅固耐用的好山洞。」

山洞外。春雪融化造成洞內嚴重淹水，丹津葩默正在晾乾被雪水浸濕的物品。注意看她的禪修箱尺寸（山洞左方那個直立的箱子），這就是她睡了十二年的「床鋪」。

丹津葩默的花園，一塊種花，一塊種植燕菁和馬鈴薯，那是她獲得新鮮食物的唯一來源。

海拔四千多公尺，擁有無敵景觀的山洞！八個月漫長冬季中，丹津葩默眼前所見皆是巨大的白牆。

石頭擺回來的位置比以前更好。後來，我再看到那個男孩時，他給了我一個微笑，他被徹底的轉化了；空行母的威力真的很大。」她補充說道。

於是，丹津葩默這位來自伯斯納格林的女孩，學會在她的山洞過生活，望著四季的更迭，如此年復一年，生命有了自己的節奏。

「冬季從十一月到隔年五月，暴風雪使一切變得難上加難。山洞上方會有大量積雪，我必須用鏟子把積雪剷除，這表示我得爬過去，這是相當耗體力的工作，而且對我的背脊不好。我必須從山洞上方把雪往外拋，有時這得花上幾天的時間，我可能才剛剷完雪，沒多久又開始下雪。我必須一再重複做這些事，這樣才能走到堆木柴的地方。第一場雪景很美好，可是下了幾個月的大雪之後，我只能說：『哦！不，別再下了！』

「春天即將到來的第一個徵兆是小岩花的出現，它們非常纖弱，通常還在下雪時便開花了，我可以花上好幾個小時觀察它們。但事實上，春天對我而言是最艱難的季節，積雪開始融化，雪水順著山洞的縫隙滲出，氾濫成災！我只能眼睜睜看著水流從山壁流下，把所有東西都泡溼了。我用粗布袋把水擦乾，再把粗布袋曬乾繼續使用，也得把所有東西放在太陽下曬乾。即便我的禪修箱離地面有些高度，裡面還墊著幾層布，也是潮溼的！這真是麻煩極了。你把所有東西曬乾後再放回去，結果又開始淹起水來，洞外也變得非常泥濘。康祖仁波切當初調查山洞的狀況時，其中一個問題就是山洞會不會潮溼。我說不會，因為我真心覺得它不潮溼。如果他知道山洞會如此潮溼、發霉，絕不會同意讓我住在這裡。」她坦白承認。

從五月底開始，丹津葩默便可以開始種植蔬菜與花卉，有矢車菊、金盞花和金盞草。她很享受園藝，即便需要來來回回打水、提水，她也樂在其中。在她獨自閉關的最後三年，有人從英國寄給她一包花種子，這些來自英國的種子竟然能在異鄉的土壤中繽紛綻放，讓她很訝異，這些鮮花把她的拉胡爾山洞變成了別墅花園。

「我還種了牡丹花和夜香紫羅蘭。真是美啊！但只有我自己一個人欣賞得到。」她說。進入盛夏時，田園、山谷、還有以前摩拉維亞傳教士為了防止土石滑落所種植的柳樹等，整片景色綠意盎然。「這時節，如果坐在太陽下，身上照到陽光的部份會曬傷，照不到陽光時則會感到陣陣涼意。」她說。

鳥兒也會在夏天開始歸返——紅嘴山鴉和紅腳烏鴉是這裡的常客。丹津葩默看著牠們在空中翩翩飛舞，展現牠們曼妙有名的舞姿。有時，她會割下一小片坐墊，提供給牠們築巢。一般她很少外出，但有一天去了村莊，在傍晚回來的途中發現了極不尋常的景象。

「我轉過某個彎時，突然看見成千上百的禿鷹圍坐成圈。牠們一群群棲息在大岩石或地上，舉目皆是，看上去像是聚在這兒開會一樣，我必須從牠們中間穿越，沒有其他路可走。這些禿鷹體型很大，大約有三英呎高，眼皮低垂，鳥喙堅硬而彎曲，我深吸了一口氣，開始念誦『嗡嘛呢唄美吽』咒語，一邊從牠們中間走過，牠們全部動也不動，只是用眼角瞟著我。後來，我想到密勒日巴曾經夢見自己是一隻禿鷹，藏人認為禿鷹是非常吉祥的。」她邊回想邊說道。

到了秋季，她周圍的景色轉變成繽紛鮮豔的色彩，非常壯觀。她說：「我前方的山脈變成血紅色，交織著柳樹樹葉轉黃而形成的耀眼黃線，往上則是覆蓋著白雪的山頭，高高聳入湛藍的天空。此時正是村民收割莊稼的季節，從我的山洞就能聽見下方山谷傳來他們邊趕著犛牛工作邊唱歌的聲音。」

一九八五年五月八日，當丹津葩默剛開始進行三年的長期閉關時，寫了一封家書給母親，信中透露了她如何輕鬆應付各種困境，也提到儘管處於極度隔絕和單一獨立的生活，她並沒有把其他人事物忘記：

最親愛的阿瑪拉（Amala，藏語「母親」的意思）：

您好嗎？希望您一切安好。妳在沙烏地（Saudi）玩得愉快嗎？

我知道您一定給我寫了信，但是慈仁．多傑最近沒上山，因此我還沒收到您的信。他這次來得有點兒晚了，我希望這只是因為他忙著耕田和其他農事。三月初他的確上山來過，帶著警察局長要我填寫的簽證申請新表格。慶幸的是今年雪下得不多，二月份很少下雪，那時的雪大部份都融化了（當然，之後還是下了些雪）。但是，可憐的慈仁．

多傑，兩個膝蓋都得了關節炎，只能拄著拐杖一拐一拐痛苦跛行，試想他穿過積雪一路攀登到我的山洞，就為了讓我簽一些文件，其實他真應該偽造我的簽名就好。總之，希望他這次沒來不是因為膝蓋的關係。拉胡爾地形就是這樣高低起伏，慈仁·多傑現在是在拉達克和藏斯卡帶領健行團維生，因此這對他來說真是個大問題。

這裡一切都安好。今天早上我種了馬鈴薯和更多大頭菜。現在氣候仍然有點冷，偶而也會下雪，但是我的山洞不像之前那麼潮溼了，因為今年不曾一次就下很多雪，每次雪量不多。我的水源整個冬天都源源不斷開心地流著，儘管它每晚還是會結上一層薄冰。住得離水源這麼近，不需要煩惱得自己融雪造水，真是太開心了，這樣同時也可節省木柴。

這個冬天很安靜舒適，二月份天氣也很溫和美好，奇隆市還下雨呢！（結果三四月時，冬季氣候竟然回頭來襲！）

我的頭髮愈來愈長，掉得四處都是，真是麻煩啊，難怪瑜伽士會把頭髮纏起來。

由於我正在閉關，而慈仁·多傑一年只會上山兩次，因此您若很久沒收到我的信，請不要擔心。我從現在開始無法再下山到奇隆市寄信給您。請轉告梅，我整個冬天都穿著她送給我的毛衣，（當然還有您的），現在我也還一直穿著；這些毛衣對我很實用，真的非常感謝。請保重身體。

獻上我的愛，
丹津葩默

儘管丹津葩默承受著生理上的勞苦艱辛，遭逢他人的疑慮或是對女性試圖進行偉大修行懷有性別上的成見，然而事實上，她在山洞裡過得非常快樂。

「我沒有想去任何其他地方，也沒有想做其他任何事。有時，我站在露臺邊遙望對面的山脈，一邊想：『如果可以選擇去世界的任何一個角落，你會想去哪裡呢？』答案是，我哪裡也不想去，在山洞裡我感到十分滿足，我擁有修行需要的所有順緣條件。這是非常獨特的機會，我心中非常非常感恩這一切。」

9 面對死亡

儘管丹津葩默輕而易舉消弭了朋友的擔心，而且對自己的安全和物質或生理上的舒適毫不在乎，然而她在山洞生活所面臨的危險卻是貨真價實的。她不只一次遭遇自然災害，而正如事前所擔憂的，那兒沒有救援服務、沒有醫生、沒有電話，也沒有朋友能幫她。丹津葩默只能獨自面對每次危機，這是她決定在山洞閉關必須付出的代價。

「進入閉關的時候，自己要承諾閉關多久時間，然後堅守誓言貫徹始終，這也是修行的一部份；即使生病了，也要發誓不出關。此外，如果必要，也要有心理準備自己可能會在閉關中死去。事實上，假使真的在閉關中死亡，這被認為是非常吉祥的事。」她解釋。

出人意料之外，以她過去的就醫史而言，在山上如此極端的環境中，她竟然不曾像孩提時代那樣生過重病。既沒摔斷腿、也沒得到盲腸炎、更未曾感染西方人在亞洲常罹患的疾病，比如霍亂和肝炎等。可是她經常生小病，在那潮溼的山洞裡，她經常著涼，因此常發高燒，但她就是順其自然地度過這些。「你就是得應對這一切，因為你不得不這麼做。」西藏有個諺語：『病就病，死就死。』這幫我解決了這些問題。」她務實地說。有一次，她發現手臂下長了個腫塊，但是她不顧一切繼續禪修。「我完全忘了它的存在，直到閉關快結束時又突然想起來，但它已消失不見。」

有次她的眼睛受到感染，疼痛難當。「山洞必須保持完全的黑暗，因為眼睛無法忍受一丁點兒光線。我動彈不得，連眨一下眼皮也不行，這意味著我無法走到爐子旁煮東西，所以也無法進食。」她說。「我甚至無法禪修，因為眼睛會下垂。我什麼事也做不了，只能等待，坐在那裡觀察它；如果試圖躺下來，病況就變得更糟。說真的，這個經驗非常有意思，我坐在那兒，仔細觀察痛苦，它就像是一個交響樂團，有鼓、喇叭和弦樂器，種種不同形式的疼痛在眼睛上吹奏著樂曲。」她的語調平淡的好似這件事和她無關一樣。

「我算了算這個疼痛持續的時間，前後共四十九天，這個天數很有趣，因為與中陰身的期間相同；中陰身指的是從死亡到再生之間的這段過渡時期。實際上，這個經驗真的像是一種中陰，我只能等待再等待，然後，情況開始慢慢好轉。我從中學到，痛苦帶來的筋疲力盡其實是因為我們抗拒痛苦，重要的是去學習接納痛苦，順著走。」

儘管她從未在劏雪時從屋頂跌落（很多人以為她應該會摔下來），不過，有幾次意外真的近乎致命。「有一次，我正在洞外堆放木柴，忽地聽到心裡有個聲音說：『起來，快離開！』」她繼續說，「我沒放在心上。心想：『我正忙著堆放我的木柴呢，你說啥我可沒興趣。』然後繼續堆放木柴。結果這個聲音更迫切地說：『快閃開！』於是我照做了。兩分鐘之後，砰地一聲巨響，一顆大石頭正好落在我剛剛坐著的地方，如果被壓在石頭底下，或是手腳斷了，那麻煩可大了。」她承認。

有一年，她進行完全禁閉的閉關，所遭遇的危機更大，當時她差點餓死。那次慈仁・多傑沒能安排運送食物到山洞，丹津葩默等了又等，儲藏室的庫存食物越來越少；這時，慈仁・多傑顯然不會上山來了，她別無選擇，只能靠著僅剩的糧食勉強維生。食物少得可憐，隨著幾個月時間過去就更稀少了。無論如何，她還是靠著這些稀少的食物活了下來，但氣息奄奄，命懸一線。

對於這次經驗，她只說：「我確實變得骨瘦如柴。」她不曾詢問慈仁・多傑為什麼沒上山，也沒責怪他。「他一定有自己的理由。」她平靜地說。

但這些意外比起之後更戲劇性的一個重大事件，實在是小巫見大巫。西元一九七九年三月，丹津葩默一如往常在山洞的禪修箱中靜坐，外面颳著猛烈的暴風雪，這場暴風雪已持續七天七夜。丹津葩默對暴風雪已習以為常，但這場暴風雪來勢洶洶，特別淩厲。積雪越堆越高，逐漸埋過了她的窗戶和洞門。冰雪接連下著，絲毫沒有減弱的跡象，積雪愈來愈厚重了。突然間，她意識到一個可怕的事實：她被活埋了。

這個記憶深深烙印在她的心坎裡，無法磨滅：

「我陷入徹底的漆黑和寒冷之中，我無法生火，因為大雪把那條從爐子延伸到牆外的管子弄裂了，所以根本不可能生火取暖，也不可能烹煮食物。我也不敢點蠟燭，我想這應該會把氧氣燒光吧。看向窗外時，只能看到白雪。把洞門打開，只見一片漆黑，完全暗無天日。」她回憶。

日子一天天過去，也不見有人前來救援，氣候也沒有好轉的跡象。丹津葩默被活埋在又冷又黑的山洞裡，面對極可能發生的意外——也就是自己即將命喪黃泉。爐管凍裂了，門窗也完全被大雪封住，她深信自己會窒息而死。

就像所有好佛教徒一樣，從一開始，她也被教導應該直視死亡的事實。「死亡必然會發生，」然而「死期卻不確定何時來臨。」佛陀曾如此說過。這個非常基本卻常被忽略的事實，丹津葩默銘記於心，一再禪修死亡這無可避免的事實——她仔細觀想自己的身體在土壤中逐漸腐化，或是火葬時在柴火中燒融，她的財產被瓜分，把朋友和所愛的人遺留身後等等，藉此，更具體地體會死亡的事實。這樣的練習能產生兩種結果或影響：一是減輕死亡來臨時的衝擊，二是在剩餘的生命中，理清重要事情的優先順序。

然而，身為密乘修行者，丹津葩默知道，她可以進一步利用臨終時刻做最後、也是最殊勝的禪修。如果她的禪修夠善巧，能引導自心穿越死亡的各個階段，那麼，她就能完全覺醒而達到大樂明光——也就是最細微的心，於此最高境界中，將自己的心識轉化為佛。正因如此，瑜伽士從不畏懼死亡，反而會好好把握這個終生夢寐以求的黃金機會。

但這僅只是知道理論而已，此刻，丹津葩默得真正去面對這個事實。

「我真心覺得自己大限已到，但我還有很多時間思考這件事。」她說。「這很有意思，我並不擔心。我心想：『好吧，如果我就要死了，那就死吧。』我不覺得害怕，能看看死亡時將會經歷什麼事，應該是很吸引人的經驗。從小我就覺得身體真的短暫易逝，所以，我們累世以來其實都曾扮演過許多不同的角色，因此，就某種深入的層次而言，我從未真的將這個身體認同為『我』，」她說。「我拿出我所有的甘露丸[1]來做好死亡的準備——如果我真的死去的話。我回顧一生，反省自己曾做錯哪些事情、又做對了哪些事情。我覺得自己太有福報了，遇見許多偉大的喇嘛上師，領受了許多珍貴的法教，我幾乎沒有任何遺憾。此時此刻，有件事在我內心更加清晰確信：我很開心自己仍然是出家人。」她說。她不止一次在生命中做過許多困難的決定，包括放棄舒適的生活和對親密關係的渴望等等，而在最後這一刻，終於證實了這些決定是正確的。丹津葩默的「另一面」，那個受到主流生活吸引，愛玩而輕佻的那一面，終於消失無蹤。

此刻，丹津葩默發現自己自然而然轉向那位長存她生命中的人。

「我心中充滿了對康祖仁波切的虔敬心，那種淚如泉湧的真切感受。在這個時刻，我真正了解到什麼是重要的，什麼是無關緊要的。我親身體驗到，臨終的時候，唯一重要的就是上師。我從內心深處向仁波切祈請，請他在我中陰身和來生照顧我。我知道，他就是我最終唯一的皈依處。」

她腦海中閃現出一些念頭，想著，一旦越過生和死的分水嶺，她身上將會發生什麼事呢？令人寬慰的是，這些念頭都是正面的，持守著佛教共通的觀點——有生就有死。「我個人認為，今生非常努力的人，來世也會努力不懈，我不覺得這點有什麼理由會改變，我相信我們來生身邊也會圍繞著志趣相投的人，這樣的心識會繼續下去，」她說。「我當然希望我觀修的本尊會前來迎接我。」她補充道，說的是證悟之心的某種示現——當初選定為最適合她心性和根器的神祇或本尊。對許多西方人來說，如果看到西藏許多有著獠牙、多手多頭的本尊來迎接自己，大概是很可怕的景象，但丹津葩默從不覺得不安適。「當然，任何本尊都會以最令行者感到寬心可靠且最適合的形象出現。」她說。

丹津葩默思索著往生淨土的可能性，那是佛教徒的天堂，不過，以她所信仰的乘願轉世和菩薩渡眾的理想來看，其涵義與基督教的天堂在根本上是截然不同的：「往生淨土有許多

---

① 甘露丸是特別的藏藥，由多種舍利子、特殊的原料、藥草和磨碎的寶石製作而成，經過數月的祈禱文與咒語的唸誦，增益它們的效用。人們相信，這些特殊的甘露丸可以在亡者臨終時幫助他們把心識傳遷到更高界處。

好處，其一是淨土的受用令人開心歡喜，這是涅槃之外最大的喜悅了。」她說。

「但是即便是淨土，我們也不能眷戀。修行高深的喇嘛上師，他們在淨土待一小段時間後，就會回到這裡。淨土不是度假營，而是類似壓力鍋，能催化快速的進步。那裡沒有障礙，因此我們的修行可以進展神速。在淨土，人們對於空性（亦即無有一物本自存在的究竟智慧）的領悟得以開展與精煉，這非常重要，因為如果你想再回到這裡，在這一切苦難之中生活，那麼，唯有了悟這遠離二元的空性，才不會被苦難吞噬，才能具備真正的能力幫助眾生。佛和菩薩四處幫助眾生，即使地獄道他們也前去；然而如果你和地獄道所有眾生一樣偏執，就無法這麼做到。這是菩薩的誓言，『菩薩』的藏文意義就是心靈勇士。」她解釋。

丹津葩默沒機會看見死亡的面貌，當她坐在那兒禪修，準備進入生死交關的傳遷時，再次聽到了那個聲音，它說了一個字：「挖！」於是，她打開洞門，多虧當時慈仁·多傑的先見之明，將洞門向內開，她用錫製的平底鍋蓋開始努力一路挖出去。她不斷朝上挖掘，把挖下的雪堆到洞內，但這又使山洞更冷更溼了。她約莫挖了一小時甚至更久，不確定自己究竟往哪個方向去，因為她完全處於一片漆黑之中，失去了方向感；她趴著用腹部貼地爬行，試圖在冰冷的黑暗中挖掘隧道，希望能到達洞外有氧氣的地方。突然間，她冒出雪地，呼吸到了新鮮空氣並重獲自由，這個如釋重負的寬心感實在強烈啊。

「再次見到陽光、呼吸到新鮮空氣，實在太美好了，」她說。「然而洞外暴風雪依舊肆虐，所以我必須再爬回山洞。等我回到洞內，我發現洞內空氣並不污濁，而是新鮮的，那時我才知道原來山洞會『呼吸』，雪也會『呼吸』，而我不會死了。」她說。

然而，丹津葩默挖掘的隧道很快又被雪填滿，她前前後後總共挖了三次爬出去。暴風雪終於減弱了，當她站到外頭，洞外的光線使她幾乎看不見；她環顧四周，驚人的景象映入眼簾——洞外所有的一切，包含樹木等等，全都被積雪所掩埋，呈現一大片白茫茫的景色。一架直升機突然從頭頂飛過，載著補給物資正要到災區，直昇機裡有人對她揮舞著手。村民們如今終於知道，他們為「薩・秋默」祈禱能在山洞度過險難顯然是不需要的，可是當時沒有人認為她能夠活下來。

丹津葩默曾寫一封信給來過此地的英國友人，這封信描寫了這場幾乎奪走她生命的整個災難經過。

> 這一切災難起源於三月初某個午前，一場急奔直下的雪崩，起初發生在海拔一萬九千英呎的地方，積雪一路夾帶著一切傾瀉而下，岡讓區（優納斯村上方）許多房子也被破壞殆盡。這次雪崩估計有兩公里寬。拉胡爾約有兩百人罹難而死，特別是烏代浦地區。到奇隆市必須經過的那條河，現在變成厚達幾公尺的冰川，只要步行即可走過，完全看不到水。塔育寺整個被雪掩平，大家也得在積雪中挖隧道才出得來，雪積得比屋頂

還高。

優納斯村（附近的村莊）看起來像是龍捲風侵襲過一樣，有四棟屋子全毀（包括索南・溫竹商店隔壁、靠近馬路的那棟大房子），那裡約有三十五人死亡，許多家庭全家罹難。勞工家庭也死光了，因此優納斯村完全沒鐵匠了。雪崩以時速三百五十公里的速度呼嘯而下，所產生的空氣壓力把古斯基爾村一戶房子的屋頂吹走了；優納斯村到古斯基爾村的樹木全被連根拔起——那些可愛的老柳樹，有許多樹齡都將近兩百年了。四處一片荒涼，正如一位古斯基爾村的女孩說，這裡已經面目全非，完全無法認出原貌。策滇花了六個禮拜的時間，花費好一番功夫清理她田裡的石頭、樹木和其他破瓦殘礫，這些田產大部份位於優納斯地區。

總之，清理這些白茫茫的厚重之物，自然得費不少力氣，這讓我的臉看起來像是金剛亥母（Dorje Phagmo，一位凸眼、顴頰高滿、身紅色的忿怒本尊）。我的眼睛充滿血絲，根本沒眼白了，而且雙眼腫脹，只能瞇著眼看，眼睛痛死了。我用一條哈達（白色的獻供圍巾）固定在鬆軟的帽緣做為面紗，效果還不錯。

丹津葩默或許暫時躲過死劫，然而，如同佛陀所說，死亡一直在我們身邊。李・派瑞，這位樂觀派和心靈追求者，於一九八五年去世，當時她的女兒丹津葩默並不知情，這是追求修行所付出的重大代價。丹津葩默過了好幾個月才收到信，信中提到她母親因罹癌而病重，請她「趕緊回家」。但丹津葩默已開始為期三年的閉關，什麼也不能、什麼也不會讓她中斷閉關，實際情況就是如此。「我回信解釋為什麼不能回家，這是我寫過最困難的一封信。就算我自己得了癌症，我也不能離開山洞。」她解釋。

她再度收到信時，已經是一年之後的事了。有位朋友寫了便箋告訴她，她的母親已經去世，過世時平靜安詳，享年七十八歲。丹津葩默為母親的安康念誦祈禱文，她試著安慰自己，母親和她一樣不害怕死亡。「她認為死亡只是抖掉舊皮囊，以便得到充滿活力的新生命。我知道她期待見到會與她相遇並照顧她的心靈導師。」她說。

然而，丹津葩默其實並不完全覺得心安自在。西元一九八四年，就在她母親去世的前一年，她二度回到倫敦，短暫探望母親，這是睽違十一年之後，她再次回到家鄉。她期待在自己進入山洞的三年閉關之前和母親見面。儘管她很感激那段母女重聚相處的時光，但現在回顧起那次的探訪，心裡卻感到有些遺憾，她責備自己在某些事情上「早知道就該如何如何……」，這是人們失去所愛的人之後常會有的感受。

「我想我對母親有點冷淡，如今我對此總是感到難過，母親卻很能接受這點，她認為『出家人就是這樣』。但是，我在山洞待太久了，不太習慣與人太親近；儘管我們的關係很好，但我回想起來，我認為自己非常苛刻，我真的感到很抱歉。」她很懺悔。「現在，比起當初，我想我應該能以更溫暖的態度對待她了。」

當別離的時刻來臨，李轉向她的女兒，說道：「我覺得這是我這輩子最後一次見妳了。」她接著說：「我祈願未來投胎能再次成為妳的母親，這樣就能幫助妳繼續走這條修行之路。」這是她可以給女兒最深的愛和讚許。

然而，丹津葩默所受的一切訓練，都沒讓她有心理準備接受上師康祖仁波切的逝世。雖然她和仁波切分離數年——起初是搬到拉胡爾的寺院，接著更前往山洞閉關，但他們之間的關係一直都很親近。「每當我覺得需要他的時候，便向他祈請，我會做深具意義的夢，仁波切會出現在夢境中。」她神祕地說。每年到扎西炯拜見康祖仁波切，是她生命中不可或缺的部份，然後，她會坐在康祖仁波切身邊，感受他的存在所帶來的寬心安慰，並接受修行道上為她個人量身訂做的修行指導。

「我會帶著問題回去找上師。平常禪修時，我身邊總會放一些紙，一有疑問出現就可以馬上記下來。我一走進仁波切房間，會看到仁波切身子向後靠，說：『好吧，妳的清單呢？』然後，我就把一長串問題清單拿出來，」她回憶著。「他的答案總是準確回答了我的問題，他會從學術專業和自己的修行體驗兩方面來回答。他常會這樣說：『書本上是這麼說，但從我自己的經驗，則是那樣……』他總是如此精準，我也都可以和他做討論。有時候，我去找他時，心裡想要修某個法，他會反過來建議我修其他我從未想過的法；仁波切一說完，我就知道他是正確的。這就是純正上師的美好之處，他明瞭我們的心，能引領我們修行上的進展，朝著對我們最好的方向前進。」她說。

西元一九八一年，丹津葩默正在尼泊爾領受一些教導，慢慢準備前往不丹拜見康祖仁波切。

「有一天，我被召喚到寺院。我以為他們召喚我是為了給我一些特殊教導或是有其他事情。在路上，我遇到一個人，他說：『妳看起來很開心，應該還沒聽到消息吧。』然後便告訴我康祖仁波切圓寂的消息，我幾乎昏厥，這實在太可怕了，簡直是五雷轟頂。」她的世界崩毀了，她自己描述說：「太陽西沉，僅剩黑暗，我覺得自己好似身處一望無際的沙漠，而嚮導離開了，我完完全全迷失了方向。」

強壯、剛毅且和藹可親的康祖仁波切，從大權在握的一方之主到身無分文的難民，他的一生極不平凡。仁波切死於糖尿病，享年四十九歲，但他只病了一個小時就圓寂了。他的逝世或許完全出乎弟子們的意料之外，但是他對自己的死亡則是把握十足，他死亡的方式顯示了圓滿的修行成果，向西方人證實了修行可以達到的成就。

根據在場者描述，康祖仁波切在肉身死後，仍停留在「圖當」❷的狀態好幾週，「圖當」

---

❷「圖當」指的是修行者圓寂後身體保持禪定的狀態。

就是死亡明光，他的身體並未腐壞，反而維持著年輕的樣子，且散發著清香。更令人驚奇的是，到了荼毗（火化）的時刻，前來悼念的人們發現，仁波切生前高大的身軀居然神奇地縮成八歲孩童的大小；原本為他準備的棺木如今竟已過大，倉促之間，只好再製作一個小一點的棺木。西藏修行高深的喇嘛之中，不乏這種死後身體縮小的例子；對旁觀的人而言，這證明了康祖仁波切確實證得了高層次的修行成就，只有證得究竟成就「虹光身」才會超越這個境界；「虹光身」指的是死亡後肉體完全消融，只留下指甲和頭髮。這類事件若非有許多人曾經親眼目睹，或有具體文件紀錄佐證，很可能會被當成靈幻小說而不被重視。

一位可敬的喇嘛上師兼歷史學家瑞卜仁波切，曾被中國政府囚禁多年，他曾提過，當時與他一起被監禁的好幾位大師，成功依自己的意願，將心識從肉身中傳遷出去（亦即所謂頗瓦法）。「我看到許多人坐在自己牢房的一角，從容不迫地死亡而投生到其他界處。他們既沒有生病，身體也沒問題，守衛們完全無法置信！」他說。

索甲仁波切在自己最近的暢銷書《西藏生死書》中，明確解釋了何謂虹光身、以及虹光身如何成就：

> 透過大圓滿的高階修行，修行有成的行者能將自己的生命帶往非凡勝利的終點。他們死亡時，身體消融回到創造肉身的光元素之光本質中，結果就是他們的肉體融入光

中，完全消失。這個過程就稱為「虹光身」或「明光身」，因為消融的過程常伴隨自然顯現的光和彩虹。古老的大圓滿密續與大師們的論著將這種神奇超自然的現象做了不同分類，因為，曾幾何時，虹光身就算不是常態現象，發生的機會至少也相當頻繁。

索甲仁波切繼續舉了一個例子，西元一九五二年，藏東有位名叫索南・南嘉的人，真實成就了虹光身。

索南・南嘉為人單純、謙虛，他是一位雲遊四方的石匠，在石塊上鑿刻咒語和神聖的經文。有人說，他年輕時曾是獵人，領受過某位大師的教導。沒人知道索南・南嘉是修行人，他真正是所謂的「隱士瑜伽士」。他過世前的一段時間，人們常看到他到山裡靜坐，凝視天空，天際映襯著他的輪廓。他編寫自己的道歌唱誦著，沒有唱誦傳統的佛曲，沒人知道他在做什麼。後來他病重了，或是看似病重，但奇怪的是他卻愈來愈快樂。病情越來越惡化，他的家人趕緊請來大師和醫生。他兒子告訴他，千萬要記住自己聽過的所有開示，他笑笑說：「我全都忘了，總之也沒什麼好記的，一切都是幻相，但我有信心一切都會很好的。」

當時索南・南嘉七十九歲，臨死之前說：「我只有一個要求，我死後，一星期內別移動我的身體。」老人過世後，家人將他遺體裹起來，迎請喇嘛上師和僧人幫他修法。他們把遺體搬到屋裡一個小房間，他們無法不注意到，儘管老人生前身形算是高大，但把遺體放到小房間並不困難，他好像縮小了。與此同時，人們看見非凡奇特的彩虹光芒環繞整個屋子。到了第六天，他們往房裡看去，發現他的遺體愈變愈小了。他過世後第八天，準備舉行葬禮的早晨，殯葬人員來收大體；當他們打開裹屍布時，裡面什麼也沒有，只剩指甲和頭髮。我的老師蔣揚．欽哲要求把這些東西帶去給他，並證實了這是虹光身的例子。

丹津葩默也分享自己聽過的故事：「我們都知道第三世康祖仁波切的身體縮小到十八吋，」她說。「這不是最上乘的虹光身，最上乘的是身體全都消失，但縮小到十八吋也是相當高的成就了。事實上，西方人也可以達到這樣的成就。有位名叫昆努仁波切的上師告訴我，有次他在康區，看到他們寺院上方出現許多彩虹，當時有位美國人住在寺院裡，他衝去找他，想叫他出來欣賞天上神奇的虹光。他打開那位美國人的房間時，發現裡面沒有人，只剩下他的衣服、指甲和頭髮。據說這常發生在那些看似『平凡』的人身上，比如住在街頭巷尾的老諾布之類，這種沒人知道修行有成的修行人。」

但是西元一九八一年時，丹津葩默正陷入自己上師的死亡戲碼，以及隨之而來的一連串奇特事件中。得知上師去世的消息時，她的閉關也馬上開始了，然而為了參加上師的荼毗儀式，她出關回到扎西炯，當時的場景深深的烙印在她心版上。

「這個時間點非常不可思議，有一種相聚與分享的強烈感受。那陣子的天氣陰霾多雨，荼毗儀式前一晚還下著可怕的暴風雨，他們蓋了一座莊嚴的舍利塔（供奉聖骨的神龕），我以為暴雨會把一切沖走；所有旗幟都浸溼了，包括葬禮用的火化柴堆也濕了，然而，葬禮當天破曉時分，天空卻異常清朗，澄澈湛藍，一切都被洗滌的乾乾淨淨，一切都完美無瑕，一切都很美好。有趣的是，葬禮結束隔天又烏雲密佈，下起豪雨。」

康祖仁波切遺下的法體妥善安置在舍利塔內，舍利塔矗立在由他設計且親手建造的寺院旁。這座高大白亮的舍利塔令人印象深刻，是遵循宗教性幾何學法則所建造而成，上頭有一扇小玻璃窗，窗後供奉了一尊釋迦牟尼佛像。離奇的是，不知怎麼的，有顆菩提樹種子自己跑到玻璃窗後，經過多年，一棵菩提樹從舍利塔中間冒了出來。它從佛像的中心長出來，沒人知道它怎麼跑進去，也沒人知道在根本沒土壤的地方它到底怎麼生長。或許是巧合吧，但是，對於信仰康祖仁波切的人來說，這更進一步證明他心的覺醒境界。

不過，根據菩薩的誓言，康祖仁波切這類修為高深的大師不會離開太久，因此，荼毗後，他的弟子馬上著手尋找線索，探訪上師可能轉世到何處。如同追捕者循著足跡追蹤一般，弟子們檢視第八世康祖仁波切是否留下任何線索，顯示他再次回到這個世界的方向。他們發現仁波切圓寂前寫了一首詩，仔細閱讀後，發現他來世父母的名字以倒寫的方式藏在偈頌每句句尾，他們對這個線索感到非常興奮。於此同時，與康祖仁波切十分親近的兩位殊勝上師——頂果・欽哲仁波切和第十六世噶瑪巴，都得到極具意義的夢示。

丹津葩默繼續把故事說完：「頂果・欽哲仁波切夢見自己爬上一座山丘，途經一座寺院，裡頭傳來康祖仁波切的聲音。於是他走進寺院，看見很多僧人在裡面，康祖仁波切坐在法座上對僧人開示。頂果・欽哲仁波切朝他走去，說：『你在這兒做什麼？你不是已經過世了嗎？』康祖仁波切回答：『我已超越生死。』頂果・欽哲仁波切接著又問：『出於對眾生的慈悲心，你選擇轉世到什麼地方？』於是康祖仁波切給了父母的名字。大寶法王噶瑪巴也在夢境中得知轉世康祖仁波切父母親的名字。他們也發現轉世之地是『佛法的搖籃』，也就是印度。」這令人鬆了一口氣，至少不是轉世在西藏，否則根本不可能前去尋找轉世靈童。

然而，印度幅員遼闊，想找到一個這麼小的特殊嬰孩談何容易，因此他們需要更多確切的線索。最後，大寶法王噶瑪巴在芝加哥的臨終病床上給了最關鍵的那塊缺失的拼圖，也就是康祖仁波切轉世的地點，就在阿魯納恰爾邦的邦迪拉，靠近不丹的一個喜馬拉雅山小鎮。儘管邦迪拉恰好與扎西炯和康格拉谷地相反方向，位於印度的另一邊，但要找到第九世康祖仁波切已是唾手可得。小男孩被找到也被認證了，回到扎西炯坐床復位，接續前人（他自己）遺留下來未竟的宗教使命。

第九世康祖仁波切是個安靜的小男孩，內向且個頭矮小，但第八世康祖仁波切卻是高大又外向。不過在丹津葩默的心中，他仍然是她的上師，那位她深愛的人的轉世。丹津葩默第一次看到他時，他才三歲；見面時，她心裡有些惶恐、焦慮，生怕她和前世康祖仁波切的親近關係不復相同。

「我很害怕，不知他對這個『長相奇怪的西方人』會有什麼想法。我以為他可能會嚎啕大哭。」她坦誠說道。不過，事情並未如她所臆測的那樣發展。「我走進去，向他頂禮，這個小男孩開始笑了起來，脫口而出：『喔，你們看，那是我的尼師，那是我的尼師。』他很興奮，他的僧人侍者對他說：『是啊，那是您的尼師，她當您的弟子很久了。』年幼的康祖仁波切哈哈大笑起來，對著我微笑並把他的玩具給我。我們兩人追逐著四處跑，玩了一個早上。」僧人侍者說，仁波切這樣的行為舉止很不尋常，因為他見到陌生人通常很害羞且內向。

儘管年幼的祖古馬上認出了「他的尼師」，丹津葩默反而需要較長的時間去尋找這一世和上一世康祖仁波切的相似點。「他是康祖仁波切，卻又不像過去的康祖仁波切。首先，這一世康祖仁波切年紀比我小太多，而上一世仁波切卻像是我的父親，因此我們有了不同型態的關係。有人告訴我，前一世康祖仁波切小時候頑皮又搗蛋，而這一世卻非常可愛、溫和而纖弱。但是當他看著我，望進我的眼睛時，卻和前一世的仁波切一模一樣，每次都這樣凝視好幾分鐘。有時候，當我和他在一起，沒有特別在想什麼，卻會有一股不可思議的虔敬心從心中自然湧現，如此強烈而讓我不由自主涕淚俱下。」

但是，她對摯愛的第八世康祖仁波切的記憶仍歷歷在目。她很快就回到山洞，更堅定決心發憤修行。「我認為自己能報答大恩上師的唯一方法，就是修行、修行、再修行。」她說。

10 瑜伽女

或許洞外的風景壯麗，但丹津葩默內在世界的景象又是如何呢？畢竟，這才是她來到山洞想要尋找的。在這條漫長的心路旅程中，她究竟看見了什麼？是不是坐在那裡就看到某些禪觀意象，像看電視那樣？是不是沐浴在金光之中？是不是聽到了來自天上的聲音？是不是體驗到了究竟喜樂的浪潮？又或者她曾被內心的魔鬼所折磨，受到禪修等洞察力穿透表象後，所挖掘出來的深層潛意識所干擾？

從往昔獨修閉關行者的傳奇故事來看，基本上這就是在山洞生活的重點經歷。偉大的瑜伽士密勒日巴——丹津葩默所屬教派的創立者，曾住在冰冷荒蕪的山洞，經歷多年貧乏而一無所有的生活仍堅持不懈，終於到達超凡的境界。洞裡的山壁和地上，有著他禪修後深深烙印在岩石上的手印、腳印和臀印。天女不時現身帶來佳餚小食消除他的飢餓。他平常只喝蕁麻湯而變成綠色的瘦弱身軀，卻充盈著大樂。夢裡，他可以隨心所欲將身體變化為各種形態[1]，任意穿越宇宙不受阻礙；清醒的時候，他學習飛翔，高速飛越自己家鄉的山谷，令下方山谷裡耕種的農夫驚愕萬分、嘖嘖稱奇。

這位來自伯斯納格林區魚店的女兒，是否也體驗到這些呢？

沒有人會知道丹津葩默在如此多年的獨修閉關中究竟經歷了什麼，她或許有過靈光乍現的時刻，或許忍受過黑暗的歲月；她從舵顛那兒受益良多，這些謙虛的瑜伽士的功德深深感動了丹津葩默——修行人切莫顯露自己的修行能力，更別說自吹自擂了。修行的重點在於除去自我，而非加重或強調自我；此外，她的密乘誓言也嚴禁她洩漏自己修行上的任何進展，這個傳統歷來已久，自從有僧人公開顯露神通，因而被佛陀革除僧籍時就開始了。佛陀強調，轉化人心才真正算是唯一的神通。

「坦白說，我不喜歡討論這種事，這就像是討論自己的性經驗一樣，有人喜歡討論、有人不喜歡，我個人覺得這是極端私密的事。」她說。

頻頻追問之下，她勉強透露了最基本的重點：「當然，進行長期閉關時，一定會有一些強烈的體驗；有時會經驗到身體全然融化消失的覺受，或是覺得身體輕飄飄的。當一切變得非常鮮明，你也會進入不可思議的覺知和清明狀態。」

她也會有一些禪觀的境相——有時她的上師康祖仁波切會出現眼前，給她禪修上的指導，也會有其他聖者在山洞對她示現。儘管這些徵兆一般被視為象徵行者至高的修行成就，丹津葩默卻不太在意，她認為這沒什麼真實意義。

她一針見血指出：「真正的重點不在於獲得什麼禪觀境相，而是在於得到證悟。」證悟指的是當真理不再是意念或概念上的造作，而是成為真實的體悟時。只有當禪修從頭腦落實到內心，被真實體驗到，轉化才會開始發生。「了悟是相當赤裸直接的，」她繼續說，「沒有燈光和音樂的陪襯，我們要做的是如實看見事物的本貌。了悟是非概念性的，它並不是思考過程或情緒的產物，不像禪觀的境相是從那種層次產生的。了悟就像是稜柱中心通透的白光，而非環繞著稜柱的彩虹光。」

至於大樂，這是所有禪修境界中最吸引人的，丹津葩默感受過嗎？一般在家人坐在家裡閱讀修行奇人的故事時會認為，正是因為這份大樂，才讓艱難的苦行、匱乏的生活，以及缺乏舒適享受、無人陪伴等一切遭遇有了重要的價值。總之，大樂是修行人的獎賞，從丹津葩默當時的一兩張照片中，可以看到她神情充滿了快樂。

「不可思議的大樂其實有不同的形態，它是閉關的能源。」她以就事論事的語氣加以肯

---

❶ 此處說密勒尊者「夢裡可隨心所欲將身體變化為各種形態」，但在密勒日巴尊者傳中，尊者並非只有在夢裡修持時可以如此，而是在白晝清醒時也可以將身體變化為各種形態，比如與當巴桑傑大師（達摩祖師）相遇，尊者就是化現為一叢花，在路旁等待當巴桑傑到來，想試試看他是否能認出。

定。「若沒有內在的法喜，你就無法堅持長時間的閉關，因為喜樂和熱情是讓你繼續前進的動力。做什麼事都一樣，如果你不太喜歡某件事，你內心就會產生抗拒，過程中的一切也會進展緩慢，這也就是為何佛陀說法喜是修道路上不可或缺的要素。」

「大樂唯一的問題是，由於它引生的巨大喜樂超越世俗層次中包含性愛歡愉在內的一切快樂，因此人們迷戀大樂，一心追求它，於是它又成了另一種障礙。」她補充了這點，接著又以另一故事說明她的觀點。

「有次我在達和西和舵顛們在一起時，有兩位僧人正在受訓準備成為瑜伽士。有一天，這兩位僧人站在外面抖毯子，他們看起來樂陶陶的，簡直快站不住了，你可以實際感受到大樂的波浪向你席捲而來。舵顛們轉頭對我說：『你要知道，一開始修練時就是會發生這種事，你會被大樂完全淹沒，不知如何是好。一段時間後，你開始學會如何控制，將它調低到可控的程度。』這是真的。當你認識更多成熟的修行者就會知道，他們面對這種大樂不會覺得目瞪口呆、手足無措，因為他們已學會如何處理它。當然，他們已經看透了大樂的空性本質。」

「你看，大樂於其自身沒什麼作用，」她繼續說，「只有把大樂當作理解空性的一種心的狀態——換句話說，當大樂之心能夠直觀、契入自身的本質，那麼，所謂的大樂才有意義，否則，它只會變成另一個輪迴題材罷了。你可以在某個層次上了解空性，但是如果想從極精微的層次去了解空性，那就需要大樂的輔助。大樂之心是非常精微的心，由此心觀照空性，非常不同於以粗分的心去觀照空性，而這就是需要長養大樂的原因。」

「你經歷並穿越大樂，它只是旅程中的一個里程碑，最終的目標是證悟心的本質。」她強調。

她說，心的本質是非因緣和合且遠離二元的心，是樂空不二，是一種沒有了悟者的了悟狀態。了悟它的時候，它一點也不戲劇化，沒有宇宙大爆炸，也沒有來自天上的號角齊鳴。「就好像你第一次清醒過來，從夢境裡浮脫而出，赫然發現原來你之前一直在作夢，這就是為何聖者們常說，一切皆幻影。我們一般凡俗的存在是一種被遮蔽的狀態，不清明、不清晰，就像在污濁的空氣裡呼吸一樣。覺醒不是什麼震天撼地的事，它很平常，但卻極為實在。」

即使宇宙大爆炸時，也沒有發生什麼真實的事情。「起初你只是電光石火的瞥見一點點，事實上那只是修道的開端。人們經常以為有了那個瞥見就是全部了，以為他們已經達成目標。然而，當你開始看見自心本性，接著才能開始禪修它，然後，你必須穩固這個體悟，直到越來越熟悉自心本性，熟悉之後，再將它融入每天的日常生活中。」

其他時候，丹津葩默得到的啟示確然是平凡的，但在她眼裡，這些啟示卻是同樣珍貴。有一年春天，冬雪開始融化，她的山洞如常開始滲水。「山壁和地板越來越潮溼，我也不知怎的身體開始不舒服。」她敘述，「我開始想：『喔，天啊！大家對山洞的看法果然不假。』我開始感到非常沮喪。」

突然間，她最初接觸佛法時學過的佛陀教法第一聖諦，以全新的力量點醒了她。「我想：『你為何還在輪迴中追求快樂呢？』於是我的心念馬上轉變了；我恍然大悟，沒錯，輪迴即是苦（Dukka，生命根本上的不滿足）。下雪很好，我生病也沒關係，因為輪迴的特性本來就是如此。沒什麼好操心的，如果一切順利，那很好，如果不順利，那也不錯，兩者無差別。儘管這些體會聽起來很基本，但當時對我而言卻是很大的突破。從那一刻起，我沒再在意過外在環境，透過這樣的方式，山洞教了我很重要的一課，因為它沒那麼完美。」她說。

如果禪修的結果是令人感動的美好，那麼步向證悟的道路則是沉重吃力、焚膏繼晷的苦修過程，過程中需要做的事不知凡幾，而這條路又是難以想像的漫長。喇嘛上師們說，如果你用三輩子的時間就證悟，那是非常驚人的速度，因為我們手上要緊的任務就是把自己的身、語、意轉化為與佛陀相同，無二無別。因為了知這一點，藏人把這條修道發展為一門科學，每個人都能修持，但前提是具備了蘊含修持口訣的典籍內容、賦予修行授權的灌頂以及確保行者不會墮落自利深淵的正確發心；如此有了清楚明確的道路可遵循，有詳細的方向可追隨，有描繪清晰的層次可到達，每個層次也都標記了各自的特點，行者便能確切知道自己處於什麼階段。過程中，有需要留意的特定里程碑、有特殊的瑜伽修持要練習，有無數方便法門可駕馭所有感官知覺，以推動尋悟者向前邁進。這就是以心修心，以識修識，就是解開頭腦那三磅重宇宙之秘密的手上要務。簡言之，丹津葩默投入的可說始終是自古至今最重要、最有意義的探險——探索內在的宇宙。

紐約哥倫比亞大學印藏研究所的教授羅伯特•瑟曼博士，是世界上最敏銳又風趣的佛教界代表人物之一，他這麼說：「禪修者在長期閉關所進行的是高技術性的修持，並非只是單純坐在那裡和所謂的大我、高我進行交流。他們透過嚴密的方便法門層層深入，剖析自己的神經系統，超離肉身細胞而變得自覺。這有點像是你在使用Word Perfect文書處理軟體，然而你就在晶片中，卻又能自覺自己就在晶片裡。能做到這點是因為你穩固了自心，在那兒你可以深入了解到某些點和線，然後，甚至更深入它們的深層境界。

「換句話說，具備密續實修技術領悟的大乘佛教行者，變成了內在實相的量子物理學家，」他繼續說，「他們不再與粗糙的概念與知覺過程自我認同，而是深入神經層次，從神經層次內部繼續深入最細微的神經層次，或稱『超神經層次』；有這種領悟的行者，變成好比有自我意識而能察覺自己的電腦。瑜伽士直接深入機械語言的表淺層次之下，深入次原子層次之下。

「當你領會這樣的境界之後，你成就的並非某種神秘玄妙的東西，而是極為具體且高度昇華心靈的狀態，這是最高層次的進化提升，佛陀的境界即是如此——最高層次的演化。」

丹津葩默不曾對她追隨的修行方法的效力有過懷疑。「數世紀以來，西藏出了許多證悟者，就像成就者生產線一樣，以這麼少的人口來說，這是極不尋常的。」她說道。

丹津葩默是個有條不紊且態度認真的人，早在入山修行之前，住在達和西和拉胡爾的時候，她就開始了前行的修習。前行包含一些特定的儀軌，比如獻曼達，行者在裝飾著寶物的銀製曼達盤上，以供養物堆起象徵性的宇宙，將之供養給諸佛；其他還包含做五體投地的大禮拜、念誦咒語等。這些儀軌都需要重複修持十萬次，這是為了把心性準備好，讓心性調柔，才能修持接下來的深奧密法禪修。搬入山洞後，丹津葩默又重做了這些前行。她曾一度完全禁食（不過她不願透露禁食了多久）；還有一次，她做了部份斷食，同時又做大禮拜和唱誦千手觀音祈請文。無論是生理或心理上，這些向來都是極辛苦的修持，特別又是在山洞非常極端的生活條件下，一切變得更加困難。

「那時是冬天，我沒有合適的食物，我吃的食物太難消化了。斷食的時候最好吃清淡有營養的食物，因此當時身體覺得十分辛苦，我有消化不良的問題，結果變得非常虛弱。」除此之外，她拒絕深入描述當時的狀況。

然而，在心靈上她卻大有斬獲，她肯定地說：「心確實被淨化了。祈請文很優美，我的心變得極度清明與輕安，非常專注又開放。」

經過六個月的淨化修行，丹津葩默做了一個夢。無庸置疑，夢境揭露的一定比她對別人描述自己達到的修行境界來得更高深。

「我在一座監獄裡，一座有著許多不同階層的大監獄。」她開始說。「最上層的人住在奢侈的環境中，那種金碧輝煌的豪華閣樓，而地下層的人則遭受著可怕的折磨，其他住在中間樓層的人，在不同的環境條件下從事各種不同的活動。剎那間我體悟到，無論處於哪一階層，我們不過就是被困在監獄中罷了。因為認知到這點，我找到一條船決定逃亡，能帶多少人就帶多少人。我在監獄中到處奔走，告訴大家身處險境，催促他們趕緊逃離，可是不管我再怎麼努力勸說，他們似乎都被可怕的惰性緊緊鎖住。最後，只有兩個人有意願與勇氣跟我一起離開。

「我們上了船，儘管四周有獄警看守著，但我們划船離開監獄前往外面的世界時，卻無人出面阻止。到了外面的世界，我們開始沿著監獄逃離。我轉頭去看監獄的時候，仍可看見窗後的人們依舊各自奔忙，毫不關注自己的真實處境。我們沿著與監獄平行的路跑了百千哩，但這條路似乎永無止盡。我愈來愈疲累，筋疲力盡且極度氣餒，覺得自己可能永遠無法脫離這座監獄了，乾脆轉頭回返監獄好了。正準備放棄的時候，我突然想起跟我一起逃出來的兩個人，他們把希望寄託在我身上，我若是放棄，他們也沒救了，我不能讓他們失望，於是，我繼續前進。

「不久，我們來到一個T字路口，道路另一頭的景觀截然不同，看起來像是一個郊區，房屋排列的工整勻稱，房屋周圍有著花草藩籬和樹木。我們來到第一棟房子，敲了敲門，一位和藹慈祥的中年婦人來開門，看著我們說：『喔，你們是從那個地方來的，沒多少人能從那裡逃出來，你們現在安全了，但你們必須先換衣服。雖然再回去那裡是件危險的事，可是，你們必須幫助其他人，讓他們也脫離那個地方。』這時，我滿腔熱血地告訴那位婦人說：『我試過了，但沒人想跟我一起來。』婦人回答：『這次，具有大力量的人會幫助你。』聽到她這麼說，我答道：『我願意奉獻自己，與這些具有力量的人合作，以便幫助所有眾生得到解脫。』

「這時我醒過來了。那位郊區中年婦人的影像讓我愉快地咯咯發笑。」

這個夢境非常清晰。在丹津葩默的潛意識中，她誓願帶領眾生逃離輪迴的大監獄——直到獲得證悟的永恆解脫之前，眾生都困在這個命中注定要受苦的地方。她似乎也把菩薩無條件利他的精神內化於心了。

沒做前行修持的時候，她就練習「止」的禪修，這是一種禪修方法，訓練行者一心專注在一個對境上，不受干擾。據說瑜伽士可以如如不動維持這種狀態好幾天、幾個星期、甚至幾個月，全神貫注在自己內在實相的奇景中。「止」或「三摩地」，是洞徹實相本質和了悟究竟真理不可或缺的修練，然而這也極其困難。我們的心習慣到處舞動，從一個偶然的念頭跳到另一個念頭，從一個幻想跳到另一個幻想，與自己喋喋不休地對話，花費大量力氣在永無休止的瑣事上。他們說，心如同一匹野馬，需要控制與訓練；當自心的能量可被駕馭，像雷射光束一樣能集中在一個目標上，它的力量將變得巨大無比。終究而言，這個方法是深入挖掘到內心深處，打開埋藏其中的巨大寶藏所需的高能工具。

「想要任何修持發揮作用，」丹津葩默說，「禪修的心和禪修境要合而為一；此二者通常是彼此相對的，所以需要進入全神貫注的禪定，然後轉化才會發生。覺知會自然而然從頭腦落到心性中，達到這種境界時，心就打開了，不再有『我』的存在。這就是解脫。當我們能以此為核心，而不是以頭腦來生活時，那麼無論做什麼，都會任運自然且恰如其分，同時也會展現出巨大的能量，因為能量不會再像以往卡在自我的介入中而受阻，我們會變得更喜樂而輕安，因為我們回到了源頭，也就是心，而不是在頭腦中漂流起伏。現代科學方法過份強調頭腦，使得我們與心隔絕了，這就是為什麼有那麼多人覺得生命沒有意義且枯燥無生氣。」

在圓滿所有前行修持之後，丹津葩默便著手進行修持的核心，也就是密續，這個有如煉金術般的過程，能確保行者得以轉化而達到全然覺醒。若說修持的結果是神奇的，達到此結果所需的功夫卻是極其乏味的，有人或許會說是窮極無聊。正式在山洞閉關時，那些歲月裡的每一天，她坐在禪修箱裡，每天反覆做著令人疲累的例行：清晨三點起床，進行第一座三小時禪修；清晨六點吃早餐（茶和糌粑）；八點再回到禪修箱進行第二座三小時禪修；十一點吃午餐以及休息；下午三點回到箱子進行第三座的三小時禪修；晚上六點喝茶；晚上七點進行第四座的三小時禪修；十點上「床」睡覺——睡在禪修箱裡！總之，一天共有十二小時在禪修，日復一日、週復一週、月復一月，如此持續了許多年。讓人啼笑皆非的是，這位已經脫離世俗的女性，卻用一個時鐘排定她的修座時間，過著和工廠作業員一樣有規律、有組織的生活。

對於這種極其乏味而千篇一律的單調生活，丹津葩默從不覺得無聊。「有時我會想，如果一天必須看四次相同的電視節目，我大概會煩到撞牆，」她坦白說。「不過閉關時，會逐漸出現某種模式——起初你會覺得新鮮有趣，接著有一段時間你會開始覺得極其無聊；然後，你又進入第二回合的熱誠投入，此後禪修變得愈來愈吸引人；最後，你發現修行比一開始更加有趣吸引人，即使你每天得重複做四次相同的事，連續做三年，閉關的過程就是這樣——而這是因為，種種教導開始逐漸顯露真正的意涵，你一層又一層發現其內在精髓，因此，最後你會比起初更加投入、更徹底地認同它。」她說。

對於自己究竟在修持什麼法門，她刻意語帶保留，只暗示說：「我所修持的是源自佛陀的古老傳統修持，佛陀對許多大師開示這些法門，大師們了悟這些方法之後，將這些法門記錄了下來。其中包含許多觀想和內瑜伽的練習，基本上就是運用自心的創造性想像力，轉化內在和外在的一切事物。這種創造性想像力本身就是不可思議的強大力量，若是以正確方式引導它，它將能到達極其深層的心性，這是無法透過語言或分析而進入的境界。因為，在深奧的心靈層次中，我們用的其實是圖像式思考，因此，如果修持所用的圖像是由證悟心生起，那麼，它就可以解開心的最精深層面。

「你所面對的其實是自己最深層特質所反射出來的意象，」她繼續說，「這些是自身佛心的反射，因此它們是一種善巧方便，能將我們帶回自身的本貌，這就是為什麼修持後會出現一些現象、會有覺受產生。」

或許是因為東倫敦的生活教育了她在逆境中保持樂觀，給了她生命的韌性，或許是因為她的心理素質異常安定、少有失衡的神經質，又或許基於某些原因，她天生就傾向到山上獨修。但丹津葩默表示，在那兒她從未有過心靈的暗夜，從未遇到傳說中其他遁世者遭遇的魔鬼，憑空冒出來折磨她或嘲笑她。她不曾受過發狂之苦、沒有妄想症，也不曾有過懷疑和沮喪的煎熬；而似乎連最「神聖」的男隱士也會遭受淫慾的攻擊，但是，她連一剎那都沒有、也不曾成為淫慾鈎鉤的獵物。聖耶柔米[2]曾在深深的悔恨中狠狠鞭笞自己，他呼喊：「我發

---

[2] 耶柔米（St Jerome），天主教譯聖熱羅尼莫或聖葉理諾，也譯作聖傑羅姆（約西元三四二年－四二〇年；英文名為Jerome（往昔稱為Saint Hierom），他是古代西方教會領導群倫的聖經學者。

現自己身邊圍繞著一群跳舞的女郎，我的臉色因為禁食而蒼白，但儘管四肢冰冷，我的心卻慾火中燒，淫慾的力量在我面前不停湧現。」

這些都不曾發生在丹津葩默身上。「我沒有遇過特別糟糕的事，或許是因為我沒有經歷過受創的童年。從這點來看，我真的很幸運。」她說。

或許她未曾遭逢戲劇性的修行障礙，但是，她表示自己也並非都安然無恙，各種意想不到的困難就在那兒，同樣具有致命的危險，這是不可避免的。閉關時，沒有社交生活來分散注意力，沒有需要履行的某種角色或責任，沒有任何人牽引著她的情感，在那兒，所有面具都脫落了，現在鏡子就矗立在她面前，鏡裡所投影的，並非總是令人感到舒服的畫面。「閉關的時候，你赤裸裸看見自己的本性，你必須面對它、處理它。」她說。

「我或許沒有深重的業障，但這並不表示我沒有問題，只是沒那麼顯而易見，所以就更難捕捉到這些問題。」她娓娓道來：「進入修行時，你開始看到修行應當是怎麼回事，而當它沒有實現時，你會開始問自己『為什麼？』。以我來說，我要處理的問題是怠惰，一種基本的惰性，那是我主要的問題。它很狡猾，不像面對如虎如狼的憤怒和慾望等這類能正面交鋒的問題。我的弱點比較隱伏弔詭，它們躲在更下層，因此更難見到。」她很坦承地說道。

丹津葩默所謂的怠惰，並不是那種閒閒坐著無所事事的安逸、懶散或是做些無聊的瑣事，丹津葩默絕不可能犯下這種錯誤；相反的，她所說的怠惰屬於更細微的層次。「行者知道如何修行，顯示行者絕對有修行的能力，但他卻甘於只達到二等或三等的結果，這就好比在學校拿到進步獎一樣，表示他並沒有全力以赴，這是很低程度的努力，比起壞脾氣來說，這是更嚴重的問題。我知道自己曾經有真正全神貫注的時候，當時所得到的結果甚至令我感到驚奇。」

在山洞裡，除了在禪修箱靜坐禪修之外，休息時間她也會描繪莊嚴的佛陀和菩薩畫像，以自學的優美書法幫自己的寺院謄寫經文；同時，她也保持這輩子一直以來的習慣，大量深入閱讀自己手邊能取得的所有佛陀教言或各種法教開示，包括其他教派的教言——這極為不尋常，因為大部份西藏佛教徒從不研讀自宗之外的典籍，這種學習態度為她日後帶來了難以想像的利益，她也一再透過這件事來支持自己（下述）的一個論點。

她接著提出建言，說：「我認為，對於來自完全不同背景的西方人而言，真正去學習佛陀開示的佛教根本教言很重要。你若讀過最早期的原始經典，就會知道，早期上座部傳統是最根本的基礎，從這個基礎才有了之後衍生的所有佛教傳統；如果缺乏對這個基礎的理解，就無法真正了解和珍惜延續而來的各種教言。身為西方佛教徒，我認為我們對佛法有著一份重責大任。」

奇特的是，在她堆積如山的佛教書籍中，卻藏著一本關於基督教的書，那是里修的聖德蘭（St Teresa of Lisieux）的自傳。雖然丹津葩默對基督教通常有點反感，卻被這位法國聖人深深吸引。聖德蘭年僅十五歲就進入加爾默羅修道院，二十四歲便去世。丹津葩默讀了聖女的傳記許多次，可以隨口引述傳記的內容。

「諷刺的是，聖德蘭所寫的《神嬰小道》與我所修行的『道』是風馬牛毫不相干。但是，我喜歡她是因為她很明智。有時她在禮拜儀式中睡著，可是她從不擔心，上帝會接受她就是她。她也從不擔心自己的過錯，只要知道自己有把握住正確的祈願或志向。她有一種特質，就像一隻小鳥四處扒掘尋找種子，凝望著太陽卻不飛近它；她明白自己無需這麼做，因為即使像鳥這樣的小小生物，陽光也煦煦普照。她整個心境都非常美好，她形容自己是無人注意的路邊『小花』，但小花本身就是完美的小花。對我來說，那就是她所要表達的主要信息——即使透過微不足道的方法，我們也可以實現自己的目的，即使從微不足道的事物開始，我們也可以成就偉大的事物。」

她繼續說：「聖德蘭這個人物十分有意思，因為從外在來看，她不曾有什麼豐功偉業，她沒展現過神蹟，沒見過什麼神奇的境相，但是她卻極度虔誠。不管怎麼說，她肯定是個特別的人，因為修道院院長要她寫下自己的故事，這真是極不尋常！有一張照片拍下了她過世的時刻，照片上的她看上去非常幸福，她曾說要在地上行天堂之善。這其實就是菩薩的祈願——你不是懶洋洋地在天堂唱頌讚歌，是起身積極行善。」她說。

丹津葩默或許遠離了世俗，但並不代表她把所有人都遺忘了。多年來，她與形形色色的許多朋友長保聯繫，但有些人她已多年沒見。沒進入嚴格閉關時，她會做一個忠誠的朋友，回覆所有朋友的信件，這些信件都是慈仁•多傑運送補給品時順道帶來的，有時候信件多達六十封。在她眼中，這些友誼都是生命中的「寶藏」，她說：「我遇過好多真正美好的人，對此我永遠心存感激。」

丹津葩默祈禱和觀修的對象也包含她的朋友、家人以及許多不認識的眾生。「你自然就會觀想所有眾生都在身邊，如此一來，他們都能分享得到所產生的一切利益。」她說道。這也是菩薩戒的一部份，因為如果沒帶領眾生到相同的境界，真正的證悟也不可能體現。如果知道遍佈輪迴一切處的無數眾生正受著無窮盡的悲慘痛苦，我們又如何能真正快樂起來呢？

被公認為西方最偉大的大師愛因斯坦也知道此道理：「人類是我們所稱的宇宙的一部份，而且是受到時間和空間限制的部分。人經驗自己、想法、感受時，覺得這些與其他一切都是分離，是自己意識上的一種光影幻覺。這種迷妄的幻覺對我們而言就像是監獄，將我們綑綁在個人私慾、以及只對少數親近者的關愛中。我們的任務就是擴大慈悲心，擁抱所有眾生與整個大自然本身的美麗，如此把自己從這個監牢中解放出來。」他同樣也用了監獄的譬喻，和丹津葩默的夢境如出一轍。

丹津葩默對祈禱的效用堅信不移。「事實上，我們不需要成為偉大的瑜伽士才能幫助他人，修行本身就具有強大的力量和加持。」她表示。「我相信有數不清的眾生正體現著智慧與愛，始終散發著光芒，始終樂於提供幫助，我們只需要敞開自己。你當然可以向佛和菩薩祈求，但最好別祈求在聖誕節收到一輛腳踏車，而是應該祈求能讓心花綻放的靈性有所成長；如果只是想要腳踏車，可以向層次較低的神祇祈求。這就好比退稅時我們不會寫信給首相，寫給職位次要的官員就可以了，但如果你想阻止戰爭的發生，那當然得寫信給首相。」她說。

丹津葩默在山洞生活了十二年，靜坐禪修箱裡不斷內觀，經過這麼長時間的禪修，她的心靈昇華了嗎？

「世間所有事情都一樣，熟能生巧，如果練習得夠久，那就會愈來愈容易。舉例來說，如果你在學鋼琴，起初手指很僵硬，常常彈錯音符，非常笨拙；可是，如果持續不斷練習，就會愈來愈上手；話雖如此，就算鋼琴演奏家善於彈奏曲子，他仍得面對自己的困難。這些難處或許是在更高端的層次上，或許對其他人來說並不顯著，然而，演奏家知道自己的問題所在。」她如常謙虛說道。

到頭來，這一切值得嗎？經過長時間超乎尋常的努力，經歷許多困難、自律的生活、出離世俗的一切，最後她得到了什麼？丹津葩默不假思索，如閃電般迅速回答：「重點不是得到了什麼，而是失去了什麼。就像是剝洋蔥一樣，你必須這麼做。我所追尋的是了解何謂圓滿，現在，我體悟到從某個層次來看，我們從未離開過它；只因妄念的緣故，我們看不見自己原本擁有的東西。你的體悟愈深，愈能體會其實沒有什麼需要了悟。覺得自己『必須到達某地、需要獲得某樣東西』的這種想法，就是我們的根本妄念。哪有一個誰在那裡要獲得什麼呢？」

11 女性之路

丹津葩默就這麼證明那些人都錯了。儘管困難重重，這位來自伯斯納格林有著藍眼睛的瘦弱女性，竟然在生活條件最嚴苛的山洞存活了下來，以女性之身進行禪修，英勇朝向證悟而去。她或許有顆堅定的心、有著鋼鐵般的意志，但現實中，她的尋道過程所能得到的鼓勵卻少得可憐。問題在於，她只能靠自己獨自走在未知的領域中，沒有活生生的傑出女性修行者可以效仿，沒有走過此道的女性上師讓她尋求指導和支持，沒有專門給女性證悟者指出道路的地圖，標繪出道上可能出現的危機和喜樂，也沒有發光的女達賴喇嘛可以告訴她，至高無上的女性靈修境界究竟是什麼樣子。

她手中握有什麼籌碼可以走完這條路呢？當然，有許多女性佛菩薩的圖像或塑像，呈現了認同女性得到證悟的敬意，例如受人喜愛的聖度母，臉上掛著寂靜安詳的微笑，單足往前跨出，隨時準備向求助者飛奔而去。丹津葩默在拉胡爾托缽時，常常對村民唱誦聖度母禮讚文，村民們則以青稞粉作為回報。人們是多麼喜愛聖度母啊！遭受巨大悲痛時，人們想到求助的對象就是聖度母，因為聖度母這樣的女性本尊，一聽到眾生的呼救聲，便會馬上付諸行動；聖度母是慈悲的行動體現，據說是由男性觀世音菩薩的眼淚所化現——觀世音菩薩見到所有眾生遭受痛苦，當時卻改變不了現狀，因而流下悲憫的眼淚，於是眼淚化為聖度母。據說聖度母是首位證悟的女性，由此而聞名於世，因為見到廣大的諸神之廟充滿男性佛菩薩、卻缺乏女性佛菩薩，聖度母被此現象所驅策。「許多人以男身成佛，但只有極少數人以女身成佛。我發過菩提心，誓願以女身持續走在證悟的道路上，並以女身成佛。」據說她語帶挑戰如此宣稱。

還有勇猛的金剛瑜伽女，身色亮紅，驕傲地裸身站立於火圈之中，雙乳結實挺立，雙腿分開跳著神秘的舞，這是一位充滿活力的女性，她是所有現代女性都能欣賞認同的對象。金剛瑜伽女是自己國土中的女王，不為任何人代禱[1]，這是對一位女性的地位極不尋常的盛讚（基督教天后聖母瑪利亞被譽為重要的代禱者）。在所有密續本尊之中，就屬金剛瑜伽女極

❶ 代禱一詞英文為intercession，根據拉丁文字根inter（介於、中間）和cedere（前往），意即「前來站在中間，或站在破口，堵住破口」。神尋找能站在祂面前，堵住破口的，也就是代禱的人。天主教相信，聖母瑪利亞因著她是耶穌的母親，更因著她在十字架下與耶穌同做奉獻，使她在耶穌和天父面前成為有力的代禱者。天主教會和信友在祈禱時，常請聖母代為轉求。（參考來源：南灣愛修基督教會、國家教育研究院辭書）

其獨立，因此畫像中的她沒有配偶，相反的，她把神秘愛人當作儀軌用的法器，如背包一般掛在肩上帶著，只在舉行儀式聖典需要時，才將他化成活生生的人。

華美莊嚴的觀音菩薩之所以稱為「觀世音」，正是因為菩薩聞聲救苦，護念一切眾生的慈悲之心；此外還有偉大的諸佛之母般若佛母，她強大且穩固地端坐其蓮花寶座上，象徵的是究竟智慧，萬事萬物皆由此而生。除了這些本尊之外，還有其他許許多多佛菩薩。

儘管這些女性佛菩薩受到愛戴和崇敬，卻沒有跡象顯示祂們曾是人類。因此，她們終究停留在理想人物的原型層次，是人們心中的一種女性偶像，永遠是一種完美而遙不可及的狀態。

此外，也有一些神奇的傳說，描述生活在雪域少數女性的故事，她們很有膽識，修行成就殊勝高深，在那樣過度的威權文化中，更顯得出類拔萃。這些女勇士們具備了能成為這種角色的所有先決條件，她們靈性極高、極其獨立，且具有驚人的勇氣對抗自身文化的社會習俗，最特別的是專一決意達到證悟，矢志不渝。她們的行儀事蹟被編入民族傳說中，點燃了鼓舞人心的明燈，訴說著女性成就的一切可能性。

歷來最有名的女性修行典範就是伊喜措嘉，她被稱為空行母或空行舞者。西元七百五十七年誕生於貴族之家，年幼即顯現了宿世修行的一切徵兆，她曾公開表示自己想即身成佛。這個心願讓她拒絕了父母安排的世俗婚姻，因為她想要利用「珍貴人身」做更重要的事，而不是與配偶在閨房糾纏過一生，於是，怨恨的追求者和蒙羞的父母把怒氣出在她頭上。後來，幾經因緣的浮沉變化，她終於遇見拯救她一生的人——蓮花生大士，他被公認是將佛法從印度傳至西藏的人，許多追隨者尊崇為佛❷。蓮花生大士不僅成為伊喜措嘉的指導者和上師，也是她的秘密情人。伊喜措嘉對蓮花生大士的愛是如此熱情、虔誠、奔放而毫不壓抑，他們神聖結合的細節，被詩意地描述並隱藏在密續的隱喻中：

> 毫無世俗的羞愧或禮教，我，措嘉，歡喜、虔誠地準備了秘密的曼達拉，供養我的上師。他慈悲的笑容放射出五重光芒，光明遍照所有微觀宇宙，然後光芒又收攝回到他臉龐，發出「咂」（DZA）和「吽」（HUNG）聲，迎請本尊；光芒傾瀉而下，通過他的身體，他的秘密金剛杵怒舉，然後他化現為穢跡金剛，與寧靜的蓮花在究竟的和諧中合而為一。

儘管在狂喜之中，伊喜措嘉未曾忘懷自己的目標，她懇求愛人教導她「超越因果的聖言」，蓮花生大士順應了她的懇求。然而，身為空行母的她即將發現，胸懷大志的女性也和

❷ 沒有蓮師，西藏就沒有佛法，因此藏人將蓮師尊崇為「第二佛」。

任何男性一樣，得受到相同嚴厲的考驗。為了訓練自己，她在許多山洞中生活過，承受最極端的苦行修持：她在暴風雪之中裸身靜坐修練，試著生起神秘的燋火，直到皮膚凍到起水泡；她捨棄人間粗食，直到學會「食氣」；她不停磕頭作大禮拜，直到額頭皮破見骨；她經常瀕臨死亡邊緣，但仍堅持不懈。最後，她的不屈不撓終於得到了回報。

伊喜措嘉的教言由撰作其傳記的達香．弩丹．多傑所記述，由凱思．多曼翻譯為引人入勝的《天空舞者》(*Sky Dancer*) 一書，內容描述了苦行帶給伊喜措嘉的昇華境界：「我轉化為清淨法性，向無盡宇宙的一切眾生闡明存在的價值和意義；我獲得了內在俱生的力量，能自在了悟和運用佛的一切功德。」

此後，伊喜措嘉修行成就的榮耀完全展露無遺，她所到之處（記載中顯示她的足跡遍及西藏和尼泊爾），人們對她的智慧、慈悲和超自然力量讚嘆不已。她可以穿過堅固的物體，乘坐太陽光束上，甚至在空中漂浮；有一次，她還讓一位尼泊爾商人的兒子死而復生。她用食指指著商人兒子的心臟，直到心臟發光，血液再度在血管中流動。不過，伊喜措嘉與西藏古老的原始宗教苯教教徒進行修行對決時，才真正展現了實力。她以蓮花坐姿雙盤的姿勢，漂浮於眾人面前，每個指尖都噴出火輪，震裂附近巨大的岩石，並像揉捏奶油一般把岩石塑成各種樣子。她的最後一擊是向黑法術咒師猛力劈下閃電，徹底夷平他們的住所。那些不信者都轉變了，認為女性若能具備如此高超的能力，那麼佛陀的力量肯定極其強大。

伊喜措嘉不只是殊勝大修行人的情人，也是一位有智慧的女人。她將蓮花生大士所有教言彙編出來，其中許多教言被隱藏為伏藏，留待後世發掘而從中獲益。彙整數以千計的典籍是一項龐大的工作，而且，以當時那個年代的女性而言，文盲是常態，因此這項成就更是不同凡響。

從個人修行的層面來看，她的影響力也同樣巨大深遠，她優美且充滿力量的教言不僅觸動國王、皇后和大臣，以及蜂擁而來聆聽她教導的群眾，甚至連想傷害她的人也受到感動；她曾在受到七位強暴者加害的事件中，對他們唱了這首歌：

> 我的孩子們，你們遇到了崇高出眾的伴侶，大佛母，
> 由於累積福德資糧的功德，你們意外得到了四灌頂，
> 請全神貫注在四喜的演化。

不用說，伊喜措嘉面對暴行的反應，使攻擊者完全卸下武裝，旋即成為她的弟子。

伊喜措嘉施捨食物給飢餓的人、施捨衣物給窮人、施捨藥物給病人，把身體給予任何需要的人，她甚至曾因悲憫一位孤獨絕望的痲瘋病人，而與他結為連理。然而，伊喜措嘉的生平故事真正有力量、令人信服之處，在於其中也描述了她已達到佛果的成就；因為在這個範

例中，所有性別偏見已然消除，賦予了女性與男性並駕齊驅的精神地位，這是靈修領域中光榮的時刻。有趣的是，伊喜措嘉的故事，與佛陀釋迦牟尼證悟過程中發生的一連串事件，有著明顯的雷同。如同佛陀坐在菩提迦耶的菩提樹下禪修時，大幻術者天魔施展各種招數最後一搏，試圖在最後一刻阻止佛陀獲得證悟一般，空行母伊喜措嘉在藏地山洞中，全神貫注於禪定時，魔鬼也對她展開全力攻擊。不過在伊喜措嘉的版本中，故事顯然是轉向了女性主義的角度；佛陀被性感的女子誘惑，而伊喜措嘉則是「被英俊迷人的年輕男子所引誘，他們俊美帥氣、膚色美好發亮，全身散發著慾望，身強體壯又有才幹，女人只消看他們一眼就會感到興奮」。當然，伊喜措嘉毅然決然拒絕了所有誘惑，就像是佛陀拒絕那些艷麗的女子一樣。最後，她終於達到自己的目標。

那一刻，蓮花生大士大加讚揚伊喜措嘉，他這一席話不僅反映了伊喜措嘉成就的榮耀，更令人訝異的是，也同時揭示了女性達到崇高境界的更高優越性：

喔，通達密續的瑜伽女，

儘管男女的粗分身是同等根器，

但若女性懷有強烈的祈願，則擁有更高的潛力。

無始以來，妳從善行和覺性中累積了福德，

而今，妳圓滿無瑕，具備了佛陀的功德。
崇高的女郎，妳是人間菩薩——
我說的就是妳這個快樂的女孩，不是嗎？
現在妳成就了自身的證悟，
應開始為他人服務，為其他眾生的利益服務。
我很確定，像妳這樣非凡的女性，不曾出現在世上，
前無古人，今無同類，後無來者。

伊喜措嘉於西藏中部的紮卜峰，乘著狀如八辦蓮花的光轎離開世間，當她的肉身逐漸化為明光時，人們仍能聽見她脫離肉體的聲音，流洩出最後的智慧之語與大樂的歡喜。

儘管伊喜措嘉的故事極為鼓舞人心，且留存了數量豐富的詩歌，然而，她的故事發生於一千三百年前，其中究竟有多少可信呢？歷經數個世紀，故事難免會被象徵性或誇張的說法所修飾，因此對多數西方人來說，天空舞者或空行母一詞代表的更多是一種譬喻，而不是真實的女性。對丹津葩默而言，伊喜措嘉的故事當然沒什麼幫助。「對我來說，她沒有任何意義可言。」她說。

藏傳佛教有另一位偉大的女英雄瑪姬拉準，她的故事則更具可信度。不過她屬於完全不

同的年代，生歿於西元一千零五十五年至一千一百四十五年之間；她創立了藏傳佛教中最重要且廣為流傳的其中一部儀軌，迄今仍為人們所修持——斷法或稱施身法❸，單就外在層次來看，斷法的修持方法讓人感到毛骨悚然，其修行要點包含行者需於夜闌人靜時，獨自進入屍陀林或是墓地，那兒有著腐爛的屍體，在重重屍臭中，行者觀想自己的身體從眼睛、腦……到內臟，一步步被肢解，肢解完畢後，再觀想把這些都放入鍋裡烹煮，供養所有眾生，滿足他們的一切渴望。藏人或許看似狂野不羈，喜歡浮誇的傳奇故事，但斷法卻蘊含極為深奧的意義。透過表面看似陰森可怕的觀想，行者所修持的是捨棄最執著之物——身體，將身體剁碎，放入神聖的器皿中，轉化成為甘露，再供養給一切有情眾生；因此之故，斷法成為斷除我執的究竟修行，是無我的最高行持。

當時，瑪姬拉準的天賦異秉無可避免地引起長老們的注意，由於嫉妒和恐懼，他們決定在公開的辯經場上舉行修行辯論，以此挑戰瑪姬拉準，希望讓她的名聲徹底敗壞。辯經是藏傳佛教的特色，所有學者聖人必須在辯經場上證明自己的論點，然而他們的計謀發生了戲劇性的逆轉，讓他們事與願違。故事敘述了瑪姬拉準如何在學識和修證上徹底擊潰這些男性對手，奠定了她身為西藏重要修行人物的永久地位。

然而，對現代女性來說，瑪姬拉準的故事更是特別有意思，因為她結合了修行志業、婚姻和孩子；但是，相較於大部份擁有這些附加物的女性，她卻不執著這些，對養兒育女也沒有顯現出特別執著的責任感。每當她想在修行上更進一步時，就快樂地漫遊到山洞禪修，把兒女留給他們的父親照顧長達數月之久。她眾多成名事蹟中最重要的一項，便是創立了自己的傳承，以兒女作為傳承的持有者。瑪姬拉準九十九歲時圓寂，傳說她到了空行淨土。

十三世紀有一位淳樸的女孩覺姆曼嫫，發生在她身上的事蹟是女性神祕主義者更典型的命運。根據傳說，她突然在夢境中見到空行母伊喜措嘉，從她那兒得到了甚深智慧，她把這些傳授給所有向她詢問的人。一如既往，這又引起了喇嘛們的憤怒，污衊她精神不正常。覺姆身心交瘁，於是四處流浪且拒絕開口說話，但是她以一種「秘密方式」利益了數不清的人，也就是說，她本身的存在或出現就有著一種純粹的力量。而透過幕後或隱密的方式達到成功，正是所有文化中女性普遍使用的做法。

儘管瑪吉拉準和覺姆曼嫫都是重量級人物，但是對丹津葩默的生活而言，她們還是太遙遠了，對她的生活沒什麼實質的影響力，對她身為女性尋求證悟的任務也沒有幫助。然而，有那麼一位女性，確實給了丹津葩默一些啟發——也就是與她相同年代的阿育康卓。她不平凡的故事由自己口述主要細節，當時仍健在的上師南開諾布仁波切[4]將之紀錄下來。南開諾

---

[3] 普遍譯為「施身法」，但實際上藏文儀軌名稱是「斷」，以此斷除一切執著。

[4] 南開諾布仁波切已於西元二〇一八年圓寂。

布仁波切當時居住於義大利。南開諾布後來將這故事給了竹清・亞里昂（Tsultrim Allione），她又把阿育康卓的故事寫入自己的書籍《智慧的女性》（*Women of Wisdom*）。南開諾布仁波切遇到阿育康卓時，她已經一百一十三歲，但外貌年輕，一頭長髮，髮尾仍然烏黑，當時她仍持續在教學和給予秘密灌頂。

阿育康卓的故事，除了她對修行生活有著異於常人的投入與奉獻之外（而且婚姻生活確實令她生病），也因為「蛋形岩」而受人關注。據說蛋形岩的首次出現是在她夢境中，但是她花了好幾個月尋找之後，真讓她找到了，不過通道卻被洶湧氾濫的河水所阻隔。阿育康卓在河邊紮營，看著對岸的蛋形岩，她決心等河水消退。第三天夜晚，她夢見湍急的河上化現了一座橋，讓她得以渡河過岸。醒來之後，莫名其妙發現自己竟已出現在河的對岸。

然而，與接下來發生的事相比，上述最離奇的事卻又相形失色。阿育康卓找到蛋形岩之後，經由山洞進入蛋形岩中，裡頭漆黑一片；她住在那裡禪修了七年——如果想成就著名的「明光身」，矛盾的是，卻需要處於全然的黑暗中。

她的努力確實得到了回報。西元一九五四年，一百一十五歲的她無疾而終，據報導，她的外在呼吸停止後，身體維持了兩個星期的禪修姿勢，沒有腐爛而是縮得非常小，如同丹津葩默的上師康祖仁波切一樣，她在自己的死亡中示現了極高的修行境界。

少數這些女性或許令人受到鼓舞啟發，但是對丹津葩默來說，實際上的幫助不大，因為，她們住在那麼遙遠的地方，年代又如此久遠。若想知道女性行者的功德特質是什麼樣子，她就必須開展自己的探索之旅。經過多年的山洞生活，她對女性的強項和弱點做了一些歸納：

「對我而言，特殊的女性特質（當然，許多男性也有）首先是敏銳，一種明確清晰的心，能夠直接穿透，特別是斬斷概念思想的僵化，它很銳利且切中要點。我認為空行母本源代表的是直覺力，女性瞬間就懂了，她們對概念性討論不感興趣，她們通常會覺得這些很枯燥冰冷，一點也不吸引人；對女性來說，這麼做實在太耗費時間了，她們直接走後門！這顯示女性的方式比較務實，不像男性那麼抽象化、空泛而不切實際。她們想知道的是『我們能怎麼做？』她們不著迷於理論和概念，她們希望能夠實際身體力行去實踐。」她說。「般若波羅密多當然是女性，」她補充道，此處指的是般若佛母。「她是圓滿智慧，能一概斬斷我們企圖把事物變得牢固定著的概念和欲望。我們總是不斷在累積概念，也企圖讓概念變得更具體固著；般若佛母則不斷穿透、斷除、穿透、斷除。她穿透一切，讓事物回歸到赤裸的本質。

「同時，女性又有照養他人、柔軟而溫和的特質，比男性更容易投入感情，這使她們更容易發起菩提心。慈愛是女人的天性，這是因為母性的緣故；母親隨時準備為兒女犧牲，這種情感衝動可以拓展到所有眾生身上。再一次強調，這個關鍵在於感性的部份，而不是理性；這些並非只是有用的特質，而是最根本關鍵的特質。

「女性行者的能量也非常迅速。譬如聖度母，我們不必是偉大的瑜伽士就能和聖度母溝通，她就在那裡！聖度母就像母親一樣，動作必須非常快速，不能等到孩子長到某階段才給他關懷和慈悲，而是從孩子一出生像條蠕動的小蟲開始，就必須守在孩子身邊。無論孩子是好是壞，她就在那裡守護著他。

「而且女性通常比男性更迅速獲得拙火的經驗。」她說的是能透過禪修而生起的著名「神秘內熱」。「這跟我們的生理機能有關。密勒日巴在生起拙火和大樂上遇到許多障礙，但是他的女弟子蒞瓊瑪僅在三天之內就獲得所有經驗。因此，許多喇嘛上師都說女性特別擅於修持拙火；女性不僅能生起大樂，也比男性更善於掌握大樂。不過，對我來說，我不會稱自己是修持拙火的女瑜伽士，那不是我主要的修持。」

若說女性有女性的優勢，當然也有作為女性的弱勢與缺點。女性在修行道路上遭受最大、最陰險惡劣的汙名，就屬月經了。這真是個詛咒！放眼全世界，在大多數男性宗教神職人員眼中，月經使女性不潔，所以不適合成為較高神職服務的人選。因此，世界上有許多地方都曾頒布命令，不准女性在月經期間進入寺廟聖地，任何神職人員也不得碰觸她。如果女身想轉化成聖軀，這種指責當然造成了需克服的莫大障礙。而就更甚深嚴肅的層次來看，對精進認真的女性行者，人們說月經會對她的禪修造成破壞，因為它讓女性行者變得易怒、不理性、痛苦，以及經前症候群等等，這些都被認為會干擾她的專注力和內心的平靜，因此人們說月經是女性行者達到心靈究竟證悟的最大障礙之一。

走在相同靈性道路上的丹津葩默，卻完全沒遇到他們所說的這些障礙。「賀爾蒙對我而言並不是障礙！我自己不曾被月經影響，我認為所有關於更年期或是經前症候群的說法都只是為了小題大作。此外，我發現男人常常比女人更情緒化；所有人類的心情都會波動，但這不表示你一定要執著其上。」她以一貫實際的口吻說道。

「不過，確實有位喇嘛上師告訴我，女性最主要的問題在於她們的心反覆無常，老是起伏不定，因此禪修時更難達到禪定。但他同時補充說，如果女性學習去檢視這股能量，她的修行會進步神速，而且比男性更快，因為有了這股不斷累積的能量，但沒被耗損掉。事實上，許多喇嘛上師都說過，一旦女性開始禪修，她們的禪修經驗遠比多數男性更快更高。然而，此處再強調一次，由於多數女性不太有興趣自己著書立說或公關宣傳這些觀念，因此大家一般並不會知道這些。」

渴求舒適的物質生活是女性另一個主要缺點，丹津葩默也沒有這個缺點，但她這種女性很少見。嚴苛惡劣的生活條件是所有進階修行訓練中無可避免的一部份，使得許多女性追尋者望之卻步。伊琳娜・特威迪是偉大的蘇菲派老師和《火之深淵》（*Chasm of Fire*）的作者（此書是她自己的修道日記）。書中她承認，她老師居住的印度村莊的酷熱、噪音和塵土常讓她覺得很崩潰。老師要她放棄她擁有的一切，包括金錢，這只讓她的生活更加悲慘且更不舒適。

「我們女人需要舒適的生活條件、需要安全感、需要愛，需要這個需要那個，我們女人的需求真是無窮無盡。在西方社會，要男人放棄一切比要女人放棄一切容易多了。我知道，因為我自己這麼做過，所以我有資格這麼說。」她過世之前，在北倫敦的家中這麼說道。「妳看，女性需要的訓練方法不同於男性；男人必須學習控制自己的性慾，女人則必須克服對世俗物質的執著。我們女性的訓練是脫離執著，女性覺醒時，她將完全不再執著。我們如此執著的原因之一，當然是因為我們的身體天生是為了孕育孩子，因此自然會需要舒適、安全和愛。孕育孩子是一件很棒的事，然而，如果你達到了愛全世界如同愛你的孩子一樣的境界，這可了不起了。但這時妳並不是愛自己的孩子少一些，絕對不是！而是妳更愛全世界。」

不過丹津葩默從不打算生兒育女，她也禁得起寒冷、沒有床鋪、沒有熱水，沒有一切使人感到舒心的物質享受，甚至一個人生活在孤立、完全與世隔絕的地方，這個最難克服的困難，她也克服了。那麼，她或是其他任何女性有機會成為另一個伊喜措嘉嗎？她達到目標的可能性有多高？就此而言，無論是男是女，任何人在與生俱來的人類身體限制下，能到達全知境界的機會究竟有多少？

丹津葩默對這些方面未曾有過一絲一毫的懷疑。「佛陀已證明了達到證悟境界是可能的。」她說，「當他終於突破所有迷妄遮障，心變得無比浩瀚廣大，他憶起宿世累劫以來每一個過去世，口述給弟子們聽。有一次，他在樹林中從地上撿起幾片樹葉，問他的追隨者：『我手上的葉子和樹林裡樹上的葉子，哪個比較多？』弟子們回答：『樹上的葉子多。』佛陀說：『我手上的葉子代表能傳授給你們的知識量。』但這不表示他不會牙齒痛，他生病時也有私人醫生醫治他。」她說。

「關於女性是否能證悟佛果，爭論持續不斷，這主要是因為文化中的性別歧視和始終存在的男性沙文主義。我個人對這點則是毫無懷疑。女性若能與男性擁有相同地位，益處顯而易見：女性占了人口二分之一，因此，擁有高度實修和了悟的女性必定會提升人性的程度，因為女性人口眾多。」丹津葩默表示。

伊琳娜・特威迪的想法一致：「我個人覺得我們女性有能力在保有女性特質的前提下，達到和男人完全相同的高度。我們都是神按照自己的形象所創造的，神既是陽性也是陰性，因此我們都具備所有的才幹與能力。女性本質原來就是具有力量的，問題在於男性懼怕有力量的女性，對他們來說這是在和他們競爭！但我不認為女性想跟他們競爭！數千年前曾出現過母系社會，之後鐘擺倒退盪了回來（我個人認為倒退太多了）。現在，女性地位再度提升，結果將會是世界更平衡、更充滿愛，不再那麼堅硬冷漠。」

當今許多地位崇高的男性佛教徒也開始改變想法。達賴喇嘛最近在引經據典證明自己的論述之前，公開宣稱「女性當然可以成佛」。「在大圓滿的文獻中，密續前三部提到，一般是以男身證得佛果，但根據密續第四部（無上密續），證悟沒有男女的區別，獲得證悟對女性和男性而言同樣容易。」

藏人流亡海外後，一位殊勝而受人愛戴的已故喇嘛上師第一世卡盧仁波切，於法國建立了一座中心，他也響應達賴喇嘛的說法：「無論是男是女，如果有信心、有確信且精進不懈，如果有慈悲和智慧，你一定可以證悟。如此完全平等的機會即是心自身的本質，它既非男性亦非女性，沒有所謂誰的心天生本性比誰的好；而從究竟層次來看，心空明無窒礙的本性中，根本不存在所謂男性女性、高尚或低劣等等侷限的特性。

「然而從相對層次來看，現象的確有不同之處，其中包括氣脈和明點等微細身形成的方式。根據密續教法，心在男性或女性身體上具象化的方式，有細微的不同之處。男性的心理生理構造中有較強的力度——更集中且直接的能量；女性心理生理構造的能量則較寬坦廣大，這象徵智慧。但這些相對層次中的不同處，應該透過心究竟本質的脈絡去了解。」卡盧仁波切藏式風格的一席話，闡明了證悟境界複雜且高度科學化的本質。

最令人鼓舞又最簡單的肯定說法，或許是名叫康究的老喇嘛的一席話，他住在拉胡爾，離丹津葩默山洞不遠的地方，而且他非常了解這位英國尼師。康究喇嘛身材結實，留著一小撮白色山羊鬍，性格樂天爽朗。他在當地是一位家喻戶曉的人物，一來因為他是聖者，二來他終其一生習慣睡在自家屋頂上，戶外零下三十五度也不穿襪子。有人問他，女性能不能證悟，他堅定地說：「外相不同，然而心是一樣的。」他拍拍自己胸口說道，「何謂證悟，不就是心認識了自己嗎？這並不容易，就像眼睛可以看到全世界，卻看不到自己，同理，心可以知曉一切事物，卻很難了解自己；但丹津葩默是一位優秀出眾的修行人，我們這裡每個人都對她的修行功夫感到驚艷。」

然而對丹津葩默而言，自己的努力並無特別之處。「我喜歡靜坐禪修，除此之外我別無愛好。」她說。

12 出關

丹津葩默心滿意足地坐在山洞裡無限期禪修，但世界卻硬生生來敲門了。西元一九八八年夏季的某天，警察突然出現，打斷了她的隱居。警察無視為了隔絕訪客而豎起的圍牆，也不遵守不打擾隱居獨修者的不成文規矩，直接闖入丹津葩默的住所，大聲敲著門，追問丹津葩默為什麼持有非法簽證。警察繼續強硬說道，如果她隔天不到當地警察局報到，就要來逮捕她。這是丹津葩默三年來聽到的第一個人聲，看到的第一個人。這種叫人的方式無論對誰來說都相當粗魯無理，但她也只能依照官方的突襲要求，順從地下山去見新任警察局長。局長告訴她，他對這個情況感到很抱歉，可是他也別無選擇，只能給丹津葩默一張離境通知。她必須在十天內離開印度。

丹津葩默耐心地向局長解釋，她已在印度住了二十四年，而且也沒準備好在十天內離開印度。她進一步說，簽證不符合法令並不是她的過失，她把換發簽證的事交給當時的在職人員辦理。面對丹津葩默合理的陳述，感受到她顯而易見的誠懇之後，局長態度軟化，說他將去度假一個月，不需要像他原先所想的那樣馬上開離境通知書給丹津葩默，但她最終還是得離開印度。問題處理完之前，局長仁慈地准許她回到山洞，繼續之前的修持。

丹津葩默再度回到山上，但是一切都搞砸了。她被人看見了、被迫說了話，根據閉關修行的規則，她的閉關已經無可挽回地破關了，不能再繼續。按理她應該會感到憤怒，至少也會極端失望，她已經進行了三年最後階段的嚴格閉關，但圓滿的果實卻未能完全成熟，據說，她只剩最後的三個月、三個星期又三天就圓滿了。經過這樣長時堅忍的精進投入，丹津葩默大可對警察局長怒聲咆哮或是回到山洞默默哭泣，有這些反應其實都很合理，然而她卻笑著說：「這樣草草結束閉關當然不是什麼好方式，閉關結束後，通常行者會待個幾天，慢慢習慣再度接觸人群。」

丹津葩默閉關結束的消息很快就傳開了，朋友們開始來找她，渴望親眼看看她經過漫長的閉關和獨居生活之後，有什麼結果。她是否一切安好？長期的內觀和隱居有沒有讓她發瘋？或是有點神經錯亂？說不定她已轉化為往昔傳說的神奇故事所描述的，四周環繞彩虹的虹光身？不過，來訪的朋友如果期待看到她轉化成什麼東西，肯定會感到失望。

「不能說她有什麼改變了，而是她原有的功德特質更提升了。她依然是那麼溫暖、心思敏銳且充滿幽默感，只是這些特質更強大顯著了，她成長了。就好像她原本就具備這些天分和能力，再加上持續的努力而已。她真的非常專心一意。」迪迪・康翠特這麼說道。她就是丹津葩默一開始到山洞閉關時，曾經上山為她檢查山洞是否適合居住的那位朋友，她住在印度時，認識許多偉大的上師和他們的弟子。

迪迪表示：「我不認為外人看得出丹津葩默在山洞裡獲得了何種成就。她所得到的成就只有她和她自己的本尊知道（我寧可用本尊而不用「那個空無」來形容）。我們只能從一些徵兆去判斷而已。她的境界當然很高，且有著發展健全的正直人格，她的身心靈有一種全然或圓滿；她始終全然如一，始終全然仁慈。不過我不知道這是她心靈追尋的一種證明或是一種成果。或許她能承擔這種追尋，正是因為她原來的這些特質使然。無論如何，我可以說，丹津葩默比我遇到的其他西方人都更深入。」

另一位訪客是德國女性麗雅・佛萊德，住在達蘭薩拉山上一棟美麗的房子裡，與丹津葩默相識多年。她也是對心靈探索長感興趣的人，特別是觀禪（毗婆舍那），曾經帶領過多次閉關課程。巧合的是，聽到丹津葩默出關的消息時，她正好帶了一支小型研究隊，在拉胡爾調查該地區的生態。

「我很高興有機會和她說說話，因為我想知道她有什麼收穫。」她率直地說道。「那天見面的情況深深烙印在我心上。我費盡了功夫才找到山洞，因為它完全和周圍環境融成一體；但我們最終還是到達了。這樣直接闖入讓我覺得有點不好意思，於是把兩位同伴留在大門口，我自己走進去打招呼。丹津葩默馬上走出來，開心地笑著說：『請進，請進。把你朋友也帶進來吧。我剛烤了麵包，你要喝茶嗎？』彷彿昨天才見過我而已。她看起來和一般人一樣正常。我記得自己坐在那裡，一邊想著這場景也太格格不入了；我們坐在山洞裡，嚐著剛出爐的可口麵包，上面還撒了烤過的芝麻，一邊聊著天，彷彿在英國喝著下午茶似的。

「當她送我們走到下方的路上時，我問她這次閉關有什麼收穫。我不想直白地問她是不是開悟了，但我的確在等她描述自己所獲得的超然經驗，這當然是我期待聽到的。意料之外，她看著我回答說：『有一件事我可以告訴你，我從來不覺得無聊。』如此而已，我等著她再多說一些，但她沒再說什麼。我一直不明白為何她只說了這些。」顯然丹津葩默一直是個沉默是金的人。

雖然丹津葩默沒多說什麼，但是麗雅就像迪迪一樣，清楚看見了朋友不凡的特質。「丹津葩默有著純淨的底蘊，而且我會說她是天真無邪。此外，她也擁有真正的禪定功夫，無論在她身上發生什麼事，她既不反對也不贊同，不推波助瀾，也不加以阻礙。她有這種平等的境界，她用一種不執著自我的態度處理一切，但這並非是努力避免執著自我，而是自我根本就不存在。當她困在山洞，以為自己大限將至之際，她的反應著實讓我吃驚；換作是我身處這種危急情況，一定倉皇失措，可是她卻能冷靜面對死亡進行禪修。此外，當我聽到補給品沒有送達，讓她差點餓死時，我非常憤怒；若是我，我會想知道原因，但她卻從沒想過追究原因。而且她也沒怪罪警察局長打斷她的閉關，她知道每個人都有自己的因果業力。這種處之泰然的高度禪定，顯示出她絕對有相當程度的修行境界。」

相較於人們對丹津葩默的印象，其實丹津葩默對人們的反應才是重點。她離群索居、與世俗隔絕如此之久，現在突然再接觸到人群、與人談話、面對噪音和日常生活的俗事，她的感受又是如何呢？其他一些做過短期禁語隱居閉關的西方人表示，重回這個世界是巨大的衝擊，感官和心理都覺得受到劇烈侵擾，導致他們感到昏眩。他們說自己花了幾週的時間才復原，重新回到社會。丹津葩默與人群隔絕的時間更長，透過自己的深入探尋，她蛻除了一層又一層的外在覆蓋，她的敏感度肯定是打磨到前所未有的精細。她坦誠道：「剛開始與人談話時會覺得筋疲力盡，不是談話的當下會累，而是事後才發現自己很疲倦。但是過一陣子就好了。」

令人驚奇的是，山洞生活並未減弱丹津葩默與人群相處的能力，也不像人們預期的那樣，變得比較沒有意願融入世間。山洞生活似乎反而產生了相反效果，丹津葩默並未因為回到世間而受創，而是更善於交際、更健談，對於人性的需求和苦難更加敏感。這是她在山洞禪修有所成就的重大徵相之一。

「丹津葩默有著廣大的慈悲心，一種寧靜的慈悲心。」麗雅・佛萊德說。「她真的對任何人都不帶批判心，無論對象是罪是聖，她就只是仔細聆聽或給予建議。她心態中庸，無論別人對她的態度是冒犯或友善，她都不在意；我發現其他心靈境界高的人都有這種特質。任何有困難的人請求她的幫助，她都非常樂意提供協助。這就是為什麼人們會尋求她的陪伴，當你和這種人相處時，肯定會受到淨化影響。」

「我的心態是，無論身在何處，我當下就是全心全意在那裡。」這就是丹津葩默的態度。「我認為自己的本性有兩個面向，一是獨處的基本需要，我喜歡孤獨；另一方面，我又喜歡社交且對人友善。我不知道我對他人是否特別溫暖，但是我知道無論和誰在一起，那個當下我會覺得對方是世界上最重要的人。我內心永遠有一種感覺是希望對方一切安好。所以，雖然我喜歡獨處，但和其他人在一起我也覺得很好。」

如今，丹津葩默重新回到主流世界中，她可以檢視自己是否有所改變，是否蛻變轉化了？這是對她的修行唯一有效的終極測試。因為，除非她舊有、慣性看待事物的方式和生命有了根本上的轉變，否則，閉多少關都不能說真正已內修入心。她在山上過著美妙的獨居生活，或許全然沉浸於永恆的真理之中，然而，這些體會禁得起日常生活的考驗嗎？

「我感受到內在的自由、解脫，這是閉關一開始所沒有的，一種內在的平靜和清明。我想，這無疑是來自於自給自足，無論發生什麼事，都不從外界的人事物尋求什麼。」她說。「而且，閉關的時候，一切變得如夢一般，就像佛陀所描述的。這時行者會看到身邊發生的一切現象的虛幻本質，因為，行者沒有入戲般的置身其中。」她使用非（第一）人稱代名詞，來轉移我們對她所獲得的開悟境界的過度注意。「接著，你出關之後，發現人們被生活所牽絆，淪陷其中，他們完全認同、徹底相信自己創造出來的世界。這就是我們痛苦的原因，因為，我們的空間完全被剝奪了。

「現在我注意到，無論發生什麼事，無論發生於外界或內在，我內心與它們之間保有了一段距離。有時候，這感覺就像是在空蕩蕩的房子裡，所有門窗大大敞開，風就這樣貫穿整棟房子，中間毫無阻礙；不過，並不是一直都能這樣，有時行者又被牽絆了，只是這次知道自己再次被牽絆。」

「好似空房子」或許是行者想要的，但對大部分的一般人來說，欲望以及情緒的投入才能為生命帶來色彩和活力，人們在成長過程中都被這種觀念所薰陶，因此對他們而言，這種「空房子」的境界是枯燥乏味且冷淡孤高的。感覺像是「空房子」和感覺像是行屍走肉般「空洞無感的軀殼」，兩者意義相同嗎？同樣都是冰冷無感？而所謂不執著和斷絕情緒兩者到底有何不同？倫敦一所醫院對幾星期都沒有訪客探視的住院孩童進行一項研究顯示，就在他們停止哭泣，變成醫院職員眼中的「乖」小孩的同時，傷害已然造成。後續研究顯示，這些孩童的心靈產生了精神問題的潛在可能。就在他們停止哭泣的那個階段，某部份重要情感已然「死亡」。所以，不執著等於疏離嗎？

正如所料，丹津葩默反駁了這些含蓄的批評與影射。「這並不是冰冷的空無，」她強調，「而是溫暖的空。這表示行者不再受到本質短暫的情緒所影響，而是看清人們造成自身諸多痛苦的原因——原因正是他們認為缺少強烈情緒的話，自己就不是個活生生的人。

「行者為什麼要閉關？」她繼續熱切說道。「行者閉關是為了了解真正的自己以及萬物的真相。當行者開始了解自己，才會真正了解他人，因為，我們彼此其實是相互關連的。當一個人還深陷自身混亂的情緒裡，他其實很難去理解別人，因為我們總是以自身需求的觀點去解讀別人。這就是為什麼你若遇到閉關多次的隱士，比如曾閉關二十五年的人，你會發現他們並不冷酷、也沒有距離感。相反的，他們是非常可愛的人。你會知道他們對你的愛是完全不帶批判的，因為他們愛你不是因為你是誰、你做了什麼，或是你如何對待他們。那是毫無偏見的愛，純粹就是愛而已；就像是陽光，照耀在每個人身上。無論你做了什麼，他們依舊愛你，因為他們了解你的處境，而正是因為這份理解，他們心中自然而然生起了對你的愛和慈悲。這種愛並非建立在心情或感情上，也不是建立在情緒上——基於心情或感情的愛非常不穩定，因為它根據的是對方的回饋、以及你對這份回饋的感受有多好。這根本不是真正的愛。」

丹津葩默的變化不僅是在心理方面，實際的生活同樣也發生了中斷的變化。（前面提到她的長期閉關被一紙簽證命令終止）結果是，警察局長的命令帶來比終止閉關更戲劇性的影響，它宣告了閉關時代的結束。如今，完全意料不到的事情發生了。丹津葩默一生醉心東方文化，特別是藏傳佛教，現在，她開始感受到自身文化的牽引。居住在印度二十四年，這是她首次感受到西方的召喚。

她解釋：「我覺得我在印度的歲月結束了，我需要回到西方，找回自己的根，我畢竟不是西藏人。當年在海克尼圖書館工作時，我有個男朋友，他非常熱衷古典音樂、建築、藝術、舊教堂……之類的事物，他喜歡談論這些，喜歡去音樂會和畫廊，當時我對這些也很著迷。十八歲時我成為佛教徒之後，就捨棄了這一切！我轉移了所有的注意力，在印度生活了二十四年，除了佛書之外，其他什麼也不讀，但我覺得自己生命中還有個巨大的空缺，我尚未完成此生應該做的事。」

丹津葩默不知何去何從，於是她採取了身處此境時慣常的方式——靜靜等待「那個聲音」給她可參考的訊息。於此同時，散落世界各地的眾多朋友開始寫信邀請她前往他們的國家。她仔細考慮了美洲、澳洲、英國，但沒有一個地方覺得合適。然後，一位在印度結識的美國朋友瑞姆寫信給她，說他找到了一個好地方——阿西西。他建議丹津葩默何不到那裡與他們夫妻相聚。丹津葩默不曾去過阿西西，但是當她看到這個地名時，那個聲音既大聲又清楚地回應了。

「就是這裡了！」她彈指說道。

丹津葩默絲毫不覺得傷感悲哀，立馬開始準備離開她的大樂山洞。這個地方佔據了她此生的大部份時間，從三十三歲到四十五歲這段「黃金歲月」，但她覺得這根本沒什麼。「最讓我驚訝的是，這些時間都到哪裡去了？時光彷彿濃縮了，尤其最後三年簡直是瞬間飛逝，感覺起來頂多四個月而已。」她表示。

她毫不猶豫地收拾了簡單行李，向拉胡爾的朋友道別，動身前往西方世界；她到了義大利，西方文化成長茁壯的搖籃，文藝復興的發源地。她的人生圓滿了一圈，回到原點；她來到這個世界，離開它，現在又回來了。夜闌人靜時，她抵達了這個美麗的中世紀小鎮阿西西，此地建造在翁布里亞區的蘇巴修山山側，儘管在夜幕之中，她立刻知道自己做了正確的選擇。或許是座落在山上一棟棟如詩如畫的房子讓她想起了拉胡爾，或許是空氣中還瀰漫著聖方濟各的聖潔靈氣，又或許是因為這裡有好幾座印度教聚會所，丹津葩默一來到這裡，就感覺好像回到家一樣。

「我覺得自己和阿西西有很深的宿緣，直到今日，此地和山洞是我唯一思念的地方。儘管每年都有數百萬遊客來到此地，它仍有著一種難以形容卻容易感受到的特質。這不是一個普通的地方，這是世界和平的中心，許多信仰的研討會都曾在這裡舉行。許多人也說自己在這裡獲得了靈性體驗，經驗到心靈的轉化。」她說。

丹津葩默搬進瑞姆朋友家中的底層樓，愉快地展開她的西方尋根之旅。她時常在夜幕低垂時，獨自漫步在鎮上迷人的小巷道中，不覺得有安全上的顧慮。她造訪了安置聖方濟各棺墓的著名雙層羅馬式教堂（聖方濟各大教堂）；教堂中精美的壁畫令人讚嘆，特別是喬托的作品。她爬上後山，好奇地探索又一個山洞，這是聖方濟各居住過的山洞；在這兒，聖方濟各猛烈禱告上帝，希望上帝讓他了解耶穌所受之苦，結果，不僅他的手腳上出現了神聖的釘傷之痕，甚至連真實的釘子也顯化出來。丹津葩默居住在阿西西的五年間，對聖方濟各生起了強烈的虔誠心，附近沒有遊客時，她會待在聖方濟各的山洞裡禪修好幾個小時。

「這個山洞跟我的很不一樣，因為有一座教堂依傍著山洞而建。但是這裡真的太好了！洞外的樹上還有鴿子，那是聖方濟各當年向鳥販購買的鴿子所繁殖的後代。我喜歡他的動物故事，你知道他養了一隻蟬，還與蟬對唱嗎？他真是一位活潑的聖人啊。」她說。

丹津葩默有次曾透露，她覺得自己多生多世之中，曾有一世是基督教僧人。「每當我進入修道院，這種感覺就猛烈地席捲而來，一切都似曾相識般那麼有既視感，而且我對與世隔絕的修道教團總有一份格外的親切感。我想，大概是覺得基督教傳統沒什麼進展了，我才決定前往東方吧。這個推測滿合理的。」

丹津葩默苦行生活行之多年，如今她試著對自己縱容一點。她開始習慣吃義大利麵，也慢慢喜歡上卡布奇諾和提拉米蘇（但她表示最喜歡的還是米飯、蔬菜和扁豆湯）。她開始看影片，特別是一九四〇年代的舊黑白電影。除此之外，她也埋首於朋友家大量的藏書和音樂典藏中，好似一塊乾癟的海綿，盡情吸收著歐洲文化遺產。「我身上關於整個西方的一切是破碎不堪的，需要癒合與重新拼組完整。」她現在允許自己讀一些小說，從佛法典籍轉而閱讀法國作者和宗教情節的書籍，譬如安伯托・艾可的《玫瑰的名字》。她廣泛閱讀所有能找到的中世紀歷史故事，求知若渴，以浸淫於佛法學習的相同熱誠投入了新的學習；大約十二、十三世紀，聖方濟各在世的年代又特別吸引她。「當時人們熱衷知識的研究，學術辯論四處可見。阿拉伯人和猶太人帶來許多不同的知識，人們也慢慢開始發現來自希臘的知識文化。當時出現了許多偉大的聖哲和藝術家，於此同時，托缽僧的教團制度也開始發展。」她解釋說。

她也一頭栽入基督教聖人和哲學家的傳記與作品中，比如亞維拉的聖德蘭、聖十字若望、多瑪斯・阿奎那、沙漠教父、托瑪斯・默頓、菲羅卡利亞（the Philokalia）、東正教的經典，以及許多其他著作。閱讀這些作品時，她對自己曾經拋棄的宗教開始產生了欣賞之情，因而對自己西方人的身份有了新的認識和驕傲。

「西藏人普遍認為我們是野蠻民族。他們認為，我們雖然擅長發明汽車，但心靈上沒什麼內涵，所以在真實文化的層面上是荒蕪貧瘠的。這種說法某種程度的確令人感到挫敗。這就像是基督教傳教士到海外時，也詆毀他們接觸到的其他文化，認為自己的文化才是唯一真實的。」她說。「我開始發現事實並非如此。我們並非只有麥當勞和可口可樂，我們還擁有不可思議的哲學和藝術，以及心靈修持的傳統。西方思想具備高度的發展，而且宗教方面也一應俱全。不過我個人仍然覺得，佛教在修道的見地上對我這種人而言是最清楚、最完整的，但是當我看到相同的洞見儘管是以不同方式來表述，我也覺得非常好。這些都是應當了解的重要觀點。」她苦笑著，繼續說，「有趣的是，佛法剛傳入西藏時，印度人也認為西藏人是『野蠻人』。他們並不想把珍貴的佛法交給藏人，因為他們覺得藏人可能會把它搞砸！」

最重要的是，丹津葩默從音樂中發現了樂趣，這使她長期被忽略的某些部份得到了滋養。她沉醉在古典作曲家的音樂中，比如巴哈、韓德爾、海頓，以及她最鍾愛的莫札特。「發現莫札特真是太美好了，我徹底愛上了他。」她表示。「從某個層次來看，這是一件相當深奧的事，莫札特的音樂滋潤了我，我想，我內心某處已變得太乾涸了。」她直率地說。

丹津葩默或許是有意、也或許是無意間，正在平衡著東方和西方、苦行生活和感官滿足、獨處與社交，這使她的性格更加圓融。如此，她所遵循的恰恰符合了新近發現的一位基督教導師的忠告——也就是十三世紀偉大的德國神祕主義大師艾克哈特，他曾寫道：「這麼說好了，冥思的人在冥思的時候，連『想完成什麼事』的念頭都應摒棄，但是，之後他應該開始活動起來，因為沒有任何人可以、或應該一直處於冥思的狀態，也因為活躍的活動給了冥思❶一段緩衝的暫息。」

這段時間裡，丹津葩默的生活開啟了另一個方向，這在未來又有了更進一步發展。她住在阿西西的消息很快在基督教徒間傳開，他們對這位獨自長期閉關的女性充滿了興趣，希望能夠見到她、聽她分享。丹津葩默的努力超越了他們的教派試圖達到的境界。人們開始邀請她到研討會演講，有一次，她甚至收到梵蒂岡大公會寄來有著浮雕圖案的邀請函請她去台灣，在跨宗教研討會中演講。她也受邀在各種研討會和女修道院中帶領工作坊，為與世隔絕的修道會團體講述她的經歷以及她如何修持。丹津葩默歡喜地接受這一切，因為現在的她更能接納不同宗教的對話，也渴望分享自己所有的知識，與基督教的冥想方法相互交流——不過，事情的發展根本出乎意料之外。

「有一次，在一座聖本篤修會寺院，他們告訴我早上五點望彌撒，因此我想我應該去參加。然而，我到達禮拜堂的時候，裡頭竟然只有一兩個人。我問他們其他人都到哪兒去了？他們說其他人都在一個小房間裡，他們特別把這個房間佈置好，要讓我為他們上冥想課。我到了那個小房間，看見所有鞋子整齊的排列在門外，修道院的人全都盤腿坐在地上。他們甚至設置了佛壇，上面安置了佛像，並擺放了裝有鮮花和清水的供杯，還問我這樣擺放正不正確。我說：『這樣很好，謝謝你們。』

「他們只是有興趣學習佛教。他們已經有過一些學習，也見過達賴喇嘛尊者，現在渴望

❶ meditate現代語彙會翻譯為「冥思」，佛學名相用的則是「禪修」。

了解更多。我想鼓勵他們作基督教的冥想，可是他們根本沒學過這些方法。他們告訴我，教導天主教內在生命實相的大師並不多，因此年輕教徒一直在流失。他們又說，年輕人想學習能獲得內在平靜的方法，以及能讓他們重新找到生命意義的靈修之道。因此修女和僧侶認為，如果他們能讓自己得到訓練，或許就可以成為引導者，給予年輕人他們需要的東西。

「他們想要修道的方法，因為他們自己的方法已經遺失。他們需要知道方向：該做什麼、不該做什麼、冥思時可能會遇到的問題有哪些、如何處理這些問題。西藏的冥思（禪修）方法非常好，因為不需要進入任何特定信仰組織，任何人都可以使用這些方法，包括心理學家。於是，我告訴他們應該怎麼做，他們一個個點頭如搗蒜。事後，有一位年長的加爾默羅修會的修女說：『如果早幾年有人教我怎麼禪修就好了，真的很簡單。』」

丹津葩默則是非常喜歡與修女們相處，她們交流穿僧袍的方法，她把自己的生活描述給修女們聽，修女們也把她們的生活告訴她。她們雖然有不同之處，但是在共通習慣上所感受的快樂卻是相同的。她也從基督教修女那兒學到不同的修道方法，後來幾年這對她助益良多；相對的，基督教教友也非常欣賞、感謝丹津葩默，並邀請她隨時到他們寺院進行長期閉關。丹津葩默和善地謝謝他們並婉拒了。

隨著歲月的推移，她的名聲愈來愈為人所熟知，影響力也逐漸擴大。她受邀前往羅馬、北義大利、翁布里亞、得文島及波蘭等地演講。她在波蘭參訪了奧斯威辛集中營，親眼見到這個曾有許多人飽受苦難的地方。「令我感觸最深的是被送往毒氣室的那些人的照片，許多人又美、眼神又明亮，有些人甚至掛著微笑。這讓我感到痛苦異常。」她說道。

儘管丹津葩默非常欣賞西方文化，但她並沒把佛法和禪修拋諸腦後，一點兒也沒有。她繼續修持她的日課，又帶領了幾次短期閉關。她也很快就投入一個興建尼寺的計畫，這座尼寺是為了西方佛教尼師所興建，座落於比薩附近的波麥雅。她在一個夏季課程中遇到一些女性，在她們身上看到當年剛出家時自己的影子，想起自己曾遭遇的悲慘經驗，也為她們所發的誓言覺得感動。「很多尼師居無定所，也沒有人照顧她們。男眾僧人還好，他們有自己的寺院，可是尼師卻得從一個中心搬到另一個中心，這對她們的修行進展沒有任何好處。」她說。

不久之後，她的朋友瑞姆要去西藏的岡仁波齊峰朝聖，她馬上抓住這個機會，加入了朋友的朝聖之旅。西藏是滋養她今生最強烈動力的推手，但她尚未踏上這塊土地一步，而岡仁波齊峰被認為是所有聖地中最神聖的，它位於藏西的偏遠地區，是世界上最人煙罕至的地方之一。佛教徒和印度教徒都認為岡仁波齊峰是密續宇宙的中心，峰頂高達兩萬一千英呎，空氣稀薄，上面居住著聖度母座下所屬的本尊眷眾。從初次在喇嘛戈文達鼓舞人心的著作《白雲行》[2]讀到這座神秘的山峰時，她就想去岡仁波齊峰朝聖，但她從未認真想過今生能完成

[2]《白雲行》一書由白法螺出版社於二〇〇〇年出版。

這件事。

「我終於來到了西藏，真是不可思議！我這輩子花了那麼多時間思考和閱讀與西藏有關的事物。西藏的環境就像我所期待的樣子，但是看到在中國統治下所受到的毀壞，令我痛心疾首。許多宏偉的寺院都成了廢墟，真是太令人悲傷了。」她說。

他們僱了四頭犛牛運送帳篷和烹煮器具，人員則搭乘現代化的越野車。山上沒有道路且崎嶇難行，所以這趟旅程用了整整十天；終於抵達終點時，一切都值得了。「岡仁波齊峰實在太美了。我們必須在暴風雪中穿過一萬八千英呎的卓瑪隘口才能到達那裡。瑞姆和我都筋疲力盡而且迷失了方向，這時候，突然出現一隻大黑狗，我們餵了牠一些軟掉的餅乾，牠帶著我們走下山，我們可高興了，這個經驗實在很特別且充滿了大加持。我們花了兩天半繞行岡仁波齊峰一圈，在一些聖地做大禮拜。有些西藏人一天就繞完一圈，他們凌晨三點起床，直到晚上十點結束。有些人一個月內繞山二十到三十圈！有些人甚至完成了一百零八圈念珠數目的繞山。有些人則一邊繞山，一邊做大禮拜，這麼做大概需要兩個星期。這真的很不容易，因為山路極其冷硬。

「附近的瑪旁雍錯湖也非常特別。我們在那裡慶祝了我的五十歲生日。瑞姆非要在湖裡沐浴不可，於是我也這麼做了，還差點死掉。湖水冰凍刺骨，外頭又颳著凜冽的寒風，你還得喝下湖水呢，否則不算數！」

路上遇到遊牧民族，他們是天性溫和的民族，如今依然忠於千年來的傳統生活方式。她傾聽他們訴說對達賴喇嘛的思念，看見他們的貧困，但是她覺得這些人的生活比城裡的藏人好多了，城裡的藏人日復一日被中國統治者羞辱。「他們遭受了如此多痛苦仍舊不屈不撓，身處惡劣不堪的環境中仍能保持心情開朗，西藏人的這種精神令我大為驚奇。」她說，「能來到這裡真是太開心了，雖然我頭痛欲裂，還得了高山症，但這趟旅程卻是我的人生顛峰之一！這是我長久以來的夢想，所以我覺得很有成就感。」

不過她並沒有渴望留在這裡。丹津葩默或許和西藏及其宗教有著強烈的宿緣，但她今生是西方人，而且她後來還發現了西方音樂的美。在壯麗神聖的岡仁波齊峰的影子下，在藏西的殘石之間，丹津葩默播放了莫札特的音樂。「無論去到何處，都適合播放莫札特的音樂。」她熱情地說。「對我來說，這是完美無瑕的音樂，不可思議的動聽，讓我樂不可言！我的荒島唱片電台播放的大部分是莫札特的音樂。如果天堂裡有音樂，肯定有莫札特的音樂。」

她也渴望吃點像樣的食物。「我已厭倦油膩的麵食，我想吃米飯和扁豆湯。」她說。顯然她的家鄉已不再是西藏。

丹津葩默真心相信阿西西將是她餘生安享天年的根據地。心裡有了這樣的想法之後，她動用大眾捐獻給她的供養金，準備在朋友家的土地上建造一棟兩房木造小屋。她希望繼續閉關，因為她當然未曾遺忘自己對圓滿境界的尋求。事實上，這個計畫已經開始進行了，但充滿濃濃義大利風格的一個意外卻降臨了——房屋的建築許可突然被撤回。又一次，也許是命運，也許是「業力」再度介入，插手改變了丹津葩默的生活。她或許已準備好要安頓下來，但佛陀囑咐出家弟子最理想的生活狀態就是「出家入無家」，看來這樣的日子離結束還早得很，還有許多工作等著她去做，而且工作可不少呢。

13 遠見

西元一九九三年三月，地點是北印度喜馬偕爾邦的前英國山城達蘭薩拉，現在則是達賴喇嘛的居住地和西藏流亡政府所在，丹津葩默以一名資深比丘尼和迅速竄升的新銳老師身份，受邀參加第一次西方佛教研討會，討論的議題主要是佛法傳入西方時出現的各種現象或挑戰。包含她在內，共有二十一位來自歐洲和美國主要佛教傳承的代表，以及許多藏傳佛教不同教派的殊勝喇嘛上師與會。討論內容在佛法老師扮演的角色、以及東西方心理與倫理規範的不同處等議題之間來來回回；突然間，「佛教中的女性角色」這個議題冒了出來。

一位迷人的德國女居士，席薇亞・維茲起身發言。可以明顯看到她小小嚥了一下口水，鼓起勇氣邀請達賴喇嘛和在場的傑出人士隨她一起做觀想——「請想像你是一位男性，來到一座佛法中心。你看到一幅畫，畫裡是美麗的聖度母，身邊圍繞著十六位女性阿羅漢。你還可能在這兒見到第十四世女達賴喇嘛，她的十四次轉世都選擇了女性的身體。」一開始，席薇亞這麼娓娓道來。「你在這兒遇到許多修行高深的女仁波切，她們美麗、強健且學識淵博。然後，你看見比丘尼眾走進來，她們充滿自信，辯才無礙。接著，你看到男性僧眾害羞又膽怯地跟在她們後面走進來。你聽說所有傳承喇嘛上師都是女性，甚至畫像上也是女性聖度母。

「請記得你現在是男性。」她提醒他們，「你接近一位女喇嘛上師，心裡覺得有點不安全感和惱怒，問道：『為什麼這裡全都是象徵女性的標誌？都是女性佛陀？』結果女喇嘛上師回答：『別擔心，男女平等……好吧！是幾乎平等。確實有些經典說男性是比較低下的，但事實不就是這樣嗎？當心靈、哲學和政治的所有領導者都是女性時，身為男性的處境確實比較困難。』

「然後，這位真誠的男弟子又去找另一位大乘佛教上師，弟子說：『我是男人，我要如何認同自己就與這些女性聖像無二無別呢？』女上師回答，『你只需要禪修空性就可以了。空性中，沒有男人、沒有女人、沒有身體，什麼都沒有，也沒有問題！』

「於是你又去找一位密續上師，你說：『這些全是女性，而我是男性，我不知道該怎麼把道理連結起來。』而她卻回答：『你是如此美好，美麗的勇父。你對我們這些修行人真是助益良多，讓我們能夠生起拙火的能量。你能生為男性，在女性行者的證悟道上利益她們，真是倍受恩寵與祝福啊。』」

席薇亞這一席話大膽而令人吃驚，但她以一種動人的方式表達出來，使得與會大眾和達賴喇嘛忍俊不禁都笑了出來。達賴喇嘛說：「現在，你給了我另一個角度來看待這件事。」席薇亞・維茲其實道出了千百萬女性眾多世紀以來的感受。儘管現場的歡笑聲不斷，這個承載了兩千五百年的修行性別歧視和被壓抑的女性憤怒的水壩，終於開始潰堤。

其他人也開始加入討論。一位身為佛法老師暨作家的美國尼師圖丹卻准，講述了自己在僧團所遭受的細微偏見如何逐漸侵蝕她的自信心，最後演變成修行路上的嚴重障礙。「即使只是有人理解、認識到我們的痛苦，都能使我們感到安慰。」她表示。

具有同理心的男性老師們開始發表意見，一位禪宗大師說：「這對男性來說是很美好的挑戰——去看見它，並接受它。」

美國的藏傳佛教僧人圖丹遍德提出自己的觀點：「當我在翻譯受戒儀式的經文時，我異常震驚——經文說，即使是最資深的尼師也必須坐在剛出家的男僧後面，因為儘管她所受的戒體是殊勝無上的，但受戒的本體，也就是她的身體，卻是次等的。我心想：『這就是證據了。』我曾聽說過這種戒條，但以前從未找到證據。我必須在儀式上複誦這些戒條，這讓我覺得難堪異常，而且為我所代表的僧團感到羞恥。我很納悶，『她為什麼不起身離席？』如果是我，我一定會離開。」

上座部英國僧人阿姜阿瑪索大師也發表看法：「看到尼師們沒受到與男性僧人同等的尊

敬，讓我感到非常痛苦，彷彿一支矛刺穿心臟。」

接著輪到丹津葩默發言。她天生能言善道，開始侃侃而談自己的經歷：「我初來印度的時候，和一百位僧人住在寺院裡，我是唯一的女尼。」她停頓了幾秒，抓住與會者的注意力，好意會她所說的話。「我想這就是最後我獨自到山洞生活的原因。」在場每個人都明白她的重點。「那些僧人很友善，我也沒遇過性騷擾或類似的問題，但是，當然很不幸的我就是有著女性的身體。他們竟然還告訴我，他們會為我祈願，希望我來生能有福報投生為男性，這樣我就可以參加寺院所有的活動了。他們還說，這期間他們並沒有對我這個次等的女身覺得太反感，大部份錯不在我。」

她抓住這個機會，繼續火力全開——她說明了西方僧團的情況，特別是在義大利結識的尼師們。「喇嘛上師們為人剃度出家之後，就把這些人丟包到世間，沒有提供訓練、準備、鼓勵、支援或是指導，結果人們還希望她們能堅守誓戒、修持佛法並經營佛法中心，這很不容易！我很訝異有這麼多西方出家人勉力維持著出家身份，她們如果還俗，我一點也不會覺得驚訝；一開始，她們充滿熱情幹勁，帶著強大的純淨信心和奉獻的心，但逐漸的，她們的願力越來越弱，她們感到挫敗，理想幻滅了，沒有人幫助她們度過這樣的情況。這是事實，尊者陛下，這種情況非常嚴峻，佛教史上不曾發生過這樣的狀況。

「往昔僧團組織非常穩固，也受到周全的培育和照顧，然而在西方卻非如此。我真不懂為什麼。有少數幾座寺院發展得不錯，大多是上座部佛教，但是尼眾有什麼資源呢？坦白說，幾乎沒有。不過，我想以正能量結束這段發言，祈願世間所有純淨且有著出離心的珍貴人身，這些珍寶般的僧眾，不會被丟進我們冷漠和輕蔑的泥沼之中。」

這是她發自內心慷慨激昂而強大的呼喊。當她結束談話時，現場鴉雀無聲，現在沒人笑得出來。而被信眾視為慈悲觀世音化身的達賴喇嘛尊者丹增嘉措——意為智慧大海，坐在座上，雙手掩面，默默啜泣起來。幾分鐘後，他抬起頭來，擦乾雙眼溫柔地說：「妳太勇敢了。」會後，許多長老喇嘛上師都表示，如此直言不諱的談話實在珍貴稀少，由於這份坦率，這個研討會變得像是家族聚會一樣，每個人都毫不保留地說出心裡的話。

這一席話，也為丹津葩默本已不凡的生命帶來另一個更根本的轉捩點。她已經挺身發言（而且是面對位階至高者），但是，她知道光說不練並不足夠；抱怨制度是一回事，實際上如何處理制度又是另一回事。如果受到錯待的女性不採取行動的話，那麼誰會呢？丹津葩默在達和西的尼師生活中所積壓的不快經驗，如今來到了最前線，成為能產生正面結果的助力。她等了三十年，但這一刻來得一點也不遲，女性的心靈解放時代已然到來，而丹津葩默將扮演活躍的領導者角色，這和她鍾愛的隱居生活相去甚遠，但是卻出奇的適合她。透過親身經歷，她十分了解女性在修行路上所需面對的困難；她遭受過許多痛苦，她了解在修行路上被拒絕的感受，了解受挫時的沉重，但這些遭遇現在看起來卻有了存在的目的。

「我想這大概是我這輩子生為女人的原因。」她說。

她開始在菩提迦耶協助籌組一個西方尼師的會議，讓尼師們可以把問題攤開來說，互相交換意見，並建立必要的同儕團體感與團體支援。之後，她加入一個人數不多但彼此承諾投入的女性團體，致力於讓尼師接受完整的具足戒。丹津葩默比任何人都清楚，這對尼師社群地位的提升及自信心的增加有多麼重要。然而，這是個棘手而複雜的議題，它糾纏著數世紀以來神職的官僚作風、迂迴的教法爭論，以及層層根深柢固的男性偏見，需要多年的堅持努力和溫和的勸說才能推翻現存的規則，並說服喇嘛在他們的高座上稍微往旁邊挪一點。但至少這個運動已經開啟。

這些計畫上了軌道之後，丹津葩默再次考慮回歸嚴格的閉關生活，這時，又有人向她提出了另一項計劃，這項計畫更貼近她的心願，但卻是極其難以完成——也就是建立自宗竹巴噶舉傳承的尼院。早在七〇年代，她的上師康祖仁波切就對她提出了這個想法。他指著蒼蒼鬱鬱的康格拉山谷的約略方位，那是他扎西炯的寺院重建所在地，他說：「妳可以在這裡蓋一座尼院。」當時，丹津葩默只認為這是個很棒卻不可能達成的理想，因此根本不放在心上。現在，她年紀稍長，又在山洞完成了十二年閉關，再度回到了這個世界，或許，現在正是好時機。

原本想幫西方尼師興建尼院的計畫最後功虧一簣，但她知道西藏的尼師也迫切地需要幫助，她們就像西方尼師一樣，不知何去何從。她們被遺忘了，因為大家忙著為流亡海外的僧侶重建寺院，因此，她們淪落到寺院的廚房幫男性僧人煮飯，或是為了維持生計而回歸家庭，專心於家務。這種可悲的情況讓丹津葩默感到十分悲傷。

「這些尼師如此年輕又充滿朝氣，專注又熱誠投入，然而卻得不到什麼支持鼓勵。她們胸襟開闊且無比精進，我是說，這些女孩兒從康區一路做大禮拜，幾百哩路遠地拜到岡仁波齊峰，接著又繞行岡仁波齊峰做大禮拜。她們毫不猶豫，連想都不想就這麼做了，我說的是這種對修行路全心奉獻的精神。」她說道。「即使少數尼師想方設法得到一些哲理訓練，但因為身為女性的緣故，仍然遭受許多障礙。我知道的一個例子是一位尼師設法爭取到印度鹿野苑一所著名大學的入學許可，儘管她名列前茅，兩年後仍被硬生生退了學，理由是兩年的學習對女性而言已經足夠了，更多的學習只是浪費時間和金錢罷了。」

但她仍感到戒慎恐懼。興建尼寺是一項龐大的計畫，需要多年的規劃、籌組和世俗上方方面面的投入，最重要的一點是得找到私人的投資護持；但是丹津葩默擅長的是閉關，閉關對她來說輕而易舉。正當她猶豫不決的時候，遇見了一位有智慧的基督教僧侶，他點出，困難的決定往往帶來更多的成長。

她回到阿西西，接下來好幾個月的時間裡，她開始規劃理想中的尼院藍圖。最首要一點是，它必須能讓女性的修行潛能發展得完整健全，讓女性獲得證悟更是終極目標，這將會是女性提升心靈修行的地方。這裡將不只教導宗教教義，更要讓女性成為實修的女瑜伽士，成為真正體現內心實相的女性。能掌握真正修行力量的，只有真正具有智慧的女性，而不是僅僅擁有知識的女性；而具有真正智慧的女性也才能觸動他人、轉變他人的生命。

但據她所知，擁有這種成就的女性只有舵顛瑪，也就是和扎西炯偉大瑜伽士舵顛一樣的女性舵顛。舵顛瑪遵循的修行方法，特別是來自十二世紀時，密勒日巴的首席弟子惹瓊巴專為女性修行而設想的方法，據說這些方法能讓女性迅速成佛。在西藏，即使能達到證悟的法門不知凡幾，惹瓊巴的法門卻被公認為特別殊勝的方法。不過，中國佔領西藏之後，就沒人看過或聽過舵顛瑪了。儘管如此，這些方法並沒有完全滅絕，丹津葩默知道現今住在印度扎西炯的老舵顛們握有這古老教訣寶盒的鑰匙；如果能找到適合的尼師加以訓練，或許可以重建珍貴的舵顛瑪傳承。

「這些法教極其珍貴。它們是活生生的火焰，而這把火焰必須藉由活生生的傳授方法延續下去。如果不能在舵顛們辭世前傳承下去，這些法門將會面臨永遠絕滅的危險，一旦無人修持這個傳承，傳承就斷滅而無法恢復了。如果我能夠找到尼師修行這些法教，將來一定能夠為眾生帶來巨大的利益。」她思索著。

她開始了計畫的流程圖。首先，尼院的名字叫做道久迦措林（Dongyu Gatsal Ling），意思是「實修傳承喜樂林」，專收年齡介於十七歲到三十歲之間，已完成基本教育的女性，她並不打算經營孤兒院或基礎學校。起初招收名額限制在十到十五名左右，確保她們受到良好的訓練，成為核心人員，以便日後也能指導他人。此階段完成後，招收人數或許可以增加到一百至兩百名。因此，非常關鍵的一點是，一開始必須先挑選兩、三位成熟的尼師，做為年輕尼師的模範和老師。

首五年的訓練課程包含學習經論和邏輯，並熟練某些儀軌和宗教儀式。尼師們也要學習英文，這是基礎課程的一部份。完成這個階段後，符合資格並想繼續學習的尼師就會被挑選出來，接受訓練成為舵顛瑪，這正是尼院存在的目的。

丹津葩默並沒有遺忘西方行者的需要。除了尼院之外，她也想建立一個國際閉關中心，全世界的女性都可以來到這個有感染力的氛圍中，與志同道合的女性一起修行。道久迦措林的尼師們會給她們佛法和禪修的一般指導。然而，她們若想接受訓練成為舵顛瑪，就必須領受所有前行必修的教育，心理素質也必須適合，並且要會說藏文，這是尼院的通用語言，因為現階段，這種深奧的了悟仍只能在古老西藏傳統修持中才找得到，除此之外沒有其他方法。

除了佛學院和國際中心，還會有一座寺廟、一些個人閉關小屋，以及提供男女訪客短暫停留的旅館。

尼院的藍圖在丹津葩默心裡逐漸成形時，某些大膽創新的想法也浮現出來，參照她在歐洲基督教團體教學時，教會團體所採用的作法——她將摒棄西藏百千年來採用的個人贊助方法，這種傳統方法是由家人或富有的功德主供養僧人或尼師所需的生活費。她指出，這是有害的修行方法，因為這不只製造競爭和狡詐的心態（僧人彼此競爭，看誰得到較多贊助），同時也產生一種庸俗的世俗心思，使行者的注意力遠離修行生活。因此，她提出的想法是道久迦措林的尼師應為自己的經濟獨立而努力。她們會有工作時間，學習如何透過做生意如販賣手工藝品來賺取自己的生活費（她們的兄弟寺扎西炯則可提供充足的學費）。這麼做可讓她們經濟穩定、財務獨立，並減輕必須一直尋找贊助的焦慮感。大家共同合作也能創造和諧氣氛，所有收入會匯集為公共資金，每位尼師都會得到自己的僧服、食物，每個星期也會有少許薪津添購私人物品。如此一來便可以斷除彼此競爭的情況。

此外，她還有更進一步的想法：「雖然還是會有某種等級制度的區分，但不會太明顯。資深尼師會成為老師，但所有的工作都要輪流執行，每個人都必須帶著歡喜感恩的心到廚房工作，因為廚房工作的重要性不亞於老師；我會指導她們，讓她們知道帶著覺知打掃庭院也是一種修行，而且，廚師或許比老師更不可或缺呢！如此一來，每個人都會明白彼此的問題所在。我想把這座尼寺打造成一個和諧之地，讓每個人的修行都能在這個環境中成熟綻放。」她說。

長久以來，尋求證悟之道的女性遭受的諸多批評之一，就是不能和平共處。根據男性的說法，女性老愛為瑣事爭吵、暴躁惡毒、無法團結生活在一起，這麼一來就嚴重破壞了修行的專注力。男性不斷強調這種說法，認為這就是西藏尼院無法像那些偉大寺院一樣興盛的原因。

「這完全是胡說八道的無稽之談。女性數千年來一直都很能彼此合作。」這是丹津葩默的看法。「我發現當女性合作一項計畫時，會產生一股巨大的力量，一種很特別的能量。女性喜歡純女性閉關的方式。當我們透過內觀的實踐得到心靈的滿足時，我們相處得再融洽不過了。而且女性喜歡相互作伴。我阿姨把她先生留在家裡，和她的女性朋友一起去巴黎，她們玩得可愉快的。以我的觀點來看，惡毒並不是女性的天性；而且，男人自己有時也無法彼此通力合作。」

她繼續描述她的重要計畫——她將引薦哈達瑜伽給尼師（這在她長期閉關時助益良多），調和長時間的靜坐，以此調整身體，幫助禪修。對西藏的尼師來說，任何體能運動都很新奇。「瑜伽是很適宜的活動，不需要器材，也不需要太大的空間，而且看起來也相當莊嚴。」她說。「有人或許會有點抗拒，但如果一開始就引薦給大家，應該沒問題。我覺得這真的非常重要。」

隨著她不斷的思考，尼寺的輪廓就愈加清晰成形。當她明確決定自己想做的事之後，她帶著計畫去見扎西炯寺院的僧團委員會，其中包含年輕的康祖仁波切，她把心裡的想法清楚地告訴他們。報告結束後，她說：「迄今為止，男性僧眾得到了太多幫助，但是，女性也極需得到護持。女性能夠自助是非常重要的。女性需要自信才能成為老師，這樣，她們才能自給自足，不再需要依靠男性。女性也需要女性老師，需要可以傾訴衷腸的女性同伴，她們可以從女性的角度去了解對方的問題。我真的相信女性同樣能夠證悟，只可惜她們缺少機會，所以這就是我想做的事。建立這座尼寺不僅承事了一開始就給我這個想法的上師，同時也承事了傳承和女性行者。這是我此生能做的最重要的三件事。」

不過她有個重要的但書——她壓根兒不想出任寺院住持。她表示會協助建立寺院，讓它步上軌道，然後就會回歸此生命定的修道，也就是禪修之道。

扎西炯的僧團委員會聽完她的計畫報告後，出乎意料之外的，竟然全數同意。他們全心全意祝福丹津葩默的計畫能順利完成。不過唯一的問題是，由於他們自己也是難民，而且準備重建自己的僧團，實在沒有多餘的資金幫助她，因此丹津葩默只能一肩扛起整個計畫。他們說，這項任務極其困難，但丹津葩默不會氣餒的；他們已經觀察過，並預言道久迦措林尼院一定會圓滿興建且大獲成功。

無論如何，這是個壯志凌雲的大計畫。想要實現這個計畫並經營好，需要各種不同的因緣條件——土地、建築許可、建築計畫、磚塊、灰漿、各領域的專家和資金——鉅額的資金，看起來完全不可能辦到；唯一容易辦到的是找到尼院的成員。丹津葩默無家可歸、身無分文，離開工作領域和世俗生活已然三十年之久，但是這不能是不去嘗試的理由；她帶著一貫的大膽和投入畢生對佛、法、僧三寶的信心，開始走上一條最出人意表的事業之路——擔任國際資金募款人。她的計畫是，只要有人出面邀請，她便去宣說佛法，希望有人來聽演講，並布施幾個銅板到她的乞討缽裡。

14 老師

事情的發展完全出乎意料之外，丹津葩默發現，自己突然被推入了教師的角色中。她既未策劃這步奇怪的發展，也不特別享受這個角色。隱居和內觀才是她的心之所向；但是興建一座讓女性修行獲得成就的尼寺所需的資金，迫使她必須這麼做。購買扎西炯附近的土地、磚塊、灰漿等，需要龐大的資金，而籌措資金唯有環遊全世界，從一個佛法中心到另一個佛法中心，從一個有志學習的團體到另一個有志學習的團體，向大家分享她三十年來在密集內觀旅程中所獲得的智慧結晶。這個過程真是既痛苦又漫長，每場活動的經費完全靠捐款。儘管必須經年累月四處演講，但特別的是，丹津葩默對每一筆捐款，無論是五元還是五千元，都抱持著平靜從容的態度，同等真誠地感謝每一筆捐款。無論這趟任務進行緩慢或看似艱鉅，似乎都不曾讓她感到憂慮。

「大喇嘛上師們已經加持祝福了這項計畫，而且說一定能完成。所以我有信心，我會繼續努力。」她如此推斷。但是，生活方式的徹底改變仍讓她困惑不已：「我怎會讓自己陷入這種境地呢，真是搞不懂！如果幾年前有人跟我說，我會在全世界到處演講和募款，我會覺得他們瘋了。」她傾身向前，手抱著頭。「但是，如果我不做，誰會做呢？這也是報答大恩上師的一種方式。」

即使事情發展的方向有了改變，丹津葩默的生命之河依舊繼續向前流動，將她穩穩承載其中。她一如往常把自己交付給命運，隨順命運的安排，一步步引導她前行。在向達賴喇嘛尊者做了那一席慷慨激昂的表述一年後，西元一九九四年，她來到新加坡，著手進行這個計畫。一開始事情進行得不太順利，她隨機挑選了新加坡這個地方，事前也沒做任何準備，沒人知道她來到此地，也沒人認識她，而她根本沒有自我宣傳的經驗。正當她深覺希望渺茫之際，突然遇見一位老朋友，一位名叫王碧莉的華人女性。這肯定是一個不凡的重逢，因為前一晚，碧莉做了一個清明夢。夢中她看見穿著美麗絲綢衣裳的空行母圍繞著丹津葩默，夢裡有個聲音說：「現在該是妳幫助女性的時候了。」丹津葩默告訴碧莉與建尼寺的任務之後，夢境的意義昭然而顯。於是碧莉馬上行動起來，組織了丹津葩默的第一場演講，自此之後，幾百場演講的邀請接踵而來。從新加坡開始，丹津葩默的足跡遍及東南亞國家，包含馬來西亞、台灣、汶萊、香港、砂拉越、印尼、柬埔寨、菲律賓，之後前往英國和法國，接著又到了美國。在美國境內，她在華盛頓、西雅圖、紐約、馬里蘭、佛蒙特及夏威夷等地巡迴演講，接著又在加州沿岸南北來回；在這之後，她回到亞洲，重新巡迴世界。每次總有人負責指揮統籌會議，不乏場地，也不乏聽眾。所到之處，群眾就聚集而來——一位英國女性獨自在喜馬拉雅山的洞穴中禪修十二年的消息，很快就傳了出去，人們很好奇，想親眼見見這位非凡的人，還有許多人急著想知道她會如何用語言描述這些體驗。

人們沒有敗興而返。無論丹津葩默有多麼不願意站上講台，她的演講證明了她是一位具有啟發力的老師。她從內心由衷而說，沒有小抄、沒有準備，這些話語自然而然即興流露而出，既清晰又明瞭。沒什麼比這些話語更能顯示出她心靈成熟的境界，以及她在山洞所獲得的成就。她展現出精粹的女性特質，打破抽象理論和僵化的智識建構，摒除所有傳統方法，直指事情的核心，她很實際、腳踏實地且頭腦清晰。這讓她面前的聽眾又驚又喜；現在竟然有個人能以清晰流利的英文傳遞佛法、了解西方心理的細微差別和隱藏的動機，更重要的是，她有能力就自身修持經驗來探討，而不是照本宣科。這真是個影響力超強的組合。最值得注意的是，她是一位穿著僧服在台上演講的女性，真是太新奇了。

這是許多人期待已久的。西藏的喇嘛上師們起初將佛陀言教傳給急切渴望的西方人士時，大眾受到啟發是因為上師們證量的影響力，而不是因為他們的破英文所傳達出來的內容。儘管顯現於外在的美好，顯然是反映自內在產生的善妙境界，令人們如同飛蛾被燈火吸引一般聚集而來；然而，要從笨拙的表達和修飾過多的文化脈絡中擷取真實意義，需要下一番煎熬的苦功。種種困惑和問題於焉產生，對喇嘛上師們來說，他們習慣了對身份特殊的僧眾講法，並沒有對西方的在家人、專家和女性講授適合他們的佛陀言教的先例，於是，只有真正投入長時間靜坐禪修或者肯費心學藏文的人，才得以打開並萃取出被層層包裹住的佛法精華。

丹津葩默的出現讓一切變簡單了❶。她從藏傳禪修中心開始，接著到禪宗團體、專修內觀的行者、基督教社群，甚至是非宗教組織，四處分享她的智慧、佛法知識以及自己努力禪修所獲得的洞見。無論她自己在意與否，隨著行腳各處的足跡，她的影響力隨之擴散，聲望也水漲船高。

「我們的心就像垃圾場。我們丟進去的大部份是垃圾！那些對話、新聞報紙和娛樂等等，我們把這些全堆入垃圾場中，就像一場臨時發生的爵士即興演奏。問題出在這使我們感到非常疲累。」她在西雅圖向一群職能治療師這麼說。他們聽說丹津葩默來到此地時，馬上邀請她來演講；他們相信丹津葩默的經驗能幫助他們釋放自己承受的沉重壓力。「恭喜你們有機會從事這份工作，」她繼續說，「你們選擇這份工作並非只是因為需要謀生，有許多工

❶ 這是從執筆者自己的認知來說的，事實上，早在丹津葩默出關弘法之前的一九八〇～一九九〇年代，許多西方譯師（僧俗皆有）已被訓練完成，翻譯了許多藏傳佛教的經論，也在各處教學。

作其實更容易賺錢。從某種角度來看，你們選擇這份工作是因為想要幫助他人。你們在布施、給予，而施捨出去之後，需要再加以補充，否則你們就會變成空蕩蕩的容器。我們需要給予，同時也需要補充自己。」她這麼告訴他們。

「我們通常想到休息時，會覺得休息就是看看電視、外出逛逛或是小酌一杯。但其實這些都不能讓我們真正休息，反而是把更多東西往內塞。縱使是睡覺，也不能讓心得到真正的休息。若要能真正放鬆，我們需要給自己一些內在的空間，需要清掃內心的垃圾場，平息內在的雜音。作法就是讓心處於當下，這是讓心安歇休息的最完美方式。這就是禪修、覺性，心既放鬆又警覺。只要這麼做五分鐘，你會感到煥然一新，而且完全清醒。」她信誓旦旦地向他們說道。

「人們總是說自己沒時間『禪修』，事實並非如此！」她繼續說。「當你沿著迴廊行走、等待電腦頁面更新、等紅綠燈、排隊、上廁所或梳頭髮時，都可以禪修。只需要專心在當下，腦中不做任何評論。一開始，先選定一天活動中的一件事或一個動作，每次做這件事時，就決心完全處於那個當下。比如早上喝茶、剃鬍子等，下決心讓自己在做這件事時全心投入。一切都只是習慣使然罷了；現在我們習慣不自覺，所以必須培養這個投入當下的習慣，一旦能夠開始安然處於當下，一切自然豁然開朗。處於正念覺察的時刻，不會有概念評論的產生——這是非常赤裸直接的經驗，既清醒而且鮮明。」

只要一有機會，丹津葩默總是強調，修行並不需要仿效她的生活模式。「禪修並非只是在山洞裡靜坐十二年，」她說，「修行是每個人每天的日常。不然你還能從哪裡學到布施、安忍和持戒？你知道我必須多有耐心，才有辦法坐在山洞裡聽著外面的狼嚎嗎？」重點昭然而顯。「佛法的最終目的是轉化自心（mind），在佛法用語中，這包含心靈（heart）在內。如果只是靜坐禪修，忽略日常生活的佛法，那是無法達成心／心靈的轉化的。」她強調。

她的演講內容包括引用佛經內容、她所耳聞的故事、自身的經驗和現代的生活：「有一部電影『今天暫時停止』，這部電影充滿了佛教意義。」她說，「電影主角必須重複不斷過同一天的生活。他無法阻止即將發生的事，但是他開始意會到，自己對這些事物的反應，可以轉化當天體驗到的整個經驗。在重複的日子裡，他調整自己面對這些事物的心態，轉化了一日當中所有的經驗。他發現，當他的心逐漸克服仇恨、貪婪，並開始關心他人時，生命有了巨大的改善。當然，他花了很長一段時間才領悟到這個重點，因為電影一開始他才剛開始學鋼琴，而電影結束時，他已經會彈奏鳴曲了。」

面對佛教徒聽眾時，她會特別擴展演講主題，談得更深入，同時展現出自己的智慧和學識的高度。「正念有兩種解釋方法，」她說，「一種是『專注』，它的範圍較狹窄，像是雷射光一樣；另一種是『覺性』，它比較像是全景式的覺知，我們可以用聽音樂來做比喻——真正全神貫注在聽音樂時，就像整個人都融入音樂一般。如同詩人T.S.艾略特所寫的：『深沉地聆聽音樂時，不再是音樂被聽到了；在樂音延續之際，你就是那音樂。』前者是專注，但是知道自己浸淫在音樂裡，這是覺性。看出其中的差異了嗎？保持覺性時，我們不僅只是對正在做的事情保有正念的覺察，包含對正在生起的感覺、情緒和周圍發生的一切也是如此。

「它是如此簡單，以至於我們都錯過了它。我們以為它應該是某種更大、更驚人的東西。人們以為靈性成長應該是什麼樣子呢？事實上，它不是什麼燁然炫目或鼓樂齊鳴的華麗。它非常簡單平凡。它就是此時此刻的當下。人們老是以為證悟和了悟是遠在天邊的某樣東西，是一種非常奇異、神妙的事，能在一瞬間就轉化一切，帶來永恆的改變；但完全不是這樣。它有時過於平凡簡單，以至於我們幾乎察覺不到。它就在我們眼前，離我們如此靠近，以至於我們沒注意到。它可以在任何時刻發生，一旦看見它，它就在那裡；它一直都在那裡，只是我們的內在之眼閉了起來。當覺性的時刻串連在一起，我們就成佛了。

「正念的梵文是『Smriti』，巴利文讀做『Sati』，藏文則是『Drenpa』。」她繼續說道，「就主要意義而言，它們的意思都是『憶念』或『記得』。也就是天主教所說的『處於憶起或收攝心神的狀態』。這非常困難，如果能夠保持幾分鐘的覺知，就算很久了。如果正念和『憶念』是同義詞，那麼，覺性的敵人就是『失念』，我們可以保持短暫的覺知，之後就忘失了。那麼，要如何憶起『我們要記得』呢？這就是問題所在。問題在於我們有巨大的慣性，完全沒有憶念起或記得覺知的習慣。」

她找了一個類比的例子來說明她的意思。「現在，我們就好像透過雙筒望遠鏡在看東西，但視野所見都很模糊。也就是說，我們透過想法、先入為主的概念和評論等等來過濾我們所經驗到的一切。舉例來說，剛認識別人的時候，我們所看到的並不是他們實際的狀態，而是透過我們自己對對方的想法來看待他們，比如我們有多喜歡或多不喜歡他們、他們讓我們聯想到某人、他們擁有什麼特質……等等，我們並不是就他們本身的狀態去感受他們。我們也是以這種方式在感知其他所有事物，一切所看到的、吃的、聽聞的、觸摸的，都是這樣，我們馬上會依照自己的想法和經驗去解讀。

「我們或許會想，『那又如何?!這一點兒也不重要。』但實際上我們卻是活在離經驗本身的幾步之遙，因而越來越受到制約，越來越像機器人，越來越像是電腦，如果有人恰恰好就『按了我們的開關』，我們就馬上跳出反射性的制約反應。

「我們必須清晰專注在所有事物上，如實看清事物的真正面貌，就像第一次看見一樣。就如同西藏人說的，像一個小嬰孩看著佛殿牆上的壁畫；小嬰孩看著這些顏色和形狀，但心中沒有任何評論，他的心是純淨無雜念的。我們需要把這種心的清新狀態運用在日常生活中。如果能夠學習這麼做，不去造作什麼雜念，我們所處的情況自然而然會得到轉化。」她如此堅定保證。

她接著又以容易理解的方式說明了多種方法，這些方法能讓所謂的「普通人」開始達到正念的狀態。她的教導一如往常的明確且極其實用，她告訴人們如何觀察自己的呼吸、身體和念頭。她的指導非常詳細且清楚。有時候，她的聲音變得生動、感情豐富且帶著一種天真活潑的特質，熟悉她的人都知道，她年輕時，如果對某個想法感到興奮時，就會出現這樣的反應。

「人們老是以為，一個人必須變得空冷才能成為有靈性的修行人，很多人害怕結果會是這樣，但事實絕非如此。」她繼續說道，「這並不表示你不會再有任何感覺，也不代表你會變成情緒冷淡的人，你還是擁有自己的個性和人格，只是你不再相信或認同這種實存，所以說當我們遇到道行高深的上師時，他們也是有血有肉，再真實不過了。這是因為他們消除了心中牢牢束縛自己的各種心結，於是，心的真實自然本性得以顯露出來。佛陀的心並非空無一物，而是充滿了慈悲、喜樂和幽默，異常輕安，同時又極其敏銳而明智。」她停頓了一下，想了另一個例子來深入說明她的意思。

「覺知就像是衝浪板。如果你是衝浪者，你才不會想要到寧靜的湖泊衝浪，你想要大浪，浪頭愈大就愈有趣，不是嗎？密勒日巴尊者說：『猛起狂跌更加樂——干擾越大，樂趣越多。』❷這是因為他正騎乘在浪頭上，善巧又平衡。從修行的觀點來說，當一隻小白兔並無優勢，最好是成為老虎。」她又換一個比喻繼續說，「小白兔很友善可愛，逗人喜歡，但是牠們沒有太多潛力去做什麼突破；相反的，老虎非常狂野，但是牠所擁有的那股純粹的力量，如果運用善巧得宜，正好是修道上所需要的。所有偉大的聖人都是非常熱情的人，只是他們不會讓這股熱情耽溺在負面管道上，而是將熱情作為通往證悟的燃料。」

她所說的這些觀點，很接近最偉大的山洞禪修大師密勒日巴尊者的說法，尊者是丹津葩默所屬傳承的創始者，他的證量超越了一切教理。

修觀耳傳口訣時，名言論說皆忘卻，忘我慢法亦善哉！
現證所顯皆經時，黑字佛經皆忘卻，忘重負法亦善哉！
現證離意智慧時，能所諸物皆忘卻，忘苦樂境亦善哉！❸

---

❷ 摘自密勒日巴十萬歌集「修行人的快樂」章節中的金剛道歌〈瑜伽十八樂〉。另有一句「各種紛亂極快樂」也可能為丹津葩默所指，無藏文原文因此無法確定。

❸ 文言偈言為藏譯中，摘自密勒日巴十萬歌集「黎果夏汝哇——調伏邪見僧眾的故事」章節中的金剛道歌〈平等性與七種忘卻歌〉；白話文直譯自英文，但英文版的譯文並不符合藏文原文的文句。〈平等性與七種忘卻歌〉：證得平等性之時，親眷友伴皆忘卻，忘貪執境亦善哉！現證離意智慧時，能所諸物皆忘卻，忘苦樂境亦善哉！現證無思無受時，一切覺受皆忘卻，忘增減境亦善哉！現證本具三身時，本尊起分皆忘卻，忘概念法亦善哉！現證自體即果時，勤作之果皆忘卻，忘世俗法亦善哉！修觀耳傳口訣時，名言論說皆忘卻，忘我慢法亦善哉！現證所顯皆經時，黑字佛經皆忘卻，忘重負法亦善哉！

長時習於禪修耳傳密談的真理，
我已忘卻所有落於文字與印製為佛經的內容。
長時習於將每個新的經驗運用在修行成長上，
我已忘卻所有的教義和教條。
長時習於領會那難以言喻的法義，
我已忘卻言詮詞句所依據的來源。

面對悟性較高的聽眾時，丹津葩默的演講益發豐富活潑，經常演變為生動的對談。「我們會有念頭，還有對念頭的覺察。對念頭的覺察與純粹的思考兩者之間天壤之別，根本是南轅北轍。我們通常會把自己和念頭情緒視為同一體，認為我們就是它們——我們是快樂、是憤怒、是恐懼。但我們必須學會退一步，知道自己的念頭和情緒就只是念頭和情緒而已，它們只是一種心理狀態，它們不是堅實的，而是通透的。」接著，她做了結語：「行者必須理解這點，同時也不要將這個『理解者』認同為自我；行者應當知道，這個理解者也不是『某個自我』。」

聽眾仍在消化這些內容，場內一片鴉雀無聲，丹津葩默已然帶著聽眾大膽深入奧妙的哲學領域中。有個聲音從聽眾席中傳出，一字一句，緩緩重複丹津葩默的話：「這個理解者也不是『某個自我』，」他思考著，說：「真是難以理解啊！」

「的確！但這就是佛陀最偉大的洞見。」丹津葩默的聲音帶著敬意，安靜地回答。

「當你理解你不是那個念頭或情緒時，你以為你抓到重點了，但如果再進一步去理解你並非那個理解者或知者……這就把你帶到一個問題上：『我是誰？』」發問者繼續問。

「這是佛陀最偉大的領悟，他了悟到如果不斷往前追溯，心識的特質就愈加廣闊無垠和空明。我們找不到一個堅固的、永恆存在的小實體，也就是『我』，相反的，我們回歸到廣闊的心中，與所有的生命連結在一起。在這個空間裡你必須問，『我』在哪裡，『他人』在哪裡；只要還處於相對二元的世界裡，必然有『我』和『他人』的存在，這是我們根本上的妄念，這導致所有問題的產生。」丹津葩默做了結論：「由於這樣的妄念，我們感到非常疏離。這就是我們根本的無明。」

這就是佛法的精髓——空性，是永恆的哲學，是消除人類所有苦難的良方。

從觀眾席傳來的對話繼續：「那麼，這個二元性、疏離的感覺，就是造成我們根本的痛苦，以及人類生命核心裡感到深刻孤獨的原因嗎？」

「當然！」丹津葩默直截了當答道。「二元性創造了一切。根據佛法所說的，所謂愚癡無明，指的不是智識層面上各式各樣的愚昧無知，而是一種根本上的『不覺察』或『不知道』的愚癡。我們創造了一個『我』的意識，而所有其他事物都是『非我』。從這個二元產生了『我』對我所想要的『非我事物』的貪著，以及『我』對我所不想要的『非我事物』的瞋念。這就是我們貪婪、憎惡和其他負面特質的來源。這些都是從這個根本二元性的錯誤認知中產生。

「一旦領悟到，我們自身的存在本質超越了念頭和情緒，領悟到它是如此不可思議的廣闊，是與其他萬物相互融合的，那麼，孤立感、疏離、恐懼和希望等等，全都會冰消瓦解。這是多麼不可思議的解脫！」她這麼說道。聽眾非信她不可，這是所有宗教聖哲發現的神秘真理：當自我蛻落之時，雙運一體的喜樂即油然而生。

當所有聽眾都還在品嘗此境界的意義時，丹津葩默再次停頓下來，然後才說：「我們尚未證悟的原因是因為惰性。」她繼續說道，並描述了自己在山洞裡發現的最大「失敗」。「沒有其他原因了，就只是我們不肯費心把自己帶回當下，因為，我們太耽溺於心正在把玩的遊戲。如果一個人真正去思考什麼是『出離』，會知道它指的並不是放棄外在的事物，像是金錢、家或是家人等等，要放棄這些其實很容易；真正的出離其實是捨棄自己喜愛的想法、回憶中的所有快樂、希望、白日夢以及腦海中的喋喋不休。捨棄這些，赤裸安住在當下，這才是出離。」說到此，她的話語變得更加熱切激昂。

「問題是，我們嘴上說想要證悟，但卻不是真心的。我們只有一點點想要證悟而已。『自我』想著，證悟是多麼美好、舒適且愉快，一定得拋下一切去追求它！我們可以立即付諸行動，但卻不去做，原因就在於我們太懶惰了。我們被恐懼和昏沉阻礙，它們就是心最大的惰性，而我們要馴服的就是這個。每個踏上佛法之道的人都知道這些，那麼，我們為何沒證悟呢？我們怪不了別人，只能怪自己；我們之所以一直待在輪迴的娑婆世界中，就是因為總是找得到藉口不修行。與其如此墮落，我們應該喚醒自己——整個成佛之道所說的就是覺醒，然而，我們想繼續睡覺的欲望太強烈了。無論我們多常把『為了幫助所有眾生，我要覺醒。』掛在嘴邊，事實是我們並非真想這麼做。我們更喜歡作夢。」

這些真心的肺腑之言使這一席話更具影響力，因為在座大眾都感受到這是從她的自身體驗中流露而出。

「道路山羊」（Goat in the Road）是美國歷史最悠久的佛教機構之一，座落在加州的梅爾比奇，丹津葩默在這裡帶領了「如何敞開心房」的周末研討課程。她對這個主題感受特別強烈，因為她拜訪過許多新成立的西方佛法中心，覺得嚴重缺乏溫馨的感受。「我走進這些中心，感覺氣氛凝重，而且相當冷淡。我的意思是說，大家高談闊論說著慈悲心和菩提心，可是心裡卻沒有真正的仁慈，即使對彼此也沒有。不知哪兒出錯了，這些地方沒有讓佛法發揮它應有的作用。我看過很多人認真學習和修持佛法多年，卻仍然有著相同的困擾。」

丹津葩默坐在爆滿的聽眾面前，試著斧正這種情況：「修行和我們自己之間常存在著一種基本的分裂，像是風馬牛不相干一樣；修行往往停留在自身之外。我們西方人很難讓自己抽離那思考的腦袋，我們僅僅是靠頭腦去接觸禪修，因而有主體與客體的二元對立。修行必須深入內心，必須讓修行進入我們靈魂深處；於是，主體（我）和客體（禪修）兩皆消融，我們成為禪修，然後就會有一種非常深奧的轉化。

「現在，我們西方人正試著觀照自心，深入我們所學習的觀想。我們需要學習的是讓修行落實於內心——也就是那個真正的我的所在地。當我們提到『我』時，我們的手會指著自己的心，不會指著頭腦；心是一種本能的直覺狀態，問題在於我們沒讓它躍入成為禪修本身，所以我們就無法轉化。慈愛應該是連想都不用想就自然而然展現出來的，它不是理論、不是想法，慈愛是你的感受，敞開心房是很真實的。」她幾乎是懇求般地說道。

接著，她帶領大眾做短座的禪修。她雙腿盤坐、閉上眼睛、手掌相疊放在大腿間，幾秒之內，她的臉上出現喜樂寧靜的神情，嘴角綻放出淺淺的微笑。禪修顯然是有作用的，至少對她而言是如此。

丹津葩默所到之處，大家都引頸企盼能從她那裡學到更多智慧，希望她常來，人們大排長龍都想見她。有一次，她到新澤西的麥迪遜與人們面談，每次面談間隔十五分鐘，就這樣進行了六小時沒有間斷。他們向她請益各種私人問題、職場困境、心靈修持上的難題、各種憂慮和痛苦等等。她就在那裡認真對待每個人，仔細聆聽他們的問題、給予忠告、握著他們的手，感動時甚或哭泣。她看起來似乎不累，也沒有失去耐心。有一位女性問她，在軍職和新近接觸的非暴力佛教信仰之間，如何有所協調？一位年輕尼師吐訴她在自己僧團中感受不到支持的心傷。一位圓臉僧人，只是想對丹津葩默傾訴自己的修行過程。一位加州的中年女性問道，她才剛花費十年的時間接受心理治療，學習讓自己不再需要為酗酒的母親負責任，現在她又如何讓自己擔負起所有眾生的幸福呢？有一個人，非常擔憂藏傳佛教提到的可怕地獄道，他想知道丹津葩默對於死亡後的狀態有什麼看法。她的各種答覆顯示出即使浸淫佛法數十年，她仍然保有自己的獨立思考。

「我曾經詰問一位喇嘛上師有關地獄的議題，因為依照他對地獄的定義，我肯定會下地獄的。『別擔心，』他一邊笑一邊拍我的背，說：『這麼說只是希望人們安分守己而已。』坦白說，我不認為這種方法有什麼用。我們的人生已經夠難受的了，用地獄的故事來嚇唬人，正好適得其反，只會讓人更想放棄！

「喇嘛上師們傾向於把死後的狀態描述成對今生的獎勵或懲罰，它會持續一段時間，直到我們再度回到人世間，重新開始修行，」她繼續說。「有點像是我們這輩子存了錢，然後下輩子把錢花掉了，於是必須再回來重新存錢一樣。不過我認為唯靈論者❹的概念更有意義些。他們也相信人死後可以前往許多不同的空間維度，在那裡可以遇到心性相仿的人。不同之處在於唯靈論者認為，死後你仍然有能力幫助比你不幸的人，這讓你的靈性得到更高的昇華。就算身處靈界，以此方式培養慈心與悲心，也是讓我們靈性昇華的方法之一。」

那個人如釋重負地離開了。

急切想見到丹津葩默的人，並非只有前來聽演講的大眾，有些著名的心靈導師同樣面臨將佛法傳到西方的挑戰，他們也非常好奇，想要秤秤她的斤兩。伊馮・蘭德，「道路之羊」的創立者，就是其中一位。身為美國打頭陣的禪宗指導老師以及熱心的佛教女性發言人，她對丹津葩默特別感興趣。

「我很高興她是女性，也很欣賞她自信地用大家都能理解的方法來傳遞佛法的核心精神。她是非常有天份的老師，她也不感情用事，這點我很喜歡。」伊馮說，「女性導師正在迅速增加中，隨著愈來愈多不分宗派的相互合作，這將會帶來更多的信心。這種合作是高度創造性的過程。」

喇嘛帕登・卓瑪說：「她很不平凡，我想她天生就擁有純淨的心。」喇嘛帕登・卓瑪是來自加州的女性，在傑出的卡盧仁波切指導下，於美國完成三年的團體閉關，獲得「喇嘛」的頭銜。她曾邀請丹津葩默去舊金山的米爾谷，到她新成立的蘇卡悉地基金會演講。「對我來說，丹津葩默的一生充滿了啟發性，」她說，「她能保持出家人的身份三十多年，這本身就是一種成就。她的投入與奉獻精神令人驚嘆。從她身上，你可以清楚看到佛法真的發揮了作用。她很溫暖、自然，我感受不到她有太多自我，同時她也是一位講課風格極為清晰的老師，她透過非常直接和有意義的方式解釋佛法，太多人想聆聽她的演講，結果我們不得不回絕許多人。」

可以說，丹津葩默的教學無疑是成功的，她的追隨者人數眾多，聲望也水漲船高，但諷刺的是，丹津葩默竟然對她這個新創事業出奇的淡漠不在意。她輕而易舉就可以成為上師，這個地位顯見就在唾手可得之處，但是，她根本就不想要這個工作。

「我就是不喜歡，這些事並不能給我帶來任何快樂。」她直率地說。「教學的時候，我內心有個小小的聲音說：『妳在做什麼？』所以我想，這大概不太對勁。當然，我遇見了許多平常沒機會遇到的好人，他們每個人都很和善，和陌生人也成了朋友；從身處不同情況、答覆問題和教學的各種經驗中，我也受益良多。事實上，我常覺得自己比我所教導的人學到更多，我對人事物有了新的看待方式，這很有助益。但是，這並不是我餘生想做的事。」

---

❹ 唯靈論者spiritualist，劍橋字典：「相信生者可以同死者溝通的人，尤指幫助別人與逝去的家人交流的招魂術士。」有些字典或學說譯為「唯心論者」，但這會讓人誤以為是idealism的唯心主義。（這是以泛哲學的角度來說，非專指佛教的唯識宗。）

與此同時，她仍繼續做著這件事。她身負重責大任，需要圓滿他人的需求；其他女性正在探求證悟的境界，而她必須回應她們，因為她發了菩薩的誓願要「度脫所有受苦的眾生，將他們安置於喜樂之處」。這麼做使她心量益發廣大，從找尋自己身為女性的解脫之道，乃至幫助其他女性到達相同的目標；她是首批發現佛法的西方人，出家為尼，生活在白雪皚皚的喜馬拉雅山山洞中，丹津葩默已經五十歲了，仍然是這個領域的開路先鋒，仍舊開拓著前路，而這次開拓的規模更加宏大。她沒有任何煩憂或抱怨，只是偶而嘆口氣，然後繼續邁步向前。

15 挑戰

現在，丹津葩默已然從穴居人變成了往來各地的名流人物；從完全定居的狀態變成以瘋狂的步調周遊世界；從原本的安靜沉默，到現在必須連續數小時說個不停；從生活在最儉樸的環境，到全面接觸二十世紀末現代生活的一切。她在西元一九六三年離開這個世界，前往印度，如今重返此地，這個世界卻已迴然不同。她親眼見到了壓力、不安全感、失業問題以及無家可歸的新現象；她在傳媒上讀到犯罪率升高、暴力情況增加以及毒品等問題；她目睹朋友們為了趕上時代的步伐，只能不斷加快自己的腳步；她注意到各國政府為了經濟理性主義而犧牲服務人民的原則。如今，寧靜、空間、時間和完好的生態環境成了新的奢侈品。在這個愈來愈物質化的社會中，丹津葩默親身感受到人們對精神價值的需求。

「世人是如此飢渴而乾枯。」她說，「拉胡爾的生活雖然艱苦，但生命卻是精彩豐富的，這裡的人們渴望了解生命真正的意義和深度。相反的，當人們的感官無法感到滿足時，他們會想要更多，這就是為什麼世人變得更有侵略性且憂鬱沮喪；他們覺得這一切都是枉然，明明擁有了想要的一切，然後呢？這個社會給你的答案就是——你需要更多更多更多！但是，這些最後又能帶給你什麼呢？我在世界各地都看見孤立與隔離，這與獨處沒有關係，是一種疏離的心理狀態。」

特別是在丹津葩默的故事裡，一九九〇年代中期，當西方世界剛結束對佛教的初戀期，開始以更冷靜成熟的態度檢視這個複雜而充滿異國風情的宗教。佛教如暴風般席捲了歐美世界，這是毋庸辯駁的事實；想想這些來自歐洲、美國、加拿大、澳洲及紐西蘭等地，不同年齡層、各行各業的人們，他們敬畏佛法傳遞出來的深奧訊息，受到傳法喇嘛上師功德的吸引，由此，眾多佛法中心，特別是藏傳佛教中心，如雨後春筍般出現在世界各地。可是，現在蜜月期結束了。早期的弟子們經過三十年的研究和修行，開始看見這個移植到自己土地上的宗教更實際和人性的一面。現在，瑕疵浮上檯面，各種不一致的矛盾出現；東方習俗或許禁止對宗教組織與宗教領袖的公然批評，但是西方因為言論自由，並沒有這種顧慮。一直到丹津葩默巡迴世界演講時，佛教某些面向正受到公開嚴正的挑戰，這當中也暗指了她所選擇的生活方式。

第一個被提出來仔細檢視的對象就是上師。上師被認為是真理的守護者、絕對可靠的嚮導，在藏傳佛教裡被視為佛。祈願文中也寫著：「上師是佛，上師是法，上師是僧。」其論據其實很有道理。佛心是究竟的、遍及一切的，但是上師是以血肉之軀活在世間。西藏人有個比喻，佛陀如同太陽般強大，普照萬物，但還是無法點燃一張紙；因此你需要放大鏡，一個將能量聚集起來的管道，那就是上師。儘管如此，上師這個位置對任何人來說，都不是那麼容易穩健維持，遑論他們還千里迢迢遠道而來，試圖在充滿外國人和陌生的異國安頓。無可避免的，很多上師在大眾的怨聲載道中，從高座上跌落下來。

丹津葩默的老朋友和指導老師，邱陽創巴仁波切，他們相遇時，他才剛從西藏離開，來到英國。邱陽創巴仁波切首開其例，一連串醜聞接踵而來，但這些大部份在他一九八七年圓寂後才暴露出來。爆料中說，他不只多次酒氣薰天坐在法座上，也涉入多起和女弟子的性關係。他其實不需持守禁欲戒，但接續而來的騷動還是逐漸擴散開來。許多學生模仿他喝酒，他的許多女性伴侶聲稱他的玩弄毀了她們的人生。這些聲名狼藉的事情之後，很快又有另一個事件發生；他挑選出來的法嗣，美國本地人湯瑪斯・里奇，又名偉色・顛津，不僅隱瞞自己罹患愛滋病，在眾多不知名的學生愛人裡，還傳染給其中一位。

隨著真相的揭露，其他「受委屈」的團體也紛紛出面告發自己的上師。有一位女性提出賠償一千萬美元的訴訟，宣稱一位受歡迎的西藏老師對她做出不恰當的性行為。這件事後來庭外和解，可是這位老師玩弄女性的傳聞早已傳遍整個佛教界。（然而，印度達蘭薩拉的西藏人根本不相信女性會如此膽大，敢指控喇嘛上師，他們認為整起事件是政治陰謀。）禪宗老師公開承認他們的團體中充斥著「不正當的性行為」。英國作家朱・坎貝爾（June Campbell）在她的書《空間旅者》（*Traveller in Space*）中侃侃而談她和受人尊敬的已故卡盧仁波切之間的秘密戀情，描述這個秘密戀情如何讓她感到困惑與苦惱。傑克・康菲爾德（Jack Kornfield），美國著名的佛法老師和作家，說他曾訪談過五十三位禪宗大師、喇嘛上師、印度大師以及他們的資深弟子，聊聊他們的性生活，他以稀鬆平常的口吻說，他發現「鳥兒做這種事、蜜蜂也做這種事，大部份上師也做這些事」；這樣的說明無異是雪上加霜，徒增爭議性。他繼續說：「就像我們（西方）文化裡有各種不同的團體，他們（東方）的性方式也很多元。有異性戀、雙性戀、同性戀、拜物教徒、裸露癖、一夫一妻論者、和一夫多妻論者。」他想強調的重點在於東方這些心靈領袖和一般有血有肉的人一樣，沒有不同，但這麼說並沒有任何幫助。令人爭論的重點在於上師應該要沒有過失，以及宗教威信和權力的濫用。

面對這些被揭露的醜聞，達賴喇嘛公開表示自己非常震驚。「這對佛法的傷害太大了。佛法應該要帶給眾生利益，這是佛法的目的，唯一的目的。當我們仔細檢視這些事件，這些可恥的行為是源於缺乏內在力量，這顯示出佛法和他們的生命其實並不一致，也就是說，他們並未將佛法真正內化於心。」他表示，面對這種可悲的情況，唯一的補救辦法就是讓這些違法的人離開。「你必須公布他們的名字、揭露他們，且不再把他們視為老師。」他公開表示。

西方的佛教世界以及懷抱理想的新信仰者，被一次又一次的爆料事件搞得驚惶而窘迫不安。實際上，數以百計的追隨者非常滿意自己的西藏導師，他們在導師身上看到道德、智慧以及慈悲的至高典範。有些創巴仁波切的弟子甚至為他辯駁。

「我的老師沒有遵守道德規範，但是我對他的虔敬心不會動搖。他讓我照見了自心本性，光是這點，我永遠銘感五內。」著名的美國尼師與老師佩瑪・丘卓，也是加拿大新斯科舍省甘波寺院的負責人，她在佛教雜誌《三乘》中這麼說。「創巴仁波切透過各種方法教導我，世事沒有絕對的對與錯。他所有的教法就是引導人們遠離對某種安全感的執著，揚棄分界線。然而，我們總會面臨人性的考驗。老師說什麼，大家就會做什麼；曾經有一陣子仁波切開始抽菸，大家也跟著抽菸，之後他停止抽菸，大家也跟著不抽了。真是太荒謬了。」

但是這些有信心的辯護者是沉默的多數。那些不滿不服的人製造了聲量，醜聞敗壞了佛教原先純潔無瑕的形象。那些接觸過墮落上師的人衝去找精神科醫師（和新聞媒體），訴說她們的苦惱和疑慮。特別是新一類能言善道的解放女性，她們的吹哨聲特別響亮，聲稱這又是一個利用男性權力剝削和背叛女性的例子。

她們說的確實有道理。任何宗教導師如果和弟子發生了性關係，不管在倫理或道德上都是令人質疑的，而在藏傳佛教的背景下，爭議又更多。藏傳佛教中有密法，那是靈修伴侶之間合法的性結合，據說可以促使雙方獲得更高層次的成就，因此，如果被上師選為這種秘密雙運的伴侶，等於承認妳的確是非常特別的女性；在多數情況下，這實在太難以抗拒——視上師為佛的時候，女弟子怎麼抗拒得了？

丹津葩默來到了這場暴風雨的中心點，上師被審判，美國的時事評論者給了個封號「這可憐的不正常典範」。上師是丹津葩默信賴交付自己整個修行生命的支柱。在她心裡，上師是一切的中心。比如康祖仁波切就是她生命中最重要的人，是她在山洞這麼多年唯一思念的人；即使過世多年，只要想到他，丹津葩默就會禁不住流下眼淚。現在，她以冷靜、不執著的態度檢視這些事件。

「喇嘛上師們做出不名譽的事情，當然造成莫大的傷害。這製造了競爭、嫉妒、遮掩和混亂。我曾聽過有些喇嘛上師搞得像是後宮一樣，或是有一兩位秘密情人，在這種情況之下，女性有權利感到被羞辱、被利用；這同時也很虛偽，喇嘛上師裝出僧人的姿態，然而實際上卻不是。我看不出這如何利益到佛法或眾生。這種情況與沒受過禁欲戒、可以公開帶著伴侶且關係固定的喇嘛上師，情況大不相同。」她說。

不過，十九歲時受到創巴仁波切獻殷勤之後能一笑置之，且仍然和他保持朋友關係的丹津葩默，也不曾用高道德標準看待他。「有些女性對於成為喇嘛上師的『佛母』覺得受寵若驚，在這種情況下，她們自己也需要承擔後果，而且有些女性只知道用這種心態和男性建立關係。有時候，我覺得女性應該擺脫這種受害者心態。」她直爽地說道。「我們也必須理解，喇嘛們開始發現自己身處西方奇怪生疏的環境中；他們在寺院系統中長大，一向是與數百位想法類似的男人一起生活，而現在他們發現自己身處異地，是西方團體中唯一的喇嘛。沒有人作伴，也得不到建議或忠告。他們身邊圍繞著虔誠的弟子，這些弟子又太想取悅老師。西方非常重視性這方面的事，我相信很多喇嘛誤解了訊息，而且把女性對他們的友好殷勤過於當真而感到驚訝。太多誤解的訊息導致迷惑四起。」

根據丹津葩默的推論，目前許多問題在於西方人沒有尋找自己真正上師的經驗，也沒有受過相關的教育或訓練。他們也不知道真正的上師有什麼作用。東方大師在西方蔚為風潮，西方人渴求精神領導或任何心靈指引，這種渴望非常強烈，此時的天真與敏感使他們容易因誤解而受到傷害，例如精神剝削或是性剝削。就丹津葩默的經驗來看，尋找上師確實是一門專業的任務。

「在西藏，大家都知道遇見自己的根本上師時，師徒會立刻認出彼此，馬上就有了信任感，你會心知肚明。西方人的問題在於，人們可能在遇見一位有魅力的喇嘛上師之後，一股虔敬油然而生，以為這就是了。儘管他們或許過去世跟西藏有宿緣，但是與自己上師重逢的機會事實上非常渺茫；他們的根本上師可能在任何地方，甚至已經死亡，因為中國入侵西藏之後，大部份修行高深的喇嘛都消失或死亡了。以前的人比較容易找到上師，上師通常轉世在自己的家鄉，因此要再找到自己的上師相形之下比較容易。」她解釋。

「很多西方人對上師這個角色有錯誤的觀念，」她繼續說，「他們以為，如果找到完美的老師，有了完美的教導，他們馬上就會了悟。他們相信上師會手把手帶著他們走每一步路，這其實是在尋找母親，但事實並非如此。真正的上師在那兒是為了幫助人們成長和覺醒。上師的真正作用是引見弟子認識自心的無生本性，而上師與弟子之間的關係則是相互的承諾。就弟子方面而言，弟子需要把上師一切行儀視為圓滿的佛行，聽從上師所說的一切，實踐上師所有的教導。從上師方面來看，無論要花幾輩子的時間，上師承諾一路帶著弟子前往證悟的境界，也因此，師徒是榮辱與共。如果你遇到的是真正的上師，你會很肯定自己永遠不會被拋棄，如果不是真正的上師，那麼你等於是門戶洞開，等著自己受到各式各樣的剝削或利用。」

達賴喇嘛有自己一套分別真假上師的方法：「你需要『暗中觀察』至少十年。你要聆聽、檢視和觀察，直到確信對方是真誠的；觀察的同時，只要把對方當成一般人看待，把他們的教導當成一種『資訊』就好。最終，上師的權力或權威其實是學生賦予的，上師不會外出尋找弟子，是弟子必須請求上師給予教導和指引。」他說。

丹津葩默有其他的想法，特別是喇嘛上師提出性關係時。「有一個辦法可以評斷上師是不是真實純正，你觀察他是不是也追求年紀大、不漂亮的女人，就像他追求年輕漂亮的女性一樣！」她建議，「如果他是一位真正的上師，他就會把所有女性都視為空行母，不論老少、胖瘦或美醜，因為他的見地是清淨的。如果是真正的上師，你永遠可以說不，也不會覺得你們之間的關係吹了；一位真實的上師，即使他知道密法的雙運關係對弟子有幫助，也會理解他提出的要求就算遭到女弟子拒絕，彼此之間的關係也不會因此破裂。沒有任何女性應該因為上師的權威、或認為自己應當順從就同意這件事。這份理解應該是『如果她希望這麼做，很好；如果她不同意，那也很好』，給對方選擇的機會和尊重的感覺。如此一來就不是剝削或利用。

「事實上，密法的雙運結合極為稀少。」她繼續說。「我曾經問過康祖仁波切，『性瑜伽既然是快速通往證悟境界的方法，為什麼你們都是僧人？』他回答：『它確實是一條快速道，但你必須達到幾乎是佛的境界才能修練這種方法。』真正密法雙運的結合，首先要完全沒有淫慾的感覺，而且性器官不能流出任何液體。相反的，你要學著把這些液體經由中脈送到頭頂，同時還得做複雜的觀想和呼吸練習，這需要高度的技巧控制自己的身、語、意才能做到。即使是多年修練炪火的瑜伽士，他們也說自己需要經過一、兩輩子的時間練習，才能完成性瑜伽。因此，這些在西方所提供的密法周末假期，或許可以給你一段快活的時光，除此之外就沒什麼了！」她說。

所有的指控、不信任和普遍的不安，完全無法動搖丹津葩默對康祖仁波切的感受，一秒也沒有。「我可以說，康祖仁波切是我全心信任的人；在我的生命中，最大的加持之一就是從未有一刻懷疑過他是真實的上師、是我的上師。他正確無誤地指引我，我從未看到任何需要質疑之處。他總是無私無我且充滿智慧。」她果決地說道。

然而，對許多西方佛教徒來說，所謂「上師」已受到致命的傷害。不只是醜聞損害了上師的地位，時間點本身也很重要；在二十世紀末，有人會認為傳統師徒關係已發展到強弩之末，他們認為，傳統的上師形象是一種強調組織體系和階級的父權制度產物；而隨著女性精神力量的上揚，父權制度即將迅速邁入終點。

安德魯・哈維（Andrew Harvey），前牛津學者暨詩人作家，他花了許多年追隨不同宗教信仰的大師，尋求心靈的真理，包括許多傑出的喇嘛上師、在印度建立靜修會的基督教僧人貝德・葛利菲斯神父（Father Bede Griffiths）及印度女性上師梅拉教母（Mother Meera）。他直言不諱總結了新的感受：「我非常感恩和所有老師之間的關係，但是我也了解到，這種關係也可能讓自己僵化，因而落入一種幼稚的狀態。它會迫使你沒有能力應對這個世界，它也可能使上師墮落。我們也曾看過，許多受尊敬的人實際上有許多缺失。」他在最近的電台訪問中這麼說。「我們試著找到一種新的理解，一種師徒關係的新範例。我認為，未來十到十五年之間將會有戲劇性的轉變。我們將不再緊抓著天神下凡或是神秘大師的這種古老東方幻想不放。今日的世界，幻想太便利了。我們需要的是能直接讓我們產生力量的東西。」

新思想者建議，應該把上師定位為心靈朋友，不自稱已經證悟、不希望被別人視為永無過失、不要別人完全服從他們，而是在尋道的路上陪伴著求道者。這是對西方文化有益的民主解決方法。丹津葩默也表示認同。她或許從自己和上師的關係中得到難能可貴的經驗，但這是因為她極為幸運，而且她的遭遇非比尋常。

「坦白說，目前這個時代，我認為西方世界較重要的是好好學習佛法，依止好的老師，而不是上師。老師和上師不一定相同。」她說，「上師是一種非常特殊的關係，但是你可以有很多老師。舉阿底峽尊者為例（十世紀，藏傳佛教的創始者），他就有五十位老師。大部份的老師都有足夠的能力引領我們，我們也有足夠的能力引領自己。我們都擁有內在的智慧。有些會一直拖延著不修行，癡癡等待那個會轉化他們的神奇接觸，有些人則是把自己交給一個有魅力的老師，不去辨別這位老師是否適合。總之，我們應當立即行動起來，如果遇到與你有深刻內在緣分的人，那很好；如果沒有，佛法一直就在那兒。沉湎於尋找上師並沒有太多助益，真正去了解佛、法、僧的意義才是最好的。」

正如過去基督教神職人員發生的問題，喇嘛上師間大量的性醜聞使大家把焦點放在另一個關鍵問題上，也就是禁慾。這是丹津葩默密切關心的議題，這也是她所做的困難抉擇。在一九九〇年代，禁慾有意義嗎？可能嗎？值得嚮往嗎？對此，丹津葩默沒有絲毫懷疑。

「獨身禁慾仍然相當重要。」她相當堅持，「這是有意義的。它不僅使身體得到自由，也讓你的心更加清明。不涉入性關係的時候，你的能量可以被導入另一個更高的方向。這也解脫你的情緒，讓你發展出對每個人的大愛，不再侷限於自己的家人或親密朋友的小圈子。當然，並非每個人都能做到，這就是問題產生的所在。成為佛教僧人的男性實在太多了，因為這是個好生活，他們也有虔敬投入的心。但達賴喇嘛曾公開表示，一百位僧人之中，只有十位是真心誠意的出家人選。

「如我所見，許多羅馬天主教神父的處境也非常困難。我認為他們應該要擁有結婚或不結婚的選擇。對某些人來說，擁有親密關係助益很大，因為他們可以先學習婚姻生活，再給予其他人適當的建議。在西藏，有許多已婚的喇嘛上師非常不可思議。喇嘛的意思只是上師，並不一定是出家僧人。即使在現代，仍有許多結婚的喇嘛上師，像是薩迦崔津法王和頂果欽哲仁波切。他們從小就開始接受訓練，閉關多年後才開始有伴侶。他們通常在上師的指示下才這麼做，然後和妻小一起住在寺院裡。這可以是很好的事，因為有了妻子和女兒之後，他們就更了解女性，更能欣賞或了解女性的觀點。行者並不一定需要獨身禁慾，只是對很多人來說，禁慾很有幫助。」

她注意到，性革命發生的那段時期，她正在山洞裡。她怎麼會錯過了這些事呢?!她再度回到這個世界時，世界充滿了各種肉體赤裸交纏的影像，出現在廣告、電視、電影、新聞以及每條大街書報攤的雜誌上。性的禁忌真正徹底打破了；為了證明這點，社會上出現了前所未有的對性的討論、展示和宣傳。保險套的圖示大喇喇印在T恤上，性工業取代了娼妓，人們不再「做愛」，而是「性交」。這樣的呼喊，比起貓王艾維斯・普里斯萊的唱片讓青少年像通電般瘋狂的日子，更加沸沸揚揚。

「無庸置疑，西方對性是著迷的，認為生活不能沒有它，人們覺得缺乏性生活會使你心理反常、挫敗。這實在很荒謬！我遇過容光煥發、有大成就的人，他們都是禁慾的。」她繼續說，「我也看到，扎西炯的僧人和社區的在家居士在身體和心靈的品質上，有著相當驚人的差異。僧人們看起來健康、明朗且快樂，而在家居士看起來通常是病懨懨又黯淡。當然，這只是一種概括的說法，不過卻是頗恰當的，因為從他們的眼神中就可以看出差異。

「我記得我剛到達和西不久，來了一位印度的高官。他跟我說：『你是世間女子，那麼這些僧人從哪裡得到它？』『得到什麼？』我天真地問。『嗯，』他回答，『我已經有八個孩子了，可是仍然不能沒有它，所以，這些僧人怎麼會如此快樂？』他覺得，一個獨身禁慾的僧人看上去那麼健康美好，真是一件不可置信的事。而且，你真應該看看那位高官，他整個人看起來糟透了！我也見過許多基督教僧人清淨信守誓言，也沒因此變得心理反常或有任何煩惱困難。特拉普會[1]的修士都很長壽，他們只吃蔬菜跟起司。」她補充說。

[1] 特拉普會是天主教西多會中的一派。

時至西元一九九七年，丹津葩默已經獨身禁慾三十三年。二十一歲時她就已經下定了決心，她的生活中不需要任何形式的性接觸和性滿足，不需要有任何肢體親密接觸帶來的安慰，這一切都是為了她的使命。現在她五十四歲，仍然孤身一人。從最好的一面來看，這非常英勇；從最糟的一面來看，這很反常。那位穿著細跟高跟鞋、身邊圍繞著一票男朋友的女孩怎麼了？「我想她變得更完整了。我喜歡音樂、欣賞美麗的藝術，喜歡置身絕美風景中。我喜歡和朋友相聚，一同歡笑，這是我本性中有關感受的展現。我已不再像往昔那麼嚴肅，也不再把『另一個女孩』視為威脅。」她說。

對於自己的獨身禁慾，她沒有後悔：「我覺得很好！現在，我對男性都沒有那種想法，他們都知道，並說我是他們認識的女性中，唯一一個沒有性吸引力的人。無論是好是壞，那就是我。我有很多男性朋友，也享受他們的友誼作伴。事實上，我喜歡男人，我認為男人很有意思。（我也喜歡女人，也覺得她們很有意思。）身為尼師的樂趣之一，就是與男性的關係在某些方面可以更深入，因為他們不會覺得受到威脅。他們可以盡情與我交談，告訴我一些不太能告訴其他人的事。事實上，我盡可能不再思考什麼男性或女性的角度。至於肉體的激情嘛，我在寺院生活那麼多年都沒有，現在也已經沒有這種需求。如果有人想要擁抱我（在美國，人們常這麼做），沒有問題，但他們如果不想這麼做，那也完全沒問題。如同麥斯特與強生[2]在他們的結論中所說，性是生命的樂事之一，但它絕對不是唯一，也不是最重要的。就我的觀點來看，生命中除了性關係之外，還有其他許多重要的事。」

除了性、獨身禁慾和上師之外，還有其他挑戰需要面對。丹津葩默開始巡迴世界為大眾說法之後，這些新弟子也開始實驗性地組織起「西方佛教」，將佛陀黃金般珍貴的智慧從東方框架中分離出來，使之更適合自己的文化。相較起之前吸引媒體目光的轟動事件，這是個更安靜、更廣泛的革命，這場革命也絕對是隨著佛教歷史的洪流順流而行。歷代以來，佛教從一個亞洲國家傳播到另一個國家，其思想非常彈性，如同變色龍可以改變自己的色彩，適應所處的任何環境。因此，日本佛教和斯里蘭卡佛教看起來非常不同，而斯里蘭卡佛教、泰國佛教、緬甸佛教、越南佛教和西藏的佛教，彼此看起來也完全不一樣。但是，表象之下，其基本真理殊途同歸，毫無二致——也就是輪迴的痛苦，以及尋求解脫之道的需求。如今，兩千五百年來的首次，佛教浪潮勢不可檔地流向西方，衝擊了歐洲、美國及澳洲等岸，每個地方都有自己特殊的文化和精神，各自都將賦予佛教自身獨有的特性。

現在，資深弟子開始調整修持儀軌，嘗試使用對西方大眾更有意義的文字，來詮釋藏式畫像和語言中極具威力的各種象徵。他們開始教學，尋找各種方法透過現代文字來表述古老

---

❷ 麥斯特與強生是由威廉・麥斯特和維吉尼亞・強生二人組成的研究小組。他們在一九五七到九〇年代間開創性地研究人類性反應的特質，以及性障礙的嶄新診斷和治療方法。

的真理。這是極需謹慎處理的工作，得緩慢地精挑細選，以免一不小心把重點遺漏了。與此同時，西方思想也以前所未有的巨大影響力，自然而然地嫁接到東方宗教上；這不只是東方遇見西方，也是西方遇見東方；社會服務和化慈悲為行動的風氣被引入（而非只是在禪修墊上靜坐）。佛教收容所和臨終居家照護如雨後春筍般出現，痲瘋病診所和遊民庇護所也一一設置起來。佛法中心開始舉辦減壓禪修講習、諮商服務以及戒酒戒毒等課程。西方心理學大師如榮格、佛洛伊德和其他心理治療師的洞見被引入佛法中，注入新意。一個新形態的宗教正在成形，這個進程已然萌芽。真是一個令人振奮的年代。

只能把自己和最純淨的藏傳佛教連成一體，毫無選擇的丹津葩默，僅能饒富興味地觀望正在開展的這一切變化。「我相信西方世界將會對佛法做出相當重要的貢獻。藏傳佛教是非常獨特和特殊的情況，他們創造出適合自己的理想佛教；然而現在佛教在西方所面臨的情況，顯然大不相同，佛法需要做出改變。當然不是改變它的本質，而是改變傳遞的方式和所要強調的著重點。」她說。

「我認為善巧結合某些心理學法則的話，意義深遠。我也喜歡這種深入社會各階層的想法，我們要真實走出去幫助他人，而非只是坐在禪修墊上空想。這是透過實際的身體力行把心打開，很適合西方人。事實上，這與佛法並無抵觸，它一直在那裡，只是有點潛藏著而已。當佛法與人們的某些心靈特質產生共鳴時，便會出現不同層面的樣貌。如果佛法要適合某個國家而能被運用，這絕對是必然的過程。

「但是，這些轉變尚處於早期階段。就像經過數百年的時間，佛法才在西藏扎根，目前也尚未有所謂的『西方佛教』。只有當西方人親身求法、實修法、消化並吸收它，再以適合西方人的方式傳回去，佛法才會在西方扎根。此刻就像是當初藏人到印度取經，而印度大師們行腳西藏的時期，藏人也只能按部就班地，把佛法逐漸轉化為適合他們自己的形式，就像泰國人跟緬甸人所經歷的過程一樣，而西方人最終也得這麼做，但是這必須自然而然地發生。」

不過，在丹津葩默故事的脈絡中，此時正值西方世界女性主義崛起，帶來了最有意思的報償和最尖銳的挑戰。

16 非得山洞閉關不可？

當丹津葩默秘密潛藏於山洞，頑強地尋找圓滿之道時，西方的女性正忙著在世間組織自己的革命。當她離開山洞時，女性已經大舉入侵男性的大本營，無論是公眾或私人領域，並開始將她們日增堅定的自信眼光轉向男性統治的最後堡壘——也就是宗教，佛教當然也包含在內。佛法中或許沒有「天父」這種議題可爭論，而是相信沒有性別的究竟境界，然而，正如世間其他偉大的信仰一般，佛教也是在男性無疑是領導者的時代，由男性根據男性的規則而逐漸成形。但是，時代快速變遷著，舊規則被新規則所取代；新興一代的女性佛教徒開始質疑古老傳統核心中的根本狀態，也就是丹津葩默如實遵守的那些核心思想，現在，這些新女性佛教徒開始要求，所謂的「佛」應當有更女性的一面。

她們的問題犀利，範圍廣泛。男性階級制度已經存在千年之久，領導人在最上層，其餘的人則以扇狀分布其下，形成三角狀架構。為什麼領導人不是位在圓圈的中心點，讓其他人以等距環繞他呢？為什麼舉辦法會儀式的場地動線永遠都是直線排建？為什麼不使用圓狀，加上更體現女性原則的圓狀和螺旋狀？為什麼養育的特質不納入佛法修持當中？為什麼不更強調身體和具體化的神聖性，而是一直描繪理想永恆的超然存在？為什麼世間事物不能和非物質一樣神聖？為什麼不能更尊敬所有的關係？為什麼唐卡藝術裡描繪的女性法侶本尊，永遠是背對著所觀者？這樣一來，她們的角色不就微妙地被投射為低於男性？儘管在心靈提升的過程中，她們與其男性法侶本尊的重要性實際上是並駕齊驅。

對於丹津葩默的求道之路，女性也問：非得在山洞閉關不可嗎？她們說，在山洞修行是男性的優勢，對於要照顧孩子、配偶及家庭的女性來說，根本是不利的處境。當男人可以（而且也確實可以）離開家庭，就像佛陀當年一樣去從事長期的獨修，提升修行成功的機率時，女性卻無法、或不想這麼做。為什麼負責把所有的生命，包含佛陀、基督和其他所有聖者帶來世上的這個母性本能，要這樣被視為不利的障礙呢？她們說，那呼喚著人們捨棄世間一切的山洞（或山林閉關小屋），其實是主宰已久的父權觀念。

如同發生在其他領域的女性主義，女性修行者表示她們也期望能得到一切——修行與家人、山洞與家庭。為了達到這個目標，她們開始將孩子與家庭納入修行練習中。她們引進情緒療法作為禪修方式，而不是與之為敵。她們積極行動，調整修法儀式和祈禱文及儀軌中性別歧視的語彙。她們清楚了解一個重點——廚房的洗碗槽和禪修殿，以及偏僻的喜馬拉雅山山洞，同樣都是獲得證悟的好地方。這種革命性的做法必然會徹底改變佛法的風貌。

竹清・亞里昂，美國女性，就站在這波運動的最前線。她曾經在西元一九七〇年出家，但是四年後還俗結婚生子。之後，她寫了《智慧的女性》一書，這是讚頌佛教女性地位的首批書籍之一。之後她又在科羅拉多洲的帕戈薩斯普林斯，以全新實驗性質的女權主義方針，建立了度母曼達拉閉關中心。她處於了解雙邊故事的重要位置上：「我還俗是因為當時我是美國唯一的藏傳佛教出家尼師，我感到非常孤立無援。」她在西雅圖一處閣樓這麼對我說道，那時她正在當地發表演說，播放近期造訪印度和尼泊爾的女性聖地的幻燈片。「當時我二十五歲，我還有性欲，而獨身禁慾的戒律讓我開始覺得是種壓抑。結果是我在一年之內從出家尼師成為一位母親和作家。這是非常強烈的經驗，對我來說絕對是最好的決定。原來我的時間全屬於自己，變成完全沒有時間留給自己；原來以為自己已經克服嫉妒、憤怒及所有負面情緒，如今它們全回來重重給我打臉了。這讓我理解到，出家的時候，我身處保護殼中，感受不到這些負面情緒。我必須更深入層層疊疊的五毒去看清它們、直接面對它們，而不是掩蓋起來。如果我一直維持出家人的身份，我可能會因此變得傲慢，以為自己已經凌駕它們之上。」她說。

接著，竹清・亞里昂在五年內有了四個孩子（其中一個孩子夭折），這個經驗讓她對「母性是修行發展的障礙」僵化刻板的「官樣」論述提出質疑。「我們必須問自己，何謂修行的領悟？母性衝動正如愛的驅策力與自我犧牲一樣。所謂『了悟』以往都是由男性所定義，因此都是一些『高不可攀、遙不可及』的狀態，不是什麼具體化的經驗。母親奉獻的天性是不執著的，母親和在家居士具有的是真實理解人類情況的特質，這種特質是出家人沒有的❶。作為一個母親，我常處於幻想破滅的醒悟中。我希望選擇自己如何失敗，而不是等著看萬一我失敗了。」

對竹清・亞里昂而言，毫無疑問她認為山洞修練並非必要。「我相信女人在家裡也可以獲得開悟，」她說，「這就是密續的整個重點。有個故事說到，有位女子總是在挑水時做修持。有一天，她挑著挑著，水忽然打翻了，這時她的覺知整個打開，有了開悟的體會。密續教法源自在家僧團對抗寺院體制的抗爭運動，由此形成了兩套不同觀念的系統。人們可以選擇追隨密續傳統或是寺院傳統❷。」

---

❶ 此處只是竹清・亞里昂的個人觀點。事實上，佛法中真實究竟的「了悟」無關乎是否由男性來定義。對究竟實相的了悟就是了悟，沒有男女定義的問題，甚至也沒有出家不出家的體驗問題。此處提出的觀點比較偏向世俗相對實相的觀察。

❷ 此處密續源流的說法有待商榷。除了印度系統的密續來自《吠陀》與《奧義書》之外，佛法所說的密續源流也有其法源，例如密續兩大聖典之一的《大日經》，當中提到密法為大日如來在金剛法界宮為金剛手秘密主等所說。印度大乘佛教晚期，中觀、瑜伽思想體系都發展成熟，密教結合大乘佛教的精華，以真言密咒等修持為中心，而成為系統化的一個佛教傳承，即為密教。密續教法一直代代相傳，只是有時以一種不公開的方式傳遞而已，寺院中也有密續教法的修持，並非此處所說的源自在家僧團對抗寺院體制的抗爭運動，而分裂成兩種修持系統。本書寫作時間為二十多年前，或許是早期西方行者對佛教和密續源流不了解，又或許是執筆者訪問時產生的誤解。

在度母曼達拉中心，竹清・亞里昂正式採用了圓形禮拜廳的概念，將二十一尊度母像置於大廳中央。「你進入的是一個完滿的空間。這實在難以言表，但每個人都可以感受到巨大的不同。沒有人知道女性將如何改變佛教，因為現在還在改革的初期，大家也不曾活在女性主義受到尊敬的社會，所以不知道會是什麼樣子，女性才剛開始步出父權陰影一小步而已。這是個引人關注的年代。」

伊馮・蘭德，美國領導前鋒的重要禪宗導師，她曾邀請丹津葩默到她位於加州梅爾比奇的中心舉行周末研討會；她也切身了解渴望修行的女性所面臨的各種困境。在建立自己獨立的中心之前，她曾擔任舊金山禪宗中心委員會的主席，她發現這個職位和自己身為母親的角色有衝突之處。

「身為女人，大家期待我擔起許多責任，但是我卻感覺自己像是二等公民。人們對單親媽媽的困難沒有太多了解，我時常因為修行不夠認真而不被諒解。舉例來說，要大清早起床去禪修殿靜坐禪修，這是很大的壓力。對我來說，這麼做代表我得把年幼的孩子單獨留在公寓裡。」她說。最後，她想通了一件事，她努力遵循的規則來自於日本精神，而不是佛教本身，她也發現家庭和正式的團體集會一樣，都是修行的好地方。「我終於意識到，我注定是一個『在家的出家修士』，如出家人一般固定修行的在家居士。這是我第一次發現自己如此適合這種生活，我感到無比的解脫。」

她仔細思索女性在家修行能到達什麼樣的境界。「我不知道是否真能證悟，但我很確信女性也能達到高深的境界。當我開始體驗『活在當下』的可能性、當我不再背負昨日或是兩歲時的包袱，於是解脫變得唾手可得。」她說。「最重要的是持之以恆。如果你決定開始一項練習，比方說正念的練習，那就應該經常做練習。一天練習十二次將卓有成效。例如，有個非常棒的小練習叫做『半微笑』，把嘴角微微揚起，保持約三次呼吸的時間，如果我每天練習六次或是更多，短短三天內身體與心靈上就會出現驚人的差別。你可以在任何需要等待的時候做這個練習，等電話、在超市或在機場等紅綠燈……」她補充，聽起來和丹津葩默如出一轍。

「有太多的修持可以在家練習，」她繼續說，「你可以練習培養耐心，或是轉障礙為師。我曾經陪伴在臨終者身邊，他們往生後也陪伴著他們的大體，這真是不可思議的教導。我不僅學到無常，以及呼吸與心的關聯，也學到人們臨終的狀態就如同在世時的生活狀態，我們在世的問題將於臨終時浮現。當你選定某些修持方式，練習多年後，你可以回頭不斷複習，精益求精，直到你的修練已經純熟，而不必要一直加碼新的修持。身為美國人，危險的地方之一就是我們不夠穩重節制，總是急急忙忙的，希望馬上獲得一切。」

身兼行者和家庭主婦超過三十年的伊馮・蘭德，自己體驗過後，提到「廚房洗碗槽修行之道」還是有陷阱的。她表示，儘管家庭生活不像是面對飢餓和野獸那麼戲劇化的強烈，但它們同樣很真實，同樣都得精進且持之以恆地透過修持來處理和面對。「主要有兩大問題：一是事情優先順序的困擾，二是不願意捨棄某些事物，因此試著要把所有事情都做好時，變得筋疲力盡、狼狽不堪。我得修行、學習和教學，同時得留時間給先生和家庭，所以我放棄了大部份外出的時間。事實上，我的作息和雞一樣規律，每天早上五點半起床，晚上七點半準備上床。這種作息對我來說相對簡單，因為我的孩子都長大了，我先生也是修行人。每天清晨幾個小時的獨處，為我帶來極大的利益。我靜坐、經行，也持守戒律，像是不說謊、不予取❸、不殺生和不傷害眾生。我修持這些已經很長一段時間，它們已內化為我生命的一部分。」

提出困難的並非只有女性，男性行者也對山洞修行的價值提出了質疑。內觀老師傑克・康菲爾德，美國著名的禪修大師之一，引入「閉關幾個月、出關幾個月」的概念，這是相對於在關房多年不間斷閉關之外的另一選擇。他也提倡閉關結束後應先到中歇之家。他的論點是，長期閉關後離開主流生活太久，讓行者很難重新融入社會。他說，西方的精神不太適應如此嚴峻的修持，而許多人開始嘗試在自己的家鄉進行閉關時，也發現這點。長期孤獨的閉關可能造成精神疾病和疏離感。

另一位英國著名的佛法老師斯蒂芬・巴切洛，是夏普漢大學佛教研究及當代調查的研究主管，他也如此認為。在他尚未成為著名的佛教質疑論者，公開質疑轉世等基本教義原則之前，他曾在禪宗及佛教傳統中出家為僧十年之久。身為丹津葩默的朋友，他非常適合評論山洞修行對提升修行是否有所必要。

「一概而論並沒有太大意義，因為這與前往山洞閉關者的性格密切相關，」他說，「我熟識丹津葩默，知道山洞修行對她而言無疑是極有價值的經驗，這些經驗在日後帶來獨具衝擊性的影響力。她這個人是如此溫暖、外向且熱衷生活，但是她和典型的獨居隱士不太相同，他們通常內向且反世俗。我知道有些閉關行者的心理狀態很不穩定，離群索居進行長期閉關修持，有可能導致某些人精神失常。人們因為想要找到自己不安全感和疏離感的答案而去閉關，反而可能困在自己煩惱感知的牢籠中，而非超越它。你必須全神貫注在正確的方向上，才有辦法善巧面對這種孤獨隔絕的狀態。」

斯蒂芬・巴切洛出家期間，曾主導自己的閉關。他採取三個月閉關、三個月出關的方式，如此進行了三年。他知道閉關修行會引發何種創傷。「你的確得正面對決自身的惡魔（如果你內心藏有惡魔的話），這是非常有價值的。你對抗自己，用你所得到的一切工具去回應你的現實狀態。事實上，我的長期閉關吞噬了我的信仰系統。」他承認。「我曾經在一座禪宗寺院學習，在那裡，我們所做的就是問：『這是什麼？』我的閉關修持就是忘掉一切

---

❸ 佛學名相「不予取」就是不偷盜，也就是不拿取沒有被允許拿取的東西。

所學。這與丹津葩默的修行方式相當不同。禪宗也不強調對特定老師的虔敬心，但丹津葩默擁有的大力量之一，就是她對上師和傳承的偉大信心。坦白說，我發現這種信心真是太不可思議了。」

這些說法讓丹津葩默十二年來在山洞的決心和努力顯得非常冒險。她是否浪費了時間？當初是否在倫敦或阿西西進行她偉大的閉關即可？她是否落伍了？如果她二十歲時不曾銷聲匿跡跑去東方，那麼，她會有不同的做法嗎？丹津葩默一如往常堅持自己的立場，堅信山洞修行的理念。

「許多人鼠目寸光，無法超越物質世界，這是我們這個時代的匱乏。」她說。「在這個充滿貪婪、暴力和愚昧的黑暗時代，幽暗中能有些許光明之處來平衡這些沉重與黑暗，是多麼重要啊。在我心中，這些禪修者和隱居行者就如同燈塔一樣，以愛與慈悲照亮世界。因為他們的能量專注集中，所以威力強大，他們宛如發電機一般，這是人們深切需要的。

「即使我環遊世界的時候，也會遇到一些人說我的山洞生活如何帶給他們啟示和鼓舞。」丹津葩默繼續說。「我收到一位婦人的信，信中提到她兒子罹患愛滋病即將死去。當她極度憂鬱沮喪之際，想到我在高山洞穴生活，這讓她得到一些安慰。許多人是真的過著這種生活。我也認識一些天主教徒因基督教冥想行者為世上的罪人祈禱，而感覺受到啟示和鼓舞。人們應該記得，那些在山洞禪修的人，並非為了自己這麼做，而是為了所有的眾生。」她的這一席話讓人聯想到古老的東方諺語，意思是，若不是禪修行者為所有人類的福祉作祈禱，太陽也不會每天早晨從東方升起。帕斯卡不也說過，世上這麼多麻煩，正是因為人們無法好好待在自己房裡。

但是對丹津葩默這位女性而言，做這樣的選擇輕而易舉。她從不曾渴望有孩子、不曾有過無法滿足母性本能的那種痛苦，她也不需要像多數女性一樣，在母親角色、家庭責任和追求靈性成長的呼喊之間，試圖努力取得平衡。相反的，竹清・亞里昂這樣的西方母親，只能允許孩子在她禪修座間進來（讓孩子在她身上到處爬），以這種方式來避開這類問題。其他女性則變成黎明前起床，趁著照料小孩上學之前的這段時間內，開始自己該做的修持。接著在煮飯和洗衣服的空檔擠入其他修座。等到孩子上床睡覺後的深夜，再做最後一座修持。藏人母親比如瑪姬拉準（西藏有名的女瑜伽士），她解決問題的方法是索性每次把孩子留給丈夫好幾個月，自己去閉關修行。因此，就實際層面來看，母親的角色到底是不是修行進展的不利因素呢？

「我們在每一世的生命中做不一樣的事，」丹津葩默答道。「我們應該去觀察，看看自己這一世受到什麼使命的召喚。如果我們在親密關係或家庭生活中總是能夠學到更多，那麼，為了某種理想而出家或成為隱士就太荒謬了；你可以藉由母親的角色培養所有的心靈特質，那是你從寺院生活無法獲得的。並非成為母親之後，修道之路就斷了，完全不是這樣！

方法和途徑其實很多。話說回來，如果你是一位母親或是職場女性，卻妄想能夠做到專門設計給隱士的修行，那就太不切實際了。如果女性決定養兒育女，那就應該培養一套以家庭為修道的修行方法，否則只會感到挫敗而已。

「事實上，一切都取決於個人的善巧方法，以及自己投注了多少決心和努力。」她繼續說，「無論你是僧人、尼師、隱士、家庭主婦、職場男性或女性，就某個層面來說，這都無所謂，因為這種活在當下、敞開心房的修持，無論我們身在何處都可以練習；如果可以把覺知帶入日常生活、人際關係、職場和家庭，那麼，無論在什麼地方都沒有差別。即使西藏證得虹光身的人，通常都是很『普通』的人，從來沒人知道他們是修行人。事實上，真正的修行應該要能用在所有情況中。」她頓了一下，繼續補充：「只不過，如果能遠離外界和內在的干擾，這種有建設性的環境比較容易做進階的修持。這正是為什麼佛陀創立了僧團，我們必須承認，非常親密的人際關係很可能使人更加散亂分心。」

這是一個很重要的附加原則。丹津葩默實際上要說的是，儘管在家中或是辦公室也可以完成許多修行的進展，然而，山洞還是獲得證悟的溫床。這其實也是老生常談了。

「山洞修行的好處在於提供了時間和空間，讓你可以全神貫注。要做的修持包含詳細的觀想，這相對複雜，而內瑜伽的練習和持咒也需要很多的時間和獨處，這些是無法在塵囂中完成的。閉關就像是給予食物一個被煮熟的機會。」她說道——有意思的是，她卻是用與廚房相關的話題來表達她的意思。「你必須把所有食材放到鍋裡熬煮，保持火侯持續加熱，如果你不停地開火、關火，這鍋食物當然永遠煮不熟。而閉關就像住在壓力鍋一樣，什麼食物都可以比較快速地烹煮好。這就是為什麼大家都建議要閉關。

「即使短期閉關也有助益，並不需要一輩子閉關。我認為對許多人來說，無論身為母親、妻子、丈夫、上班族還是別人的摯友……在忙於扮演世間某種角色之餘，為自己花一點時間保持靜默、獨處，向內觀照自己，去發現真正的自己，這是非常有幫助的；這種與自己獨處、看到所有面具背後真實自我的機會，真是極其珍貴難得。」

從這個觀點來看，丹津葩默表示，隱士和山洞生活絕不會是某些人認為的，只是古板過時的理想。只要有類似丹津葩默這樣的行者，有心追隨獨修的內觀之道，渴望遠離喧囂擾攘的俗世生活，那麼，山洞修行永遠都會以某種形式存在。「尋找實相真的很守舊過時嗎？」與其說丹津葩默在發問，不如說她在鄭重聲明，「只要有人覺得尋找心靈了悟有其道理，那麼山洞修行當然也是。」

丹津葩默在世界各地，遇到許多熱切希望賦予佛陀更多女性面貌的新女性，也為她們的努力表示讚賞。「女性的大力推動所帶來的改變，將成為西方世界對佛法最偉大的貢獻之一。」她說。多年以來，她和這些頂尖的倡導者發展出有趣的關係。丹津葩默和她們的目標一致，都希望讓所有女性在修行場域中獲得平等的機會；她們也都厭惡父權制度下潛藏的仇女心態；她們都追求獨立自主、不畏障難勇往直前，而面對歧視和不公之事，她們也都直言不諱。只是，丹津葩默不像她們一樣，認為女性主義常用的正面攻擊是有效的，而且她也老實不客氣地這麼告訴她們。

「這些憤怒的女權主義者！我經常起而反駁她們。她們滿腦子都是公平正義，義憤填膺，又把這當成砲火來對抗任何自己覺得不公平的事。她們對男性心懷巨大的憤怒，認為他們是所有罪惡的罪魁禍首。老實說，我不認為這些憤怒有什麼幫助。我也跟她們這麼說過。憤怒僅只是憤怒，我們卻用憤怒來合理化自己的負面狀態。我們的內在都有一座巨大的憤怒儲藏室，把自己的憤怒導向任何人事物只會火上加油而已。如果我們帶著憤怒的心去接近對方，結果只會造成對方的敵意和對抗。佛陀說過，仇恨無法平復仇恨，仇恨只能被愛征服。

「不可否認，男人確實幹了許多糟糕的事，但女人通常也是幫凶或教唆者。如果公平客觀地觀察這些情況，我們會發現，打壓女性的通常是其他女性！不是男人對抗女人，而是女人對抗女人。畢竟，婦女參政運動的最大反對者就是維多利亞女王！如果女人團結在一起，男人不就對女人無可奈何？這整件事並不是要把人類兩極化，它牽涉到更複雜細微的面向。」

這一席話蘊含著大智慧。如果過去幾千年來的父權社會，是抗衡更早數千年前大地女神至高統治的母系社會的反作用力（許多學者這麼說），那麼，讓鐘擺再盪回去又有什麼意義呢？如果新秩序已經興起，那麼男性與女性（或者東方與西方）之間的平衡，顯然是最好的解決辦法。由於丹津葩默言之有理，這些女性聽了進去，也告訴丹津葩默，她們之前不曾從這個角度思考過。

丹津葩默曾想過以自己的方法帶動這項變革，用一種更寧靜的方式來進行。「這必須建立在公開的討論、耐心、妥協、深度平靜，以及一顆柔軟溫暖的心。」這些都是傳統的佛教價值，「佛陀說，我們必須愛眾生，那麼，又怎麼可以與眾生為敵呢？」更特別的是，她提倡用一種冷靜而不咄咄逼人的表達方式。「你當然可以大聲說話，但你必須先檢查自己的動機——是出自對其他女性的愛和她們的需要，或是源於憤怒？如果我們的話語出自於負面情緒，結果只會更糟糕而已。」她再三強調。「但另一方面，我們也不需要虛情假意，皮笑肉不笑。」

丹津葩默心裡清楚具有靈性力量的女性是什麼模樣。她很喜歡皮耶羅・德拉・弗朗切斯卡（Piero della Francesca）所畫的聖母像，聖母站立著，敞開身上的斗篷，庇護下方廣大的群眾。「她雙眼慈視觀畫者。她很堅強、自信、絲毫不虛情假意，也不憤怒。她全身上下散發著愛、慈悲和莊嚴，是一位非常有力量的女性。」她說道。

還有一位年輕的西藏女性在世界各地教學，也就是康卓仁波切❹。丹津葩默非常尊敬她。「她敏銳機智、思路絕對清晰，同時又完全的女性化。我從沒看過她生氣，但每個人都非常尊敬她。她具備一種內發的權威氣勢，上法座時，全身帶著全然的自信端坐著，這是一種無我的自信，當中沒有一絲一毫的傲慢。她除了擁有精確的智慧，也擁有溫暖、滋養人心的一面。她完全掌握著一切，一點也不軟弱或感情用事。」

她停下來想了一下，接著補充說：「我們心目中的女性是什麼模樣？對我來說，總歸是穩定和內在的力量。當你具備了這些，你就具備了自然的威儀，人們自然而然想要跟隨你。這些就是我想鼓勵道久迦措林的女性行者培養的特質。」

丹津葩默懷抱著這個心願，繼續她的旅程，為可能實現理想的道久迦措林尼院募集資金，靜靜地行腳全世界。

❹ 尊貴的康卓仁波切是藏傳佛教中擁有寧瑪與噶舉雙重傳承的女性仁波切。西元一九六七年誕生於印度的卡林邦，是敏令赤欽法王的長女，擁有敏卓林血脈傳承及法教，其根本上師為敏卓林赤欽法王、頂果法王，以及噶舉派第十六世大寶法王，她在這些上師座下領受多種法教。仁波切精通藏文、印度方言且具備深厚的英文學養，一九八七年開始在歐洲、美國和東南亞巡迴傳法，每年定期在北美及歐洲香巴拉佛學中心指導弟子閉關修行，傳授佛法。

17 今日

從我初次在托斯卡尼的大宅前廣場遇到丹津葩默，開始著手進行這個緩慢卻勢在必行的寫作計畫，忠實紀錄她的生平故事，至今已然過了九年。這段時間內，時移事往，很多人事都改變了。丹津葩默甫從山洞出關時，全身上下散發出來的閃耀光芒，已有些黯然失色，然而她的眼神依然明亮，神態一如往常活潑有生氣。這些年來四處奔波、旅途勞頓，長期教學，讓丹津葩默付出了代價，這是一段漫長艱辛的過程。在我寫作的這段期間，她已經募集足夠的資金買了一塊土地，安頓下來了。無論從誰的標準來看，這都是巨大的成就，但是對一個沒有專業募資者協助、赤手空拳打拚天下的女性，這個成就更加非凡。然而，距離終極目標仍長路漫漫，因此她繼續四處行腳，募集更多的善款，為她的寺院增加資金。儘管這個過程極其緩慢，奇怪的是她一點也不在意，也沒顯出急著想完成這件事的不耐煩態度。她對這項計畫完全沒有個人的野心，就某個層面來說，她真的不在意。

「我的生命其實就在佛、法、僧三寶的手中，我已經把整個生命交付出去。需要我去做的任何利益眾生的事情，就讓我去做，我不在意。」她這麼表明。「而且，我發現我若試圖照著自認為的想法去做這些事，結果一切都會不對勁。」

自從丹津葩默把自己的生命交給佛陀後，很神奇的，她日常生活的一切都得到了照顧。只要有她陪伴、只要能跟她相處，人們再高興不過了；他們提供她機票、房子、食物、交通、金錢，滿足她的一切物質需要。丹津葩默認為事情本來就是如此，「真正的寺院生活是沒有保障的，得依靠他人主動的布施供養。這與一些西方人可能有的想法剛好相反，這並不是當一隻社會寄生蟲，而是信心使然。耶穌也說過，『你們別費心思去想明天要吃什麼或穿什麼。』我們應當有信心，相信如果真誠地修行，我們就不會挨餓，我們不僅會獲得物質的資助，其他方方面面也是。」

於是，完全活在信仰中的丹津葩默，在強調博取一切及滿足欲望的二十世紀裡，就這麼站在一個奇特的相反位置上。她沒有家、沒有家庭、沒有保障、沒有伴侶、沒有性關係也沒有養老金，她沒有積聚這些的需要。她仍然保有最基本的需求：僧袍、一些經書、工作服、睡袋及幾樣私人物品。有一次，為了旅行需要，她恣意「揮霍」買了一個奢侈的頸枕，但沒多久就弄丟了。「這是我活該，因為我太依賴它了。」她笑著說。她的銀行存款一樣稀少，因為她拒絕使用捐給寺院的基金，即使是用來支付募集資金必須四處行腳的旅費也不願意，她對宗教用的資財一向謹慎而一絲不苟。對於自己的拮据，丹津葩默始終抱持著樂觀的心態，她對金錢一點也不感興趣。她非常樂意打開自己的錢包，貢獻所有的錢財去幫助任何向她開口的人。她追隨著自己嚮往的出世生活，這麼做的結果，恰恰證明了節制及簡單能夠帶來內心的快樂和平靜。

我跟著她到世界各地旅行時，見證了她既吸引人卻又難以理解的風姿，真是個奇特矛盾的混合體，著實讓人費疑猜。她極其務實、腳踏實地且直言不諱，同時卻又超凡脫俗、玄妙的像是另一個世界的人，她的目光注視著我們大部份人看不見的地平線遠處。她可以心平氣和地花幾個小時、甚至幾天等候人、飛機或事件，毫不抱怨，因此你或許會認為她很消極、容易搖擺不定。然而她關注的事情若是處於緊要關頭，她卻比任何人更堅決、更勇猛果斷。她會直率地告訴大家為什麼不該吃肉；聊天中若是談到感恩節火雞，她會深深地嘆息；她會毫不掩飾地皺著眉頭，不滿地看著書架上大喇喇展示的釣魚書籍。如果有人在靈修議題上和她對上頭，對方就遭殃了，這會激起她那令人生畏的邏輯和雄辯口才，火力全開，使對方氣喘吁吁，只想逃之夭夭尋找掩護。她極其和善，然而你還是得小心自己的腳步；她雖然謙遜，卻具備讓人敬畏的特質。有時候，或許你說了一些自以為意義深遠的事，但當她看著你，她卻能使你感覺自己就像個小孩子。

丹津葩默還有其他不尋常之處。她對自己教學課程的效率和要求極高，然而她的腳步卻是緩慢的，她身上散發著一種不常見的悠閒氛圍。她似乎超離了一九九〇年代認定愈忙碌愈好的風潮，人們覺得除了一週應該工作六十小時，閒暇之餘還得上健身房（以便讓工作表現得更好），否則就是在浪費時間；他們認為靜靜坐著凝望窗外都是一種罪，但丹津葩默完全不理會這種看法。於是，她與因為情緒緊張、筋疲力盡而成群結隊向她簇擁而來的人，形成了強烈的對比，她就如同一座寧靜的綠洲。正因如此，她教導人們，「當下的臨在」通常比「不停地作為」更好；比起分分秒秒擠滿了狂熱的活動，抽一點時間沉澱下來，好好做一點思考，對未來的生產力才是更好的投資。

然而，丹津葩默最出色的特質還是她自然而顯見的社交能力。儘管她的身分地位水漲船高，閱人無數，也不曾對圍繞身邊的人們感到厭煩。她的朋友圈廣大無比，然而人們一旦進入她的生命中，他們永遠不會被遺忘。她仍然與孩提時代的朋友以及幾乎所有家人都保持著聯繫，包括哥哥莫文和一起上過學的嫂嫂珊蒂。她溫暖而敞開心胸地善待每一個人，特別是一心求道的人。她的溫暖是真誠的，對於人們發問的冗長問題，她的關注是真摯的，她從不厭煩仔細聆聽，也竭盡所能給予建議，不疲不倦。然而你心裡也很清楚，如果她日後不再見到你，她其實也不會思念你。她對情感索求不匱乏，真是讓人有些困窘難堪，因為是人都喜歡被奉承、想要被人需要；然而，你從丹津葩默身上完全得不到這些。這就是她辛苦學到的「不執著」，使她能夠自由自在優遊世間，不受任何親密的人際關係所糾纏。

「我不認為這是壞事。」她說，「不執著並不表示不會再感受到愛與慈悲，或是不再關心，只代表不再緊抓不放。一個人和別人相處時或許感到快樂，但如果沒有這種感受，那也沒關係。人們，尤其是家人，如果你對他們不執著，他們通常會覺得很難過，但這只是因為我們總是混淆了愛與執著。」

只要去北印度蒼翠山林的扎西炯，她依然會去拜見年輕的康祖仁波切。他現在是一位既莊嚴又有點兒害羞的少年。她教他英文，並嘗試介紹西方書籍給他，把這些引進在她眼裡根本完全與世隔絕的他的世界。丹津葩默偉大的導師，上一世康祖仁波切如今已經離世，她感覺自己能得到的指導來自其他源頭。「我覺得自己受到了空行母的引領。」她說道，「空行母」指的是強大的靈力女性本尊，她從以前就和空行母有著特別緊密的緣分。

比起往昔更為廣大的女性佛教世界，出現了許多改變。自從丹津葩默和另一位女性在西元一九九三年達蘭薩拉的會議中，當面向達賴喇嘛陳述她們面臨的性別歧視之後，尼師的命運開始有了一些改善。一群修行高深的尼師，開始到全球各地製作時輪金剛的沙壇城，祈求世界和平，這項任務傳統上其實是由男僧執行。達蘭薩拉有一座新成立的尼寺卓瑪林（度母林），尼師們在那裡學習辯經技巧——這是向前大躍進的一步，因為辯證這類攸關智力的事，一向是男性僧人獨有的領域。去年某時，尼師們終於鼓足了勇氣，在達賴喇嘛寺院的中庭，在男性僧眾面前辯經。她們站在那裡，個頭嬌小、年輕又熱切的身影，以傳統辯經勝利的姿態跺腳拍掌。來自西方的圍觀者看到這一幕，不禁濕熱了眼眶。而尼師受具足戒的機緣也越來越接近了，達賴喇嘛曾派特使到台灣調查中國的比丘尼傳統，希望也能適用於藏傳尼師。一千年的等待，現在該是時候了。

然而，這條路還很漫長。目前，大寺院中穿著僧袍的形象裡，尚未有多少女性躋身其中，而令人沮喪的是，新認證的轉世上師和傳承持有人也都是男孩，因此，父權制度的崩解仍然希望渺茫。而且，在東方，放眼街上大部分男性對於女性也能獲得證悟，仍舊目瞪口呆不願相信。

這些年來，丹津葩默這位尼師儼然成了一個傳奇，她一出現，年輕的西方尼師總是敬畏地凝望著她。她是一個楷模，一個證明大家錯待了性別的女性。這位女性（而且是西方女性），獨自在山洞裡生存了下來，進行了長達十二年的嚴格禪修，完全沒有打破或降低自己的目標。她閉關之後所說的智慧之語，鼓勵了許多在家居士和出家人，也因為如此，丹津葩默一直是許多女性行者的模範和傳遞知識的啟蒙者。

如果丹津葩默允許自己對未來有計畫的話，那只會以一個主題為中心，也就是她一輩子魂牽夢縈的計畫——究竟證悟。她心裡對這個目標依舊堅定不移，她打算只要興建尼寺的任務一完成，就要再回到山洞，只有這樣，她走過的道路才會圓滿——出離世間、回返世間，接著再次離開世間，去追隨內在靈性的生命，過上隱居的生活。儘管許多勇於嘗試的新時代主張認為在塵世也能獲得證悟，丹津葩默仍然認為山洞對現今世界來說，是意義重大的，而那也是她最終的歸宿。

「我希望達到非常深層的了悟。」她輕聲說道。「我所有的導師，包括達賴喇嘛在內，都告訴我，閉關將是我今生最重要的事情。閉關時，我深深明瞭自己就在對的地方做著對的事情。」她說。

因此，丹津葩默一直是稀少的特例。身為演員同時也是虔誠佛教徒的李察吉爾最近這麼說：「大部份西方人如果到山洞生活，大概會得腦癌吧。我們是這麼活躍好動的人，這些業力非得成熟消弭不可。沒有太多人具備充分的修持能有效提升心續的心靈能力，而足以應付山居生活。」

儘管丹津葩默在修道上無疑是閱歷豐富，但她表示自己仍有很長一段路要走。「我幾乎才剛要起步而已，我內心還有許多障礙需要突破。你要知道，靈光乍現的瞥見並不足夠，你必須一再反覆修練，直到這份領悟能在內心維持穩固為止。這就是為什麼會需要花那麼多時間，十二年、二十五年、一輩子，甚至好幾輩子。」

不過她不會再回拉胡爾那個山洞了。她的肉身垂垂老矣，再無法承受喜馬拉雅山區海拔一萬三千兩百英呎高的極限苦行，她說道。她也無法像以前一樣，背著十五公斤的補給品長途跋涉上山了。無論如何，她山上的老家也不存在了。自從她一九八八年離開之後，那個地區沒有任何一位尼師或僧人有意願或勇氣搬到那個山洞，承接丹津葩默留下來的一切。因此，山洞被拆除了，門與窗戶被帶回城裡繼續使用，石頭散落到原來的山坡邊，凸出來的懸壁再度出現。有好幾年的時間，這裡看起來根本不像有人曾經在那兒靜坐、種花種草和祈禱。不過幾年後，一位堅定的西方女性讓山洞又短暫復活了。西元一九九五年，一位名為艾迪絲•貝許（Edith Besch）的德國尼師，重建了這個因丹津葩默而聞名的山洞，甚至擴建了地坪。她增建了一個房間，把前面的牆壁外推，甚至蓋了獨立的廚房和戶外廁所。然而艾迪絲只在山洞住了一年，之後因罹患癌症，於下方山谷的寺院中去世，享年四十三歲。當地的人見證了她初來乍到時出了惡名的壞脾氣，但是經過十二個月的閉關，儘管生了病，卻變得安詳有耐心，而且往生時非常平靜。這個山洞似乎再度施展了它的魔力。

對丹津葩默來說，她的下一個山洞將會是象徵性質大於真實性。「或許比較像是在某個安靜祥和之處的閉關小屋，但不那麼偏遠；或許是在某人土地上的一棟僻靜小屋，容易取得補給品。它可能在任何地方，但肯定不會在英國！英國仍然沒讓我有回到家的感覺。這棟閉關小屋很可能在東方，我一直覺得自己將會在東方終老死去。」她若有所思地說。

地點並不重要。無論山洞在哪裡，丹津葩默心中只有一個目標：以女性之身繼續追尋圓滿之道。

參考書目

Allion, Tsultrim, *Women of Wisdom* (Arkana, 1986)
Armtrong, Karen, *The Gospel According to Woman* (Fount Paperbacks, 1986)
Batchelor, Stephen, *The Tibet Guide* (Wisdom Publications, 1987)
Blofeld, John, *The Wheel of Life* (Shambala, 1972)
Chagdud Tulku, *Lord of the Dance* (Padma Publishing, 1992)
Crook, John and Low, James, *The Yogins of Ladakh* (India, Motilal Banarsidass, 1997)
Dalai Lama, His Holiness, Tenzin Gyatso, *Beyond Dogma* (Souvenir Press 1994)
Dalai Lama, His Holiness, Tenzin Gyatso and Carriere Jean-Claude, *The Power of Buddhism* (Newleaf, 1996)
David-Neel, Alexandra, *Magic and Mystery in Tibet* (India, Rupa, 1989)
Dowman, Keith, *Sky Dancer* (Snow Lion, 1996)
Evans-Wentz, W.Y., *Milarepa* (Oxford University Press, 1969)
Hardy, Justine, *The Ochre Border* (Constable, 1995)
Harvey, Andrew, *Hidden Journey* (Bloomsbury, 1991)
Hixon, Lex, *Mother of the Buddhas* (Quest, 1993)
Humphreys, Christmas, *Both Sides of the Circle* (Allen and Unwin, 1978)
Kornfield, Jack, *A Path with Heart* (Rider, 1994)
Lama Yeshe, *Introduction to Tantra* (Widsom, 1987)
Nydahl, Ole, *Entering the Diamond Way* (Blue Dolphin, 1985)
Satprem , *Mother of The Divine Materialism* (Institute for Evolutionary Research, 1980)
Pema Chodron, *Start Where You Are* (Shambala, 1994)
Rahula, Walpola, *What The Buddha Taught* (Gordan Fraer, 1967)
Shaw, Miranda, *Passionate Enlightenment* (Princeton University Press, 1994)
Sogyal Rinpoche, *The Tibetan Book of Living and Dying* (Harper Collins, 1992)
Therese of Lisieux, translated by Ronald Knox, *Autobiography of a Saint* (Fountain, 1997)
Trungpa, Chogyam, *Born in Tibet* (Unwin 1987)
Tweedie, Irina, *Daughter of Fire* (The Golden Sufi Center, 1986)
Whitmont, Edward C., *Return of the Goddess* (Crossroad, 1984)

致謝

我誠摯的感謝獻給：羅伯特・德魯（Robert Drew）珍貴無價的鼓勵；堅韌勇敢的旅伴莫尼卡・喬依思（Monica Joyce）；一路手把手帶著我到山洞的阿旺（Ngawang）；對我有信心的大衛・雷諾茲（David Reynolds）；如絲・羅根（Ruth Logan）以及布魯姆斯伯里團隊全體不可思議的努力；安德魯・道斯特（Andrew Doust）在事情變得棘手時助我一臂之力；當然，最重要的是丹津葩默，謝謝她慷慨地讓我參與她的生活。

作者備註

如果您想捐款贊助丹津葩默的道久迦措林寺院，請將支票或郵政匯票寄給收件人Tenzin Palmo，地址：Eliz Dowling, 3 Nassim Road, #02-04, Singapore 258371

電子信箱：eliz_palmo@hotmail.com

網址：www.tenzinpalmo.com

眾生系列　JP0217

雪洞：一位西方女性的悟道之旅

CAVE IN THE SNOW: TENZIN PALMO' S QUEST FOR ENLIGHTENMENT

作　　者／維琪・麥肯基（Vicki Mackenzie）
譯　　者／江涵芠
責任編輯／陳芊卉
業　　務／顏宏紋

總 編 輯／張嘉芳
出　　版／橡樹林文化
城邦文化事業股份有限公司
104 台北市民生東路二段 141 號 5 樓
電話：(02)2500-7696 ext2738　傳真：(02)2500-1951
發　　行／英屬蓋曼群島商家庭傳媒股份有限公司城邦分公司
104 台北市中山區民生東路二段 141 號 5 樓
客服服務專線：(02)25007718；25001991
24 小時傳真專線：(02)25001990；25001991
服務時間：週一至週五上午 09:30 ～ 12:00；下午 13:30 ～ 17:00
劃撥帳號：19863813　戶名：書虫股份有限公司
讀者服務信箱：service@readingclub.com.tw
香港發行所／城邦（香港）出版集團有限公司
香港灣仔駱克道 193 號東超商業中心 1 樓
電話：(852)25086231　傳真：(852)25789337
Email：hkcite@biznetvigator.com
馬新發行所／城邦（馬新）出版集團【Cité (M) Sdn.Bhd. (458372 U)】
41, Jalan Radin Anum, Bandar Baru Sri Petaling,
57000 Kuala Lumpur, Malaysia.
電話：(603) 90563833　傳真：(603) 90576622
Email：services@cite.my

內　　文／菩薩蠻電腦科技有限公司
封　　面／周家瑤
印　　刷／漾格科技股份有限公司

初版一刷／2023 年 9 月
ISBN／978-626-7219-54-6
定　　價／480 元

城邦讀書花園
www.cite.com.tw

國家圖書館出版品預行編目（CIP）資料

雪洞 / 維琪．麥肯基 (Vicki Mackenzie) 著 ; 江涵芠譯 . -- 初版 . -- 臺北市 : 橡樹林文化 , 城邦文化事業股份有限公司出版 : 英屬蓋曼群島商家庭傳媒股份有限公司城邦分公司發行 , 2023.09
面； 公分 . -- (眾生系列 ; JP0217)
譯自 : Cave in the snow :Tenzin Palmo's quest for enlightenment.
ISBN 978-626-7219-54-6(平裝)

1.CST: 丹津葩默 (Tenzin Palmo, 1943-)
2.CST: 藏傳佛教 3.CST: 佛教傳記

226.969　112011837

橡樹林文化

讀者回函卡

感謝您對橡樹林出版社之支持，請將您的建議提供給我們參考與改進；請別忘了給我們一些鼓勵，我們會更加努力，出版好書與您結緣。

姓名：__________________ □女 □男 生日：西元__________年

Email：____

●您從何處知道此書？

□書店 □書訊 □書評 □報紙 □廣播 □網路 □廣告DM

□親友介紹 □橡樹林電子報 □其他________________

●您以何種方式購買本書？

□誠品書店 □誠品網路書店 □金石堂書店 □金石堂網路書店

□博客來網路書店 □其他______________

●您希望我們未來出版哪一種主題的書？（可複選）

□佛法生活應用 □教理 □實修法門介紹 □大師開示 □大師傳記

□佛教圖解百科 □其他________________

●您對本書的建議：

____

____

____

我已經完全了解左述內容，並同意本人資料依上述範圍內使用。

____________________（簽名）

廣　告　回　函
北區郵政管理局登記證
北 台 字 第 10158 號

郵資已付　免貼郵票

104 台北市中山區民生東路二段 141 號 5 樓

城邦文化事業股份有限公司

橡樹林出版事業部　收

請沿虛線剪下對折裝訂寄回，謝謝！

|橡|樹|林|

書名：雪洞——一位西方女性的悟道之旅　書號：JP0217